WOGUO ZUQIU GAOZHILIANG FAZHAN
MOSHI CHUANGXIN YANJIU

我国足球高质量发展模式创新研究

邓琰炳 ◎著

中国书籍出版社
China Book Press

图书在版编目（CIP）数据

我国足球高质量发展模式创新研究 / 邓琰炳著. —北京：中国书籍出版社，2023.9
ISBN 978-7-5068-9580-4

Ⅰ. ①我… Ⅱ. ①邓… Ⅲ. ①足球运动—发展—研究—中国 Ⅳ. ①G843.92

中国国家版本馆 CIP 数据核字（2023）第 178865 号

我国足球高质量发展模式创新研究

邓琰炳　著

图书策划	尹　浩　李若冰
责任编辑	李　新
责任印制	孙马飞　马　芝
出版发行	中国书籍出版社
地　　址	北京市丰台区三路居路 97 号（邮编：100073）
电　　话	（010）52257143（总编室）（010）52257140（发行部）
电子邮箱	eo@chinabp.com.cn
经　　销	全国新华书店
印　　刷	廊坊市博林印务有限公司
开　　本	710 毫米×1000 毫米　1/16
字　　数	234 千字
印　　张	11.75
版　　次	2023 年 9 月第 1 版
印　　次	2023 年 9 月第 1 次印刷
书　　号	ISBN 978-7-5068-9580-4
定　　价	47.00 元

版权所有　翻印必究

前 言

党的十九大以来,中国特色社会主义发展进入了新时代。在新时代背景下,我国体育事业是融入在"五位一体"总体布局和"四个全面"战略布局中谋划发展的,我国正在从体育大国向体育强国迈进,坚持以人民为中心的体育发展思想是党和国家赋予我国体育事业的新要求,而更好地满足人民日益增长的体育需要则成为新时代我国体育事业的主要任务。新时代的发展主题是推动高质量发展,它是我国经济社会确定发展思路,制定发展政策,贯彻创新、协调、绿色、开放、共享新发展理念的根本要求。我国体育事业的发展也应该顺应高质量发展的时代潮流,把握高质量发展主线,探索适应新时代高质量发展客观要求的新模式,承载新时代赋予我国体育事业的历史使命。总之,高质量发展模式已经成为新时代我国体育事业发展必须面对和解决的理论与实践问题。

足球作为我国体育事业中的重要组成部分,在世界及我国都有着非常高的群众关注度和参与度。在我国,足球振兴发展不仅是我国体育事业发展的重要任务,也是体育事业改革发展的先锋,更是建设体育强国的重要内容。党的十八大以来,以习近平同志为核心的党中央始终把振兴足球视为发展体育运动、建设体育强国的重要任务。2015年,国务院办公厅印发的《中国足球改革发展总体方案》明确提出,把足球改革发展作为建设体育强国的重要举措,坚持问题导向,改革创新体制,遵循足球发展规律,弘扬中华体育精神,加强思想作风和队伍建设,努力建立专业高效、系统完备、民主开放、运转灵活、法制健全、保障有力的体制机制,推动我国足球事业不断迈上新台阶。从国家体育战略的发展架构看,足球运动之于中国体育事业发展,具有举足轻重的地位与价值。

高质量发展已成为新时代背景下我国足球振兴的新坐标。从20世纪

我国足球高质量发展模式创新研究

90年代初期开始探索发展职业足球至今,"加大改革力度、振兴足球发展"一直是实务界和理论界关注的核心议题,但从我国足球"长治久衰"的尴尬中不难看出,我国足球何去何从的问题仍未得到有效解决。中国足球作为弘扬中华体育精神、推进体育强国建设的重要环节,既关乎人民群众社会文化生活的丰富,亦关涉国家政治经济实力的提升,故探讨我国足球高质量发展路径已成为顺应新时代发展诉求的重要议题。基于此,笔者撰写了《我国足球高质量发展模式创新研究》这一著作。

本著作共包括六章,首先对我国足球高质量发展模式创新研究的背景、相关文献以及理论依据进行阐述,然后对新时代我国足球高质量发展的有关理论进行解读,具体包括高质量发展的概念、我国足球运动发展理论、足球高质量发展的内在逻辑与分析框架,以为之后关于我国足球运动发展困境及其高质量发展模式创新路径的深入研究奠定一定的理论基础。同时根据邱耕田提出的发展观,探讨了足球高质量发展观的理论逻辑,为人们在观察、思考、解决足球高质量发展问题时提供基本观点与原则遵循。最后,通过大量的文献资料查阅与分析,对我国职业足球、校园足球、社会足球发展的现状问题进行全面呈现,重点从宏观的顶层设计、中观的运行机制和微观的价值生成3个层次上,归纳我国足球在实现高质量发展进程中仍面临的不足与短板。同时,归纳日本、德国、英国和西班牙4个足球国家的实践经验,总结并提出职业足球、校园足球和社会足球高质量发展的基本方法与举措。以理论引导实践为基本出发点,在前期实践困境致因探究的基础上,学习借鉴足球强国的足球运动发展经验,结合本国足球运动发展实际,从微观视角上提出我国足球高质量发展的创新路径,力图构建新时代我国足球高质量发展的实践通路,为足球助力新时代背景下体育强国梦的实现提供重要支持。

本著作在撰写过程中,借鉴和引用了很多专家学者的研究成果与文献资料,在此表示衷心的感谢。由于作者水平有限,著作中观点难免有疏漏或值得商榷之处,恳请同行专家及读者批评指正。

作 者
2023年4月

目 录

第一章 新时代我国足球高质量发展研究综述 …………………… (1)
第一节 我国足球高质量发展的研究背景 ………………………… (1)
第二节 我国足球高质量发展研究的文献综述 …………………… (6)
第三节 我国足球高质量发展研究的理论依据 …………………… (17)

第二章 新时代我国足球高质量发展理论解读 …………………… (29)
第一节 高质量发展的概念阐释 …………………………………… (29)
第二节 我国足球运动发展的基本理论阐析 ……………………… (31)
第三节 新时代足球高质量发展的理论解析 ……………………… (44)

第三章 我国足球高质量发展观的理论逻辑 ……………………… (52)
第一节 我国足球运动高质量发展的价值论 ……………………… (52)
第二节 我国足球运动高质量发展的认识论 ……………………… (64)
第三节 我国足球运动高质量发展的方法论 ……………………… (71)

第四章 我国足球高质量发展的现实困境 ………………………… (80)
第一节 职业足球高质量发展的困境分析 ………………………… (80)
第二节 校园足球高质量发展的困境分析 ………………………… (94)
第三节 社会足球高质量发展的困境分析 ………………………… (110)

第五章 足球高质量发展的域外经验借鉴 ………………………… (119)
第一节 日本足球运动发展经验 …………………………………… (119)
第二节 德国足球运动发展经验 …………………………………… (129)
第三节 英国足球运动发展经验 …………………………………… (135)
第四节 西班牙足球运动发展经验 ………………………………… (147)

第六章 我国足球高质量发展的路径创新 ………………………… (153)
第一节 我国足球高质量发展的理念创新 ………………………… (153)

— 1 —

第二节　我国足球高质量发展的制度创新 …………………………… (159)
第三节　我国足球高质量发展的产业创新 …………………………… (162)
第四节　我国足球高质量发展的文化创新 …………………………… (167)
参考文献 ……………………………………………………………… (175)

第一章　新时代我国足球高质量发展研究综述

开展我国足球运动高质量发展方面的研究，需要参考与借鉴以往众多学者关于我国足球运动发展、体育高质量发展等方面的研究成果以及国家相关政策的要求等。因此，本章首先分析当前我国足球运动高质量发展的研究背景，然后对我国足球运动高质量发展研究的相关文献进行罗列与分析，最后再分析我国足球运动高质量发展研究的理论基础，并以此为笔者深入研究我国足球运动的高质量发展提供相应的理论基础。

第一节　我国足球高质量发展的研究背景

第一，新时代我国社会经济由高速发展阶段步入高质量发展阶段，这在很大程度上促进了我国体育发展模式的革新。新时代背景下，我国经济社会步入高质量发展阶段，"正处在转变发展方式、优化经济结构、转换增长动力的攻关期"[①]。如今，高质量发展不仅成为整个社会发展的重要课题，同时也是各个行业进行进一步改革与发展的根本性要求，包括体育事业的发展。作为我国体育事业发展中非常重要的组成部分，也是世界第一运动的足球运动，其整体发展水平在很大程度上影响着体育强国的建设。因此，新时代背景下，足球运动的发展应该顺应时代发展潮流，以高质量发展为主要任务，进一步加强足球运动发展体制机制、发展结构、运行方式、动能转换等多个层面的改革与创新，积极探索能够与新时代高质量发展要求相符合的新型发展模式，促进我国足球运动的高水平发展。

第二，体育强国战略目标的深入推进对我国足球运动的发展提出了更多新且高的要求。十九大报告中指出："经过长期努力，中国特色社会主义进入了新时代，这是我国发展新的历史方位。"与此同时，十九大报告也对我国体育事业的发展提出了明确的要求，即要全面广泛地推进全民健身运动的开展，进一步推进我国体育强国

[①] 何立峰. 深入贯彻新发展理念，推动中国经济迈向高质量发展 [J]. 宏观经济管理，2018 (4)：4—5+14.

战略目标的实现。2019年8月10日，国务院办公厅印发《体育强国建设纲要》，①并明确提出要在2050年"全面建成社会主义现代化体育强国"，而在党的十九届五中全会中又提出要到2035年建成体育强国。尽管从当前我国体育事业发展情况上看，我国竞技体育发展水平有很大程度的提高，特别是在2008年北京奥运会中，我国取得了金牌榜第一名的优异成绩，尽管相对于以往时期，我国竞技体育成绩得到明显的提升，在国际体坛中也取得了非常重要的地位，但是这并不能说明我国已经成为体育强国，与世界上的体育强国相比，我国竞技体育成绩还需要进一步提升，如今的我国仍然只是体育大国，还算不上体育强国。因此，我国在由体育大国向体育强国迈进的过程中，还需要花费更多的时间与努力加强全民健身事业以及竞技体育中一些弱势体育项目的发展。"在一些人民群众十分关注的项目上，同国际先进水平相比，我们还有不小差距"，强调"各级党委和政府要高度重视体育工作，把体育工作放在重要位置，切实抓紧抓好"。足球作为世界第一运动，属于三大球类之一，却是我国的一个弱势项目，尽管我国对足球运动有着很高的关注度，但是我国足球运动发展水平却比较低，这势必会大大阻碍我国体育强国战略目标的实现。因而，有必要推进我国足球运动的高质量发展，最大限度地缩小与世界足球强国之间的差距，充分挖掘我国足球运动发展中的劣势，通过转变其中的劣势，以为我国体育强国战略目标的实现提供良好的基础。

与此同时，体育强国的建设与我国足球运动的发展有着非常密切的联系，因此体育强国战略目标的提出与推进实施都迫切需要推动我国足球运动的高质量发展，对此，我们有必要对体育强国建设与足球发展之间的逻辑关系进行辨析。在新时代的感召下，体育强国已成为中国体育助推伟大中国复兴梦实现的重要举措。尽管学界关于体育强国的内涵、要素和评价指标等内容尚未达成共识，但从体育强国建设的差距与问题梳理中不难发现，兼具教育与文化传播功能的学校体育、强调体育锻炼人口规模的群众体育、提升国家国际影响力的竞技体育，以及推动经济转型增长的体育产业是衡量体育强国的4个重要维度和本质内涵。据此，本部分梳理足球发展与体育强国的关系，理应从职业足球、校园足球、社会足球维度出发，围绕其与学校体育、群众体育、竞技体育、体育产业4个方面的本质契合来进行阐述。

首先，职业足球的示范功能为竞技体育治理提供理论借鉴。在体育强国评价体系中，竞技体育项目均衡发展和竞技运动水平名列世界前茅，是竞技体育要素的核心判定指标。从项目发展的均衡性讲，我国应该算是"夏季奥运强国"，而不是"竞技体育强国"，因为我国冬季项目整体落后，足、篮、排等集体球类项目和田径、游

---

① 国务院办公厅. 国务院办公厅关于印发体育强国建设纲要的通知[EB/OL]. 中国政府网 2019－09－02. https://www.gov.cn/zhengce/content/2019/09/02/content_5426485.htm.

第一章　新时代我国足球高质量发展研究综述

泳等基础项目水平依然较低，尤其是男子足球的水平远远落后于其他体育强国。为全面提升我国体育的国际影响力，足球职业化发展成为体育改革的试验田。然而，在"为国而战"的价值导向下，职业足球却受到了"为市场而战"的严峻挑战，只顾眼前利益的短期行为导致我国足球竞技水平与高水平还存在一定差距。竞技体育管理体制不健全、后备人才培养机制不完善、竞技体育活动普及程度不高等问题随之受到广泛关注，中国足球职业化改革成为当前竞技体育治理的题中要义。2016年国家体育总局发布的《竞技体育"十三五"规划》要求，在管理体制和运行机制上，要坚持改革创新，有效转变竞技体育发展方式。明确以足球改革为突破口，初步形成与我国经济社会发展相适应、符合世界竞技体育发展趋势、更加开放、更具活力的竞技体育管理体制和运行机制，进一步提高我国竞技体育的发展质量和效益。同年，国家体育总局足球运动管理中心实质性撤销，宣告着中国足球管办分离已取得阶段性成果。刘米娜认为，管办分离是"体制组织化再造的起点"，其中，"足协去行政化，回归社团法人的属性"是一个"为体育改革也为社会组织树立新的标杆"的过程[1]。当前，职业足球市场泡沫监管制度、职业运动员转会制度、职业足球俱乐部公司治理等研究的逐渐深入，为我国竞技体育治理提供了重要的示范和借鉴价值。

其次，校园足球的育人功能为体育强国建设提供人才支持。2015年出台的《中国足球改革发展总体方案》和教育部等6部门《关于加快发展青少年校园足球的实施意见》，都将加快发展青少年校园足球看作是"育人"的重要手段，即通过青少年校园足球的开展，提高青少年学生的身体素质和运动技能，并以体育精神健全青少年学生人格，培养德智体全面发展的人，落实教育立德树人的根本任务。青少年校园足球是体育教育的一种手段，其育人的价值要超越足球技战术学习的价值。事实上，青少年校园足球发展到一定程度，也是朝着文化、教育的功能去发展。

校园足球是在我国青少年体质和健康状况连续20年下滑和足球后备人才严重匮乏的背景下开展起来的，其育人功能必然涵盖着足球专业人才的培养。从足球强国的发展经验看，校园足球是足球后备人才培养的重要途径。因此，率先步入职业化发展轨道的中国足球，在经历多年摸索与反复试错之后，提出了增加青少年足球人口，建设以教育系统为主路径的足球后备人才发展计划。"校园足球特色学校""校内和校际竞赛体系"等举措的实施，正是为掀起青少年校园足球活动高潮，为我国足球人口增长、足球后备人才培育、国家体育软实力提升奠定坚实的基础。

---

[1] 刘米娜．"足球梦"与"中国梦"——《体育与科学》学术工作坊"足球改革与社会变革"论坛综述[J]．体育与科学，2015（4）：1-5+13．

再次，社会足球的健身功能为群众体育发展提供规模效应。衡量群众体育发展水平，常用的标准包括：经常参加体育锻炼人口比、人均体育场馆拥有比和体育社会组织发展程度等方面。在与传统体育强国对比中可以发现，我国相关指标正处于整体滞后状态。为了改变这一现状，国家将全民健身上升到战略高度来推动，"六个身边"工程、"我要上全运""我要上青奥"等一系列创新举措接踵而至。考虑到世界体育强国几乎都是足球强国的事实，推动社会足球发展显得尤为迫切和重要。鉴于我国体育人口比例低，且区域经济发展差异大，在不可能同时发展所有运动项目的背景下，国家选择足球为突破口，不失为一种有效的手段。在现代足球的价值体系中，足球重新复归了其自身的运动特质，人们不再执着地热衷于足球的功利化发展，而是观照生命本真的价值。通过基础设施的不断改造、宣传理念的日益升级，让民众在现实的足球运动情景中达到锻炼身体的效果。臧家利指出，社会足球运动难以达到职业足球竞赛的强度，但在足球比赛和活动中同样伴随着大量的跑动、拼抢，可在对抗的情境中达到锻炼身体的效果，具有较好的健康价值。[①] 近年来，"谁是球王""城市足球联赛"等业余足球赛事的举办，促使更多的人参与足球运动，形成了以足球带动全民健身发展的新格局。此外，足球作为集体性活动，组织性、纪律性要求催生了众多业余足球俱乐部、足球团体的形成和发展。尽管足球体育社会组织在组织管理、资金支持、交流合作等方面遇到诸多瓶颈，但基于健身需求的社会足球推广，必将提升我国群众体育发展的规模效应。

最后，社会足球与职业足球的市场功能为体育产业发展提供增长动力。2014年，国务院下发的《关于加快发展体育产业促进体育消费的若干意见》要求把体育产业作为绿色产业、朝阳产业来培育扶持，并提出了到2025年体育产业总规模要超过5万亿元的目标架构。在政策驱动下，我国体育产业发展势头迅猛，按照目前体育产业增加值增速计算，实现既定目标并非难事。但从世界体育强国的体育产业结构看，以竞赛表演和健身休闲为代表的服务型产业产出及增加值增长是显著标志。为此，2018年国务院办公厅发布的《关于加快发展体育竞赛表演产业的指导意见》提出，到2025年，体育竞赛表演产业总规模达到2万亿元，基本形成产品丰富、结构合理、基础扎实、发展均衡的体育竞赛表演产业体系。在中国体育产业由"政府型系统"向"市场型系统"全面转变的当下，被称为"世界第十七大经济体"的足球已成为我国体育竞赛表演产业发展的重要潜力市场。近年来，我国足球人口以及潜在消费者人群数量持续扩大，加之足球赛事投资的行政门槛不断降低，足球赛事营销受到企业和商家的广泛关注。以中超足球联赛为代表的职业赛事、以"谁是球王"为代表的民间争霸赛、以营

---

① 臧家利. 我国足球价值的解构与建构[J]. 体育与科学, 2015 (3): 20—24.

第一章 新时代我国足球高质量发展研究综述

销为目的的足球商业赛正在从多个维度和层次上构建我国足球的市场化体系。足球赛事的成功运作能够带来丰厚的市场回报,葛逸晅等指出,世界杯赛事的举办不单给举办国,同时还给参赛国带来了巨大的经济收益[①]。研究发现,晋级世界杯决赛使得参赛国当年的进口额上升7.8%,当年及之后3年进口额平均上升10.5%。张震铄从全球化视角出发,提出球迷会因对球队或球员的"忠诚",而建立起固定的球迷市场;球员、教练员等人才的跨国流动,以及获得官方许可、场馆运营等可以加大社会资本的注入[②]。正如"球星卡"所蕴含的粉丝营销价值、收藏品营销价值和文化营销价值一样,足球产业的发展将给我国体育产业发展提供强劲增长动力。

第三,国家治理体系与治理能力的现代化建设在很大程度上促进了我国足球运动发展模式的创新。足球运动是竞技体育项目中的一个重要组成部分,其发展也在很大程度上受到国家治理体系与治理能力现代化建设的影响,国家治理的科学理念与方法大大提升了足球运动发展的深度、广度与速度。只是如今我国体育领域中所实施的"放管服"改革措施仍然还不够到位,脱钩改革工作尚未结束,体育协会的实体化改革工作也仍然在继续。因此,我国足球运动的发展仍然在很大程度上依赖于国家政府,市场主体的参与度不够高,而社会体育组织缺乏足够的能力参与足球运动的发展。归根结底,当前我国足球运动治理体系与治理能力之所以非常薄弱,其最根本的原因在于我国足球运动发展体制与社会发展之间存在着非常明显的不相容性,也就是说,我国足球运动发展所实行的举国体制与市场机制、社会机制之间没有实现充分的结合。因此,要想实现足球运动的高质量发展,除了需要政府的参与之外,还需要市场、社会组织等多元化力量的积极参与,实现"管理"向"治理"模式的转变,充分发挥多个主体的力量与优势,共同推进足球运动发展效益与质量的提升,进而实现我国足球运动治理体系与能力的真正提升。

第四,国际体坛竞争激烈程度的不断增加进一步促进了足球运动发展模式的创新。全球化时代,国际体坛不只是各个国家代表队进行体育实力比拼的舞台,同时也是各个国家进行文化交流、展示其比拼综合实力的重要平台,除了进行体育方面的竞争,同时也进行政治、经济、文化、科技等多个方面的竞争。如今,随着竞技体育发展水平以及各个国家综合国力水平的不断提升,国际体坛中竞技体育竞争激烈程度不断增加,这也促使各个国家不得不付出更多的努力,不断探索更多新的方法来提升自身竞技体育水平,以更好地适应本国体育的实际发展,同时也是为了更

---

① 葛逸晅,李兵.足球只是一场游戏吗?——基于断点回归设计研究世界杯对国际贸易的影响[J].经济评论,2019(1):91—105.

② 张震铄.全球化推动足球产业化分析[J].体育文化导刊,2013(10):83—86.

好地适应竞技体育发展规律，进一步促进本国竞技体育的快速与高效发展，以使自身能够在竞争日益激烈的国际体坛中始终处于优势地位。国际竞技体育的激烈竞争实际上就是各个国家在竞技体育体质机制及其发展模式方面的竞争。

我国在2008年北京奥运会中取得了历史性的金牌榜第一名，48枚金牌，然而，在之后的伦敦奥运会、里约奥运会、东京奥运会中我国分别获得了38枚、26枚、38枚金牌，单从金牌数量和金牌榜排名上看，我国在国际社会中的体育竞争力有所下降。因此，要想进一步提升我国竞技体育实力，并始终保持位于世界前列的地位，还需要进一步加强我国竞技体育的发展，积极探索与我国发展实际相符合的竞技体育发展模式，进而促进我国竞技体育的高质量、可持续与高效率发展，使自身拥有更多的底气与优势来应对国际竞技体育中所提出的一系列挑战。而作为竞技体育中的重要体育项目，足球运动是世界第一运动，其整体竞技水平在很大程度上反映了一个国家的体育发展水平，然而，在以往的历届奥运会中，我国参加足球项目比赛的机会则非常少。因此，在国际竞技体育竞争激烈程度日益增加的环境下，作为我国的一项弱势项目，有必要积极探索新的发展模式来实现其高质量发展。

第五，要想实现足球运动的可持续发展，还需要结合自身实际加强发展模式的创新。如今我国足球运动的发展在很大程度上依赖于政府的行政管理，其资金也主要来源于政府的财政拨款，虽然政府为我国足球运动的发展做出了很大的贡献，但是足球运动的发展需要持续投入大量的成本，需要政府投入大量的成本，而这种参与主体单一的发展模式势必会为政府带来更多的压力，大大影响了足球运动的发展效益，从而很容易导致我国足球运动的发展出现结构失衡、内生动力不足、整体质量不高等弊端，其可持续发展也面临诸多挑战。毫无疑问，要想实现足球运动的可持续发展，就需要实现高质量。如今我国足球运动要想实现赶超发展模式的创新与升级，还需要积极探索能够与足球运动发展规律、新时代高质量发展要求的高质量、高效益的发展模式，要积极贯彻新的发展理念，形成多元主体共同参与的竞争与协同发展格局，进而促进我国足球运动的快速、稳定、健康与高效发展。

第二节 我国足球高质量发展研究的文献综述

一、职业足球高质量发展研究的文献综述

自20世纪90年代我国足球步入职业化道路以来，由于对足球运动客观发展规律认识不足，我国职业联赛一度乱象丛生，国家队战绩长期低迷，职业足球发展举步维艰。面对困局和期望，党和政府高度重视，经历新一轮打假扫黑反腐之后，新

第一章　新时代我国足球高质量发展研究综述

一轮改革也接踵而至。随着《中国足球改革发展总体方案》《中国足球中长期发展规划（2016—2050年）》等一系列重磅文件的出台，我国职业足球再添发展新动能。多年来，探索中国特色的职业化发展道路，提升我国职业足球的竞技水平、实现可持续发展一直是学术界最为关心的话题。

职业足球的学术研究与我国足球职业化发展相伴而生。足球作为体育职业化发展的"试验田"，其规律性认知和可行性分析成为早期相关研究的主要内容。由于职业足球发展所蕴藏的巨大商机，职业足球早期发展势头迅猛，但在改革中暴露的职业足球俱乐部管理体制、经费渠道、法律组织形式、法人治理结构，以及职业足球运动员转会等问题逐渐受到重视。面对诸多困境，学者们开始借鉴国外成功经验来寻求发展，如贾文彤等认为欧洲职业足球发达的基础，是制定和建立起了一系列符合职业足球发展客观规律的法规和制度[1]；梁进等从电视转播权合同、球场重建、俱乐部上市3方面综述了英国职业足球近10年的商业化发展经验[2]。此后，我国职业足球研究比重加大，内容涉及管理体制、域外比较、文化反思、制度创新等多个维度。2015年，国务院发布了《关于印发中国足球改革发展总体方案的通知》，客观分析了我国足球改革失败的多方面原因，并把发展足球运动纳入经济社会发展规划。至此，我国职业足球进入产业化、市场化发展新时代。2016年，国家体育总局撤销了足球运动管理中心，在管办分离改革工作中迈出了实质性的一步。

（一）职业足球俱乐部的相关研究

作为职业足球发展的重要参与主体，职业足球俱乐部的社会责任、利益相关者认同、品牌建设、公司治理、运营机制、青训体系等内容一直备受业界关注。梁斌认为，通过社会公共服务，职业足球俱乐部可以在各个层面上促进公民、社区和社会发展，并为自己获得良好的社会信誉和发展动力[3]；崔鲁祥认为完善职业足球管理体制和运行机制，实现联赛不同利益相关者之间的协同管理，有利于职业足球健康和谐发展[4]；陈亚中等指出，我国职业足球俱乐部品牌的地域性特征明显，但是

---

[1] 贾文彤，郝永朝.欧洲职业足球中的法律制度对我国职业足球法制建设的启示[J].天津体育学院学报，2004（3）：74—76.

[2] 梁进，因·亨利.英国职业足球近10年发展述评——经济视角[J].天津体育学院学报，2004（1）：4—8.

[3] 梁斌.企业社会责任理论下的职业足球俱乐部社会公共服务研究[J].体育科学，2013（6）：52—56+63.

[4] 崔鲁祥.中国足球职业联赛利益相关者的利益冲突及治理策略[J].沈阳体育学院学报，2011（5）：8—11.

存在部分品牌在地域内的延续性不足的情况[1];张新英等以广州恒大为例,对我国职业足球俱乐部公司治理实践进行分析,认为:应不断完善法人治理结构,健全股东大会、董事会、监事会和高管层内部治理机制;拓展外部治理,积极改善行业协会治理,加强产品市场治理,参与资本市场治理,发展控制权市场治理机制[2];陈元欣等在借鉴欧洲和美国职业体育俱乐部成功经验的基础上,提出了场(馆)经营权入股俱乐部、委托俱乐部管理、长期租赁、ROT、成立合资场(馆)运营公司和俱乐部自建场(馆)6种俱乐部参与场(馆)运营的可行路径[3];喻和文等基于职业足球俱乐部青训与校园足球发展的问题特性,提出协同双方目标、化解学习与训练冲突、增强俱乐部社会责任意识等推进策略[4]。

(二) 职业足球管理体制的相关研究

中超联赛问题重重,俱乐部盈利困难,足协新政争议不断,这些问题将职业足球管理思想和制度体系的落后暴露无遗。张宏杰等从市场环境、管理环境、法制环境3方面分析我国职业体育环境,并提出具体的职业体育改革建议,具体包括改革职业联赛体制、由市场参与联赛改革、充分明确所有权与产权、优化俱乐部股权结构、充分保证投资主体的利益等[5];张红华从权力制约和权利保障的角度出发,提出我国现行职业足球管理体制属于国家法团主义体制,改革应从国家制约、社会制约、内部制约3方面进行[6];周驰等通过对英格兰、德国两国足球管理体制特点的分析,提出我国足球管理体制改革应树立权力有限意识,重新界定政府职能,实现"全能足协"向"有限足协"的转变,并进一步厘清政府与足协的关系,进行制度创新[7]。

(三) 职业足球运动员的相关研究

与职业足球俱乐部相同,职业足球运动员是职业足球发展的重要参与主体。职

---

[1] 陈亚中,钟秉枢,郑晓鸿,陈文倩,王博. 现阶段中国职业足球俱乐部地域化特征与问题探析 [J]. 成都体育学院学报,2017 (3):54-61.

[2] 张新英,张瑞林. 我国职业足球俱乐部公司治理研究——以广州恒大淘宝足球俱乐部股份有限公司为例 [J]. 上海体育学院学报,2017 (6):28-33.

[3] 陈元欣,黄昌瑞,王健. 职业体育俱乐部参与体育场(馆)运营研究 [J]. 体育科学,2017 (8):12-20.

[4] 喻和文,刘东锋,谢松林. 职业足球俱乐部青训与校园足球合作探析 [J]. 体育文化导刊,2019 (2):22-27+14.

[5] 张宏杰,倪刚,冯维胜. 我国职业足球俱乐部建立现代企业管理制度的研究 [J]. 体育科学,2006 (4):28-39.

[6] 张红华. 法治视野下的职业足球管理体制改革 [J]. 天津体育学院学报,2010 (4):323-327.

[7] 周驰,龚波. 西方职业足球管理体制研究 [J]. 武汉体育学院学报,2012 (4):23-27.

业足球运动员的培养、训练、流动以及行为规范不仅关系到俱乐部的切身利益，其群体性规范将直接映射出职业足球发展的程度与水平。多年来，职业运动员的职业意识、身体训练、道德规范、权利保障、运动损伤、转会制度、行为规范等研究受到普遍关注。吴恒祥针对运动员从非职业向职业化转变的过渡问题，提出职业意识规范的必要性[1]；龚波对我国足球运动员体能特征及其训练进行了探索，提出身体素质以速度力量组合为主；位置技术与体能特征关系密切；营养制度及特殊营养的科学实施是体能训练的重要保证等观点[2]；郑家鲲等在分析我国职业足球运动员职业道德现状的基础上，提出培养职业道德的途径，即加强对职业道德教育重要性和紧迫感的认识，采取切实可行的管理措施，对运动员进行科学文化知识的教育等[3]；刘兵等从运动员的角度对合同、转会、伤病及退役等方面利益进行调查，针对存在的职业足球运动员利益保障程度较低等问题，提出应首先在健全足协和俱乐部内部机制上下功夫，同时加大对足球经纪人培育工作以及完善保障运动员利益的相关法律工作等措施[4]；朱文英提出职业足球运动员转会应当适用《中华人民共和国合同法》的规定，以合同法平等、自由、公平、诚实信用的基本原则为基础，对运动员转会合同和工作合同进行充分谈判和协商，实现各方的利益追求[5]；曹景川等基于职业运动员失范行为特征，提出伦理道德规制策略[6]。

（四）利益相关者及球迷研究

职业足球俱乐部的利益相关者包括球员、教练员等内部相关者和股东、管理机构、竞争者等外部相关者。舒成利等认为利益相关者间的恶性博弈行为以及相关行为管理乏力是导致中国足球行业利益受损的根本原因[7]；崔鲁祥认为，完善职业足球管理体制和运行机制，实现联赛不同利益相关者之间的协同管理，有利于职业足

---

[1] 吴恒祥. 职业足球运动员的职业意识初探 [J]. 上海体育学院学报, 1995 (S1): 61—62.
[2] 龚波. 我国职业足球运动员体能训练研究 [J]. 体育科学, 2005 (10): 90—95.
[3] 郑家鲲, 沈建华. 影响我国职业足球运动员职业道德的因素及对策 [J]. 上海体育学院学报, 2006 (2): 65—68.
[4] 刘兵, 沈佳, 郑鹭宾. 中国职业足球运动员利益保障调查分析 [J]. 中国体育科技, 2007 (6): 8—10+110.
[5] 朱文英. 职业足球运动员转会的法律适用 [J]. 体育科学, 2014 (1): 41—47.
[6] 曹景川, 高鑫, 张大为. 法治视域下中国职业足球运动员伦理道德问题规制 [J]. 上海体育学院学报, 2017 (6): 23—27.
[7] 舒成利, 周小杰. 从利益相关者管理理论看我国职业足球产业的发展 [J]. 成都体育学院学报, 2006 (3): 21—24.

球健康和谐发展[①]。球迷作为职业足球的直接消费者，其价值认同及购买行为是此类研究的重点。徐波等指出，会员球迷的主场比赛消费忠诚度要高于非会员球迷，而经济和情感是造成两类球迷消费差异的主要影响因素[②]。此外，球迷对于俱乐部的认同感对其购买行为存在影响；球迷对俱乐部的个人评价、与俱乐部球队的相互联系、与俱乐部间的相互依存感、球迷的俱乐部参与行为以及对俱乐部的认知意识对其观赛频率（通过购买球票观赛）具有显著影响[③]。

（五）足球竞赛的竞争平衡研究

竞争平衡是评估职业足球可持续发展的重要依据。张剑利等指出竞赛平衡是职业体育管理中的核心问题，强调为了吸引观众，职业体育联赛在提高整体水平的同时，应努力保持各球队实力上的均衡[④]；刘飞、龚波运用C5ICB指标探讨了欧洲5大联赛的竞争平衡特征与内涵，认为竞争失衡有利弊两面性：既提升少数俱乐部的品牌价值和全球影响力，也同时损害中小俱乐部的运营稳定性和联赛的长期健康发展[⑤]。李伟等立足于球迷偏好"结果不确定性"假设的竞争平衡理论，针对我国和欧洲职业足球联赛共同争夺全球范围内球迷市场资源的"联盟间"竞争问题，提出了"强竞争平衡"的新观点及其发展思路，以球员转会制度建设来引导球队竞技实力趋于均衡化发展；激励巨额"外来资金"注入的同时，兼顾缩减俱乐部之间经济实力差距目的；取消外援上场限制，改变"限薪"思维，支付高薪报酬以吸引全球顶级球员；取消俱乐部冠名模式，调动外来资金注入的积极性，为联赛募集资金[⑥]。

二、校园足球高质量发展研究的文献综述

随着我国足球改革的进一步深化，党和国家认识到"足球一定要从娃娃抓起"，从而对打好青少年足球工程的基础工作，开展校园足球给予了高度认同和极度重视。

---

① 崔鲁祥．中国足球职业联赛利益相关者的利益冲突及治理策略[J]．沈阳体育学院学报，2011（5）：8—11．

② 徐波，岳贤峰，马冰，徐旭．职业足球俱乐部会员与非会员球迷主场比赛消费忠诚度比较[J]．天津体育学院学报，2007（5）：413—416+429．

③ 马淑琼，陈锡尧，刘雷．中超职业足球俱乐部球迷认同及其购买行为分析[J]．体育文化导刊，2014（3）：122—125．

④ 张剑利，张大为，秦椿林．竞赛平衡与美国职业体育联盟管理研究[J]．山西师大体育学院学报，2008（1）：128—131．

⑤ 刘飞，龚波．欧洲5大职业足球联赛竞争平衡研究[J]．中国体育科技，2017（4）：24—33+47．

⑥ 李伟，陆作生，吴义华．强竞争平衡：我国职业足球发展的逻辑起点[J]．沈阳体育学院学报，2018（3）：104—110+144．

第一章　新时代我国足球高质量发展研究综述

从 2014 年 2 月教育部全面开展校园足球工作调研，到一年半后《教育部等 6 部门关于加快发展青少年校园足球的实施意见》（教体艺〔2015〕76 号）的颁布，校园足球开始被聚焦为青少年足球发展的主要抓手。基于理论引领与实践指导需求，校园足球发展的学术关切日渐凸显。

（一）顶层设计

学者沈建敏等认为校园足球顶层设计的关键在于改革现有学校体育课程运行机制与管理措施，进而实现整个教育体制的改革[①]。针对习近平总书记提出的"搞好顶层设计"要求，毛振明等对校园足球顶层设计的诸多本源性问题进行了论证，提出应以制度创新为动力，形成新的发展机制；以国民教育为平台，打通各级升学通道；创新教体结合方式，遵循教育科学和训练规律；以大学为龙头，形成自上而下的引领和动力；以青少年足球精品赛事为热点，动员全社会的力量推动校园足球；在升学制度、经费、教练员引进与培养等方面建立保障措施[②]。此后，学者们通过借鉴德国青少年足球运动员的培养经验、提出"八路突破"思路、反思校园足球实施问题、构建"一校一品"和"1+X"足球课程教学模式、论证机制创新和制度建设及校园足球十大成功标志和实现关键，对校园足球的顶层设计进行了系统化、多维度的诠释与构建。

（二）特色学校

"校园足球特色学校"这一词语最早出现在 2014 年"全国青少年校园足球工作电视电话会议"上，时任教育部部长袁贵仁提出在广泛开展校园足球的基础上，重点扶持各地涌现出的足球特色学校，以点带面推动校园足球的普及。由此，如何打造校园足球特色学校开始引起学者们的广泛思考。显然，以点带面推动校园足球发展的特色学校意在体现校园足球的自主性、动态性、推广性和教育性。实现我国校园足球特色学校的健康、可持续发展，需要更新学校管理理念、转变学校体育管理方式，努力加强校园足球特色学校自身的内涵式建设，逐步转变建设观念，动员最广泛的力量进行长期、自觉、持续的校园足球特色学校建设行动。但从建设现状来看，校园足球活动的认知层仍需提升、教育管理部门的职责分工尚不清晰等问题在很大程度上制约着特色学校的发展。

---

① 沈建敏，应菝，高鹏飞. 校园足球发展的顶层设计与底层回应[J]. 北京体育大学学报，2017（4）：83-88.

② 毛振明，刘天彪，臧留红. 论"新校园足球"的顶层设计[J]. 武汉体育学院学报，2015（3）：58-62.

(三) 课程与活动开展

此类研究以调查访谈为主，故具有较强的区域性特征。如黄晓灵等以川渝小学为对象，提出农村与城市不同行政区域间，足球教材使用、足球场地设施建设、足球竞赛活动开展等方面存在明显差异[1]；骆秉全等对北京市校园足球竞赛体系运行资源保障现状进行分析，认为北京市已形成以中小学的市级、区级、校级和班级的四级联赛体系为核心，以校内竞赛、校际四级联赛、选拔型竞赛为主要形式，以普及型赛事、交流提高型赛事为补充的多元化校园足球竞赛体系[2]。从研究结论的对比看，我国校园足球发展存在显著的区域间不平衡。

(四) 管理体制机制

针对领导体制、运行机制存在的缺陷，邱林等提出，校园足球体制革新应与国家治理体系的改革方向相一致，政府在推进校园足球体制革新过程中，应以新的治理范式寻求政府、市场、社会多元治理主体的协同发展，吸纳市场和体育社会组织参与，构建多元协同的治理格局[3]。同时，张渊、张廷安认为，观念是校园足球政策执行的必要非充分条件，加强意识与政策的统一，注重校园足球正式教育制度的完善与创新，如推动考试制度改革、推行激励机制等；加强非正式教育制度的培育，如提升校园足球社会认可度、培育文化氛围等，以此提升校园足球政策的执行效率，促进校园足球可持续发展[4]。戴狄夫等认为，校园足球的政策执行归根到底是受利益驱使的，不同的利益主体有着不同的利益诉求，而这些诉求无论是在纵向上还是横向上都存在着一定的冲突，使得校园足球政策陷入了"执行难"的困境。因此，应该着眼于冲突的根源，通过相关制度的完善以规范和引领主体的行为，进而推进政策的有效执行[5]。

(五) 绩效评价指标体系

鉴于校园足球运行环节的复杂性和不确定性，构建校园足球绩效评价指标，实

---

[1] 黄晓灵，夏慈忠，黄菁. 不同行政区校园足球开展的对比研究——以川渝小学为例 [J]. 成都体育学院学报，2018 (5)：113-119.

[2] 骆秉全，庞博. 北京市校园足球竞赛体系运行现状研究 [J]. 首都体育学院学报，2019 (2)：157-165.

[3] 邱林，王家宏. 国家治理现代化进程中校园足球体制革新的价值导向与现实路径 [J]. 上海体育学院学报，2018 (4)：19-25.

[4] 张渊，张廷安. 我国校园足球政策执行推进策略研究 [J]. 体育文化导刊，2018 (5)：108-112.

[5] 戴狄夫，金育强. 我国校园足球政策执行的利益辨识与制度规引 [J]. 武汉体育学院学报，2018 (10)：38-43.

第一章 新时代我国足球高质量发展研究综述

施风险防范和控制成为推动校园足球健康发展的重要保障。周兴生等以绩效评估为视角，引入风险管理的有关理论，以经济学和管理学的相关学科理论为指导，构建出校园足球综合绩效评价指标体系，包括管理体系、人事体系、效益体系、比赛运行、安全体系和观念体系6个一级指标、23个二级指标和49个三级指标，并确定各级指标权重，以实现对校园足球绩效水平的全面评估①。谭嘉辉等基于全面风险管理的理论，运用德尔菲法并邀请10位从事体育管理与校园足球研究的专家经过3轮问卷调查对指标进行筛选与调整，最终确立包含6个一级指标和23个二级指标的校园足球绩效评价指标体系②。李玲等采用德尔菲法、层次分析法等对校园足球活动评价指标体系进行研究，建立了由制度与管理保障、校园足球育人、校园足球普及、文化学习与足球技能共同发展、青少年足球人才规模化成长和师资队伍建设6个一级指标、18个二级指标、31个三级指标构成的指标体系③。

（六）域外经验借鉴

从足球发达国家探寻校园足球的经验与启示，是当前研究的重要内容。研究借鉴的国家多以日本、英国、德国、法国等为主。如梁斌指出，19世纪的英国校园足球成为培养具有"古典教育价值观"现代人的重要手段。但是，足球职业化和商业化发展让校园足球逐渐失去主流地位，其所推崇的足球教育理念和功能也被世俗化商业足球价值取向代替④。李志荣等对英、德、法、日四国校园足球后备人才培养的特性进行分析，认为其校园足球在普及阶段具有先进的发展理念、匹配的组织竞赛体系以及多元的经费来源渠道等；在选拔阶段，选拔方式灵活，具有完善的培训体系，重视文化学习等⑤。针对国内关于校园足球应当承担足球青训任务的设想，喻和文等在总结日本足球学校经验后发现，校园足球青训不能越俎代庖，职业俱乐部青训要自力更生，并对业余青训加大支持力度⑥。

---

① 周兴生，谭嘉辉. 我国校园足球绩效评价指标体系及构建 [J]. 西安体育学院学报，2017（3）：300—308.

② 谭嘉辉，陈平，部义峰，周兴生. 全面风险管理视角下我国校园足球绩效评价和治理对策研究 [J]. 北京体育大学学报，2018（9）：96—103.

③ 李玲，方程，黄谦. 校园足球活动评价指标体系的构建与应用：以陕西省为例 [J]. 首都体育学院学报，2019（1）：61—67.

④ 梁斌. 19世纪英国校园足球兴衰与启示 [J]. 体育文化导刊，2018（5）：141—146.

⑤ 李志荣，杨世东. 英、德、法、日四国校园足球后备人才培养特点分析 [J]. 体育文化导刊，2018（1）：116—121.

⑥ 喻和文，刘东锋，谢松林. 职业足球俱乐部青训与校园足球合作探析 [J]. 体育文化导刊，2019（2）：22—27+14.

（七）实践创新

此类研究将校园足球放置在我国足球发展和社会发展的视角下，以寻求多因素、多领域互促共进的路径与方法。一方面，探索校园足球与职业足球共生发展的路径，提出二者的协同发展，可以有效解决校园足球缺乏高水平教练和专业场地设施的问题，也可以缓解俱乐部青训因"重竞轻文"而导致的就业压力问题[①]。另一方面，探索社会资本推进校园足球发展的内在逻辑，提出培育社会资本，推进校园足球的策略：分层级设置布点学校，优化校园足球的社会网络；规范校园足球推进中的政策实施，赢得参与者的信任；加强校园足球文化建设，积极引导"以普及与分享为主"的发展愿景。

三、社会足球高质量发展研究的文献综述

（一）研究文献年代分析

社会足球相关的研究大致可以分为两个阶段，划分阶段的标准主要从大众足球研究的文献量来思考，当文献量较低时，说明社会足球的组织与建设基本处于松散状态，足球活动的普及程度差，社会足球的相关问题相较于足球的职业化、市场化来说，没有凸显出来。依据这样的判定标准可以划分为两个阶段。

1. 起步探索阶段

1980—2006年为起步探索阶段，文献单年发表数量均在个位数，主要以业余足球的开展和推广为主。

2. 逐步发展阶段

2007年至今为逐步发展阶段，研究文献的数量明显增加。

（二）研究现状梳理

1. 概念模糊导致研究范畴庞杂无序

概念理应是学术研究的逻辑起点，但在社会足球这一领域，很难从几十年来的文献中梳理出清晰、公认的界定，以致在文献检索中出现了大量意似形合，却无法准确划分的现象。目前，仅能从少量的学位论文中得到些浅显的描述，概念基本集

---

① 喻和文，刘东锋. 职业足球俱乐部与足球特色学校合作长效机制探究——基于社会交易理论的视角[J]. 沈阳体育学院学报，2019（1）：7—15.

第一章 新时代我国足球高质量发展研究综述

中在足球开展的群体广泛性、闲暇时间、娱乐强身等方面[①]。然而,"社会足球"在属概念和种差划分上的模糊,导致将社会足球与业余足球、青少年足球、大众足球、草根足球等概念混合使用的现象,成为"默认"的既定事实。

2. 足球业余训练研究向精细化发展

身体素质、基本技术和战术是足球运动中的关键要素,考虑到运动发展的需要,以中学生业余足球训练为对象的研究率先受到学者关注。此后,学者们开始从实战出发,通过总结省市级业余足球赛中的特点与问题来改进训练方法[②]。随着足球训练科学化水平的提升,足球业余训练的关注点也越发细化,如速度训练方法探析[③]、训练损伤防治[④]等。进入21世纪,尽管中国足坛出现了"假球""黑哨"等"假""赌""黑"现象,但随着职业足球发展和足球全球化认知的加快,我国大众对足球带来社会影响的认知得到进一步强化,无论在参与群体上,还是在足球项目发展空间的突破上,都有了一些新的观点,尤其是对校园足球的重视,打开了足球发展从青少年抓起的一扇窗[⑤]。

3. 草根足球发展的本土化关切

草根足球相对于职业足球来讲,是非主流、非精英的足球群体,在利用闲暇时间所进行的以娱乐健身为目的、无功利性的休闲体育活动[⑥]。从草根足球的组织属性看,属于自组织范畴,但从荷兰等国家的经验来看,政府向草根足球提供了大量的财政和公共场地支持。由于国内外草根产生机制的不同,我国草根足球发展并不尽如人意,公共足球场地资源紧缺、制度滞后、缺少专业人才与资金等问题突出。孙科等认为,草根足球的发展重点是培育草根足球联赛,以实验而非建构的方式对赛事细分,更要引入市场机制,从而增强我国足球的造血功能,进而实现中国草根足球的振兴[⑦]。

4. 群众足球赛事研究有待深入

开展群众足球竞赛是足球普及与提高的关键之一。从全国范围来看,各省份群

---

① 张振中. 甘肃省大众足球的开展现状与调查研究——以兰州市校园足球和业余足球联赛为例 [D]. 兰州:兰州理工大学, 2012:22.
② 刘义生. 从省"幼苗杯"足球赛看我省业余足球训练 [J]. 江苏体育科技, 1985 (6):45-46.
③ 胡成志. 试论业余足球运动员的速度训练 [J]. 安徽体育科技, 1999 (3):25-27.
④ 哈鸿权,赵弓,刘秉成,张一兵. 足球训练与儿童少年膝关节损伤 [J]. 天津体育学院学报, 2000 (4):49-51.
⑤ 王君,刘先进,刘夫力. 足球重点城市青少儿业余足球训练现状调查与分析 [J]. 广州体育学院学报, 2001 (4):59-62.
⑥ 崔晓阳. 郑州市草根足球的开展现状与对策研究 [D]. 新乡:河南师范大学, 2014:26.
⑦ 孙科,易剑东. 中国"草根足球"面面观 [J]. 体育学刊, 2016 (2):75-80.

众足球赛事逐渐增多,类型和形式丰富多样,在一定程度上满足了人们参与足球锻炼的需求。但由于赛事主体间的职能定位模糊、裁判员等级水平参差不齐、社会关注度不高等因素限制[1],群众足球赛事一度热情低迷。为此,赵升等提出尽快明晰各行政部门职责,健全制度保障,以培育社会足球骨干为组织基点依托,实施社区化、俱乐部化和产业化普及发展,从而扩宽群众足球赛事的组织途径[2]。通过文献比照不难发现,研究中提出的问题与形成的对策之间存在着较大"缝隙",群众足球赛事发展中的社会关注、市场引入、体制完善等问题仍有待进一步深入。

5. 业余足球俱乐部研究受到关注

随着社会对足球运动的强烈关注和国家对足球事业投入的加大,参与业余足球运动的人群日益增长,许多地区从常年低层次零散足球活动逐渐发展到有规模的俱乐部组织形式。尽管业余足球俱乐部包括了公益性和营利性多种模式,但均面对着组织制度风险、资金管理风险、人力资源风险、场地设施风险、安全保障风险等问题[3]。孙业久通过区域性调研分析得出,引进高水平教练、进校园和社会自主招生、完善组织运行和管理模式将有助于俱乐部的良性发展[4]。

6. 青少年是研究的热点群体

青少年是社会足球研究的主要对象,从20世纪早期研究一直延续至今,其内容主要涉及以下几个方面:一是不同区域间的比较研究,如斯力格等通过地区间青少年业余足球开展情况进行对比,以提出青少年后备力量培养问题[5];二是意愿测量研究,如殷恒婵借鉴运动倾向性理论模型,对部分地区青少年足球运动员渴望和决定参加足球运动员的心理状态进行测量[6];三是重点城市实施现状研究,如王君等对上海、大连、北京、广州等9个足球重点城市足球协会进行调查,提出我国的青少儿业余足球训练工作正在走向社会化和市场化,政府的支持对青少儿业余足球训练工作起到至关重要的作用[7];四是市场化发展研究,如杨世东对南京市青少年业

---

[1] 赵升,周毅.广州市大众普及系列小型足球赛的现状调查及对策研究[J].中国体育科技,2005(2):69-72.

[2] 赵升,张廷安.我国城市群众足球赛组织途径及策略探讨[J].北京体育大学学报,2013(1):127-133.

[3] 孙政,帅鹏飞,王艳琼.南京市青少年业余足球俱乐部运营风险管理研究[J].当代体育科技,2019(1):192-194.

[4] 孙业久.上海市青少年业余足球俱乐部发展现状和对策研究[J].当代体育科技,2019(8):168-169.

[5] 斯力格,张英成,刘和春.沈阳、大连地区业余足球运动开展情况的比较研究[J].辽宁体育科技,1996(3):1-3.

[6] 殷恒婵.青少年业余足球运动员运动倾向性5因素结构模型初探[J].体育科学,1997(5):75-79.

[7] 王君,刘先进,刘夫力.足球重点城市青少儿业余足球训练现状调查与分析[J].广州体育学院学报,2001(4):59-62.

余足球培训市场进行调查后提出,规范市场准入、规范培训内容和方法、提高教练员水平等针对性的建议,以完善青少年业余足球培训市场化发展[①]。

第三节　我国足球高质量发展研究的理论依据

一、利益相关者理论

(一) 利益相关者理论解读

利益相关者的定义有很多种,但其中最具代表性的是弗里曼对利益相关者的定义,他指出:"利益相关者是指,能够影响一个组织目标的实现或能够被组织实现目标的过程影响的人。"[②] 从本质上讲,可以将利益相关者理解为组织能够通过行动、决策、政策或目标而影响的个人和群体,同时这些个人和群体也能够影响组织的行为、决策和目标。在企业中,利益相关者通常是与"股东"相对应的一个概念,主要是指除股东之外的其他与企业利益相关的个人或团体。

利益相关者理论与股东至上理论同为企业治理的理论,但他们彼此是相对立的,在对股东至上理论的质疑和批判过程中,利益相关者理论逐步产生和发展起来。其中,对股东至上理论的理解具体如下:第一,从本质上讲,企业是一系列以物质资本所有者为主体的契约联结体,所以要想控制企业并得到其所有权,前提在于拥有物质资本所有权;第二,企业之所以组织开展经营活动,其根本目标在于最大程度地实现股东的利益;第三,企业的物质资本所有者是股东,因此,只有股东才是公司治理的主体,能够约束和监督管理者的行为,除股东之外的其他利益相关者都无法以治理主体的身份直接参与到公司的治理工作之中,在企业的经营决策方面,他们只能提出自己的建议或意见。

利益相关者理论认为:首先,现代企业本质上是利益相关者彼此联结而形成的一个契约体,因此股东并不是公司唯一的所有者,其中企业所有者包括债权人、管理层、公司员工等其他利益相关者群体;其次,企业组织开展的所有经营性活动,其主要目的在于追求利益相关者的整体利益,综合平衡各个利益相关者的利益要求,而不只是实现股东的利益最大化。"公司不仅是最大化实现股东利益的工具,而且是

---

① 杨世东. 南京市青少年业余足球培训市场调查 [J]. 体育文化导刊, 2017 (2): 130-134.
② Freeman, R. E. Strategic Management: A Stakeholder Approach [M]. Boston: Pitman, 1984: 25.

将不同利益相关者群体的利益寓于其中的组织"[1]；此外，企业共同的所有者也属于公司的治理主体，因此不能将其仅局限于股东，债权人、管理者、员工等其他利益相关者也应当被包括在内。"所有相关利益者之间的一系列多边契约，都可以依靠企业来维系"[2]。相关利益者作为契约的主体，每一种契约参与者都具有向公司提供特殊资源，开展平等谈判的权利，在此基础上，有效保护契约多方主体的利益。利益相关者理论主张：企业的所有利益相关者都应具有参与企业决策的权利和机会，同时管理者还负有为所有利益相关者提供一定的信托责任，因此，企业开展经营活动的目标不应仅仅是维护和增加股东的利益，更是要使所有相关者的利益得到进一步的提升和发展。

足球运动资源的发展呈现出互相依赖、彼此互利的态势，在利益相关者理论推行并实施的过程中，不只是为了提升个别参与者的体验感与自信，也不是对主体间协议的作用进行否认，其最主要的目的是实现弱势利益集团健康均衡的发展，使自我行动过程中的理性、责任感和团结合作的意识等都得以提升的同时，对强势利益集团提供有效改善与治理手段。

（二）利益相关者理论与我国足球高质量发展

作为世界第一运动，足球运动具有巨大的影响力。由于足球运动参与主体具有多元性的特征，容易涉及多个利益相关者不同的需求，因此需要充分考虑不同利益主体的需求，为我国足球运动的发展提供重要助力。同时，由于足球运动具有十分重要的育人功能，不仅有助于锻炼人们的身体素质，还能培养和提高人们的团结协作与竞争能力、坚持不懈的意志品质，并为国民健全人格的培育以及我国体育改革工作的开展奠定基础。因此，要高度重视足球运动的发展，深刻认识到足球工作所具有的深远战略意义，积极培育体育部门足球竞技的后备力量，使参与足球运动锻炼的人员规模不断扩大，持续不懈地提升社会大众的身心健康。结合上述分析，利益相关者理论无疑是我国创新足球治理模式、推进足球高质量发展的必然选择，在此基础上能够明确分辨出多个参与者，并能逐一解释其倾向和具体利益诉求，针对不同利益相关者之间的关系努力进行探寻，并由此发现是否存在忽视和边缘化利益相关者的现象。

通常而言，我国足球运动在发展过程中会涉及到庞大而冗杂的因素，往往会使多元主体间的利益关系变得格外复杂。在这一情况下，能够将参与足球的利益相关

---

[1] 加文·凯利. 利害相关者资本主义 [M]. 欧阳英，译. 重庆：重庆出版社，2001：57.
[2] R. E. Freeman, W. M. Evan. Corporate governance: A stakeholder interpretation [J]. Journal of Behavioral Economics, 1990 (19): 337—359.

者正确识别出来就显得十分必要。研究和分析相关资料后，不难发现在足球有关政策的执行过程中，足球的利益相关者主要包括国家体育总局、中国足协、各级联赛、各级俱乐部、裁判、教练、球员、媒体、赞助商、球迷等。通过对比相关的文献资料，譬如（表1-1），不难发现在不同的标准条件下，利益相关者的划分也会有所不同。笔者所指的利益相关者主要根据追求的利益内容和组织化程度的差异，将其分为企业型、协会型、机构型和公众型4种类型。具体表现：企业型利益集团，主要是指为足球提供相关需求，追求经济利益的带有经济性质的企业化或公司化的组织，比如足球俱乐部、培训机构等；协会型利益集团，主要指的是足球行业协会、社会团体、民办非企业单位、基金会等。在这之中，具有较大影响力的当属足球项目行业协会，并且其还具备特有的作用，例如足球协会等，在其运用特有优势的情况下，发挥出优化整合足球教练员、裁判员等专业人才资源方面的重要作用；机构型利益集团，即我国足球的参与管理机构，主要是指作为国家代表的政府部门。但一般情况下，利益集团中参与的政府部门过多，往往可能导致出现各部门在追求自己部门的局部利益时具有盲目性，将部门利益凌驾于公共利益之上，与正确的公共利益导向偏离甚至背道而驰的现象。若主管部门由不同的行业进行设置，那么就很容易出现部门功能的重叠和交叉、利益冲突等矛盾，为维护自己部门的利益，他们可能会采取一些手段，以此来取得有利于自己部门的政策结果，但这一行为会对公共利益产生严重的损害；公众型利益集团，运动员与家长都是其主要代表，他们长期致力于追求的是价值型利益。也就是说，如果要想达成我国足球高质量发展的目标，就需要利益相关者努力维持彼此间的有效交流与良性互动，保持和谐友好的合作伙伴关系。

表1-1 利益相关者的划分

学者	划分标准	分类
Frederick	影响方式	"间接的利益相关者""直接的利益相关者"
Charkham	群体与企业之间合同关系存在	"契约型"和"公众型"两种利益相关者
Mitchell	合法性、权利性以及紧迫性	"确定型""预期型"和"潜在型"三种利益相关者
陈宏辉	利益相关者的重要性与积极性	"核心"和"蛰伏""边缘"三种利益相关者
李心合等	利益相关者的对抗性与合作性	"支持型"和"不支持型""边缘型""混合型"利益相关者

二、自组织原理

（一）自组织原理解析

自组织理论源于20世纪60年代，作为系统论的延伸，该理论实际上指的是在复杂的组织系统内，基于一定的规则，所有相关要素从无序到有序、由低级到高级的发展过程。德国理论物理学家哈肯（H. Haken）组织构成理论进行了归纳，并提出将其分为他组织和自组织，这两类组织之间主要是从运行条件上来进行区分的，其中，自组织是遵循系统内部设置的特定规则，自动形成的一种有序结构[1]，而他组织则是依靠外部条件进行运行的。立足于传播机制，我们可以发现，在自组织理论中涵盖了耗散结构理论、协同理论、混沌理论等多个理论，这对研究移动社交媒体舆论热点传播机制有重要的参考价值，并提供了结构性理论支撑。

耗散结构理论认为，其出现的4个基本条件为远离平衡态、系统开放性、系统内不同要素之间所存在的非线性机制、系统的涨落，对研究移动社交网络中复杂传播关系有重要的借鉴意义。在移动社交媒体平台中，任何人都可以成为发声的主体，议题之间具有一定的流动性，网络空间环境属于一个较为复杂的非线性结构系统，各要素之间彼此作用、相互调节，以一种非平衡的常态对舆论进行影响，其即是系统涨落节点。在传播舆论的过程中，其中的耗散结构主要由参与主体的自发构成，而移动舆论场的新场景由不同传播路径及复杂的交互关系共同构成。

以系统论、信息论、控制论、突变论等理论为基础，所构建而成的协同理论主要研究的内容是系统内各要素之间的协同机制，换言之，即在开放、交互和非平衡的状态环境下，通过内部协同的方式，使系统内的众要素自发构建而成的有序结构。需要注意的是，推动自组织发展、产生新的结构的重要基础在于系统内各个要素的协同和竞争，因此，通过对与系统变化存在密切关联的控制性因素进行研究和分析，能够起到加强系统内各因素协同作用的作用。

关于临界点的概念，在协同论中有所表述，即通过聚集的方式，使系统中的元素达到临界值，此时的子系统便会自发生成协同效应，并在混沌之中产生一种稳定结构，促进全新的时空环境和功能的诞生。协同论中指出在远离平衡状态之下，各系统与组织之间可以借助于子系统的协同功能进行运转，逐渐到达一个相对平衡且较为理性的状态，同时运用于传播机制模式中，有效发挥其作用。基于此，在舆论热点传播过程中，要使主体、客体、环境等因素所具有的主体功效能够充分发挥出来，并借助于协同互动，对由多主体共同参与的网络舆论进行积极意义的引导，实现要素与相互关系配置之间的合理优化，以达到最佳的传播效果。譬如，位于舆论中心的参与者、声音和平台之间形成协同效应后，能够对舆论进行引导，使其从最初的无序发展到规律发展，使舆论成为社会发展过程中的积极意义。

混沌理论最早运用于气象学领域之中，该理论认为在系统的连锁反应下，就算

---

[1] 赫尔曼·哈肯. 大自然成功的奥秘：协同学[M]. 凌复华，译. 上海：上海译文出版社，2005：23.

是微小的改变，也会导致极端现象的出现。基于舆论传播的动态性和非线性，导致其在进行传播的过程中具有不确定性和不可预测性等多项特点，基于此，混沌理论的存在，对于网络舆论的传播机制提供一个全新的发展思路。根据混沌理论，按照非线性规则组合与配套系统中的各要素，虽然表面上存在混乱无序的特征，容易导致系统的内部环境和关系网络之间产生改变，但是基于其本身的规律性和运行方式，就算一个微小的个体行为，也会引发蝴蝶效应，因此，在网络舆论从量变向质变转换的过程中，即便只是微小的一项因素产生了变异，其所导致的结果也可能存在巨大的差异。总的来说，在舆论热点的传播过程中，舆论环境内的个体因素不应只是单一而论，而应将其放置于整个系统内，对各要素的发展轨迹展开更为细致的研究，以此来有效规避负面的舆论热点和爆发突发性事件的产生。因此，混沌理论与网络舆论事件的传播发展过程存在不确定性、未知性与不可预料性。

（二）自组织理论与我国足球高质量发展

足球活动涉及到范围很广，其中足球活动中的参与者及各个环节等都属于子系统，虽然各方参与者会单独开展足球活动，但他们之间会存在一定的联系和默契，这时他们的合作和联系形式就会显示出一定的自组织特征，但是为了适应国家政策推动、市场利益驱动等外界条件的变化，从中获得更多的利益，足球的各方参与者开始开展彼此间的合作和协同，在足球大的系统中，参与各方逐渐形成了新的结构和功能的自组织形式。

三、治理理论

（一）治理理论解析

"'治理'一词，最早出自古典拉丁文和古希腊语中的'掌舵'，其主要是指控制、操控与引导行动或方式，常用于执行与国家公共事务相关的宪法或法律等问题，或指对利害关系不同的多种特定机构或行业进行管理"[①]。"治理危机"一词，兴起于1989年世界银行在讨论非洲发展问题的过程中，此后，政府管理研究中"治理"一词开始被广泛运用。

俞可平认为，"西方的政治学家和管理学家之所以提出治理概念，并主张用治理代替统治，经验研究发现，其目的在于他们在未来社会资源配置中，看到了政府和市场功能的失效"。俞可平的这一观点说明了一个问题，即国家的政府集权模式陷入

---

① 吴志成. 西方治理理论述评[J]. 教学与研究, 2004 (6): 60.

了管理的困境，并由此促成了治理理论的产生。第二次世界大战之后，为了能够有效解决市场失灵的问题，西方国家开始建设福利型国家，以便进一步提升政府在经济社会发展中的权力，加大政府对经济社会的管理、掌控力度。然而，政府在干预与控制社会经济发展的过程中，也逐渐出现了各种各样的问题，例如，资金不足、资源浪费、效率不高等。要想合理、有效地解决这些问题，就需要改变以往由政府全权管理公共事务的垄断现象，吸引更多的社会主体共同参与到公共事务的管理中，使不同主体充分发挥其具有的优势作用，为广大社会公众提供更高质量的公共服务供给，在这一背景下，治理理论应运而生，并被认为是一种能够有效弥补市场缺陷、解决政府失灵这一问题的理论式。另外，随着社会经济全球化发展的趋势，一些全球性问题也开始逐步出现，并殃及很多个国家，而且这些问题一个国家并不能独自解决的。龙献忠、杨柱指出，要实现对全球问题进行"没有政府的治理"，则需要国际组织各国政府、各国非政府组织以及多边合作等各种形式的治理机制。

当前，对于治理理论的内涵，不仅学术界尚未形成统一的认识，治理理论中也没有形成一个较为统一的理论范式与实践模式。Rhodes 指出，治理理论的内涵具有多个方面的要素，其中主要包括善治、公司治理、新公共管理、最小国家、社会控制体系以及自组织网络 6 个方面。而 Stoker 认为，治理理论的内涵包含多方面要素，即多个部门互相合作、公共部门与非公共部门之间的界限比较模糊不清，主要借助集体的力量，以此形成自组织网络。另外，关于治理理论，世界银行与国际货币基金组织形成了一定的共识，即都认为治理与健全管理应该融合在一起，从而达到"善治"的目的。同时，治理理论的概念也由全球治理委员会做了界定，即"治理是指，在对相同事务进行经营和管理的过程中，或公或私的个人与组织机构所采用诸多方式的总和。它可以对调和相互冲突或不同的利益进行调和，并且采取一定联合行动的持续的过程"[①]。Hill&Lynn 绘制了一种研究公共治理理论的逻辑，如图 1-1 所示。

通过图 1-1 中治理的政治经济逻辑结构，对各个组织部分之间的关系做了一个清晰、明确的认识，在维护社会大众的公共利益的基础上，政府通过行政、立法、司法建立的正式权力机构，与社会中的组织机构相结合，积极发挥社会力量中自主管理与组织的作用，并充分利用各项核心技术，促进各项主要工作的共同开展，最终以实际成果为导向。该图所示的治理的政治经济逻辑架构对于深入研究公共管理活动具有非常重要的借鉴意义，因此，对各种相似的案例进行分析时，都可以利用该逻辑架构，这为公共治理理论的研究提供了组织架构方面的启示。

---

① 李迎生．社会政策在民族事务治理中的担当[J]．中共中央党校（国家行政学院）学报，2020，24(02)：130.

第一章　新时代我国足球高质量发展研究综述

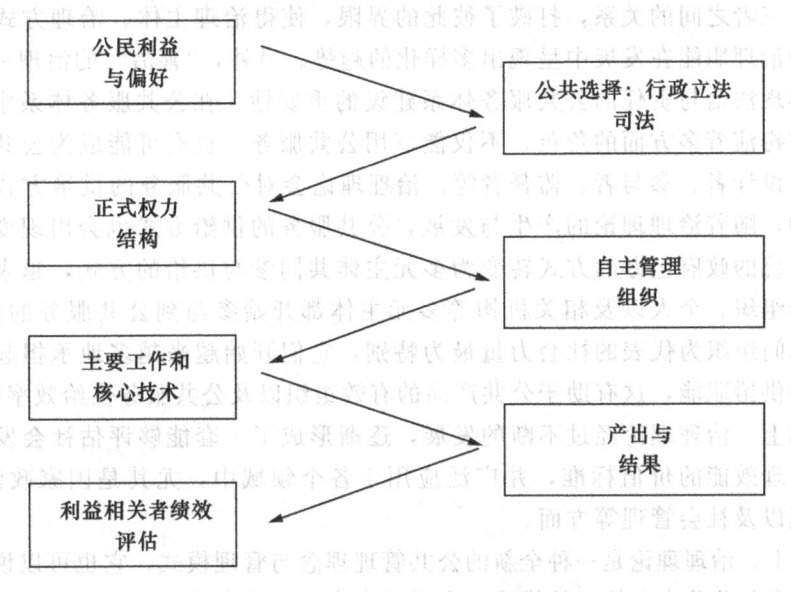

图 1-1　治理的政治经济逻辑

综上所述，治理理论一般会强调以下几个方面的问题：一是治理主体多元化。其他的公共机构、私人机构都可以是治理主体，因此政府部门并不是唯一的治理主体；二是政府部门应该加强与社会组织的联系及合作。一般而言，就是要在坚持最小国家治理原则的前提下，努力达成政府部门与社会组织、私人机构之间的联系与合作的目标，使各方利益主体在互惠互利、彼此信任的基础上实现共同进步和共同发展，同时在满足各方的利益需求的前提下，共同推进社会的发展，进而最大限度地提升公共利益；三是治理理论强调要建立起上下互动的管理模式。政府要做到与其他各个部门之间形成彼此合作、密切配合的相处模式，在公共事务的共同管理过程中运用多样化的方式；四是注重治理的有效性，即要实现"善治"。在本书中需要特别指出的是，治理理论是由多个理论观点共同组成，其形式多样，虽然与新公共管理理论间有一些相似之处，但是两个理论的基本内涵存在着非常明显的差异。总的来说，治理理论主要强调的是要构建多个主体共同参与的多中心治理网络，政府应该适当放权，并推动与其他各个主体之间的彼此合作、共同治理与整体治理。

在传统的管理模式中，管理者与被管理者的概念有着非常严格和明确的区别，但是在治理理论中，管理者与被管理者的概念则没有充分且明确的界定与阐析，因此，原来传统的管理模式渐渐被一些协商模式而取代。另外，治理理论不仅批判了新公共管理理论中的"市场万能""效率至上"等观点，还改变了传统管理模式中政府与市场、公共与私人的"两分法"，从而在很大程度上改变了政府、市场、社会三者之间的关系，打破了彼此的界限，使得治理主体、治理方式以及各个主体的治理职能在发展中呈现出多样化的趋势。另外，"善治"的治理一直在强调充分体现法治与责任的公共服务体系建设的重要性。在公共服务体系中，社会公众往往扮演着多方面的角色，不仅能享用公共服务，也有可能成为公共服务的供给者、设计者、参与者、监督者等。治理理论会对公共服务的供给方式产生一定的影响，随着治理理论的产生与发展，公共服务的供给方式也会出现变化，并逐渐由传统的政府包办的方式转变为多元主体共同参与供给的方式，越来越多的新的社会组织、个人以及相关机构等多元主体都开始参与到公共服务的供给中，其中以民间组织为代表的社会力量最为特别，它们开始越来越多地承担起社会公共服务的供给职能，这有助于公共产品的有效组织以及公共服务供给效率的提升。在此基础上，治理理论经过不断的发展，逐渐形成了一套能够评估社会发展水平与公共管理效能的价值标准，并广泛应用于各个领域中，尤其是国家政治改革、行政管理以及社会管理等方面。

实际上，治理理论是一种全新的公共管理理念与管理模式，它也可以说是多个主体共同参与公共事务管理的模式。在对"多中心治理"理论分析的基础上，可以得出一个结论，即政府应适当将社会管理的权力下放给其他组织或个人，积极引入多元主体进行公共事务的管理，进而构建出由公共部门与私人部门、非政府组织等多元主体共同组成的多元治理体系，因此该理论认为在提供公共服务的过程中，相对于政府，社会其他主体有着更加明显的针对性与创造性，同时还表现出花费少、效率高等优势。需要注意的是，在公共服务的供给关系中，政府主要发挥着指导、引领的作用，总的来说，可以将公共服务的生产与供给两大职能分散开来，公共服务转变为由社会组织和市场来提供。在这一点上，治理理论与新公共管理理论存在相似点。另外，由于治理理念的核心为治理主体间的结构和关系，因此在使用治理理论时，首先应承认主体存在异质行为，并以此为基础相互间进行交叠、重合而形成一种网络化结构形态，其状态也逐渐由松散自由向开放、流动且有序的紧密状态转变。一般情况下，社会主体是治理理论长期努力并不懈追求的目标，通过构建网络关系和完善合作机制，推动足球运动发展的多元参与以及合作共治，强调以往传统的官僚制下的单向权力应尽量被避免，不再局限于政府各个部门间的合作，而是强调要推动建立以合作伙伴及互动行为为基础的行动线，从而有助于充分且有效的公私合作关系在部门与社会组织之间成功形成。另外，只有将政府积极介入和参与治理的作用有效发挥出来，才能综合运用法律、行政、经济、技术工具等多种方式与手段，起到其他主体所不能替代的影响。

（二）治理理论与我国足球高质量发展

针对政府部门和非政府部门之间行动主体的合作，治理理论具有一定的推动作用，不仅可以共同管理与足球相关的事务，同时还能对足球在制度、组织、技术、资源和观念模式等方面的发展进行统筹协调，进而实现公共利益的最大化。通常来说，创新发展足球治理模式，推进足球运动的高质量发展，主要表现在 3 个方面。首先，强调多元化的治理主体。在足球系统中，行为主体具有多样化的特征，因而在治理过程中，致力于追求"以人为本"的治理新趋向，努力克服文化和价值观念等障碍，成功搭建起共享式的治理模式。其次，注重治理主体的沟通交流。在足球系统的多个参与主体之间，他们不断加强交流与互动，从传统的科层化、权威化的管理控制资源逐渐向沟通协调的方向转变，足球的管理方式得以更加扁平化。在信任分享的基础上，多主体之间应逐渐建立起有序竞争与团结协作的关系。再者，系统协作在治理过程中，不仅是分配资源，更是在构建分配规则。在此过程中，政府部门主要承担着设计者、生产者及培训者等多重角色，不断推进足球服务供给的完善，努力发挥其"元治理"的作用。与此同时，在确保市场、第三部门达成高水平公私合作的前提下，努力推动全新的整合资源治理路径的构建，发挥创新精神，持续推进足球治理工作的进程，从而提高足球的服务水平和服务质量。

四、协同治理理论

（一）协同治理理论解析

针对治理理论进行重新检视，有助于推动协同治理理论的兴起与发展。协同治理主要是指寻求有效治理主体结构的过程，其中强调要致力于加强各个主体之间的协同合作，为之后的多元组织协同发展提供一定的指导和帮助，进而达到整体效果大于简单部分相加的效果。在经过一系列复杂的演变后，协同治理理论具有如下特征：

1. 强调治理主体的多元性

协同治理与多中心治理有相似之处，其首要特征也是治理主体多元。薛澜等认为，伴随着经济的飞速发展、社会的巨大改变，国家已经不能仅通过自己的行动，就能解决所有问题，因而如何能够在促进政府、市场、社会之间的合理分工与有效协作的前提下，重新构建起合理的治理结构，最大限度地增进公共利益成为国家开展治理工作的根本目标。① 姜安鹏、沙勇忠指出，突发事件往往会涉及多个多种利益相关者，因此政府机关不应该是唯一的应急管理主体，还应包括企业、非政府组织、媒体与社会公众。② 朱纪华指出，除了政府部门，其余治理主体包括社会组织、企业、公民个人等，在共同参与管理公共事务的实践中，应积极努力发挥各自的价值与独特作用，同时善于取长补短，借鉴吸取意见建议，促进和谐高效公共治理网络的组建。③ 由于主体具有多元性，其价值标准和利益诉求也有所不同，因此，在积极参与公共事务的治理工作中，主体之间既竞争又合作，在经过彼此间的冲突、协商和让步后，最终达成一致的目标，从而提高社会公共事务治理的效率和能力，使公共利益得到最大限度的维护和增进。

2. 强调各子系统的相互协作

基于协同治理模式，各子系统之间应该开展平等、自愿的协作。在管理社会公共事务时，政府机构不应仅依靠自身的强制力，而应积极推进多元主体之间的合作和协商。其原因在于，现代社会知识和资源分别由不同的主体所掌握，单纯仅靠单一的主体或者子系统，根本无法将所有的活动都顺利完成，这时就需要与其他主体进行合作，从中获得并掌握一定的知识和资源，基于这一情况，在不同的主体或子系统间具体表现为谈判协商和资源交换，促进不同的主体或子系统间的相互协作。而这种协作能否顺利的展开，除了会受到各主体或子系统所拥有的知识和资源的限制之外，还会受所处的协作环境以及规则的影响。需要注意的是，由于协同效应的产生，协同治理往往被认为是治理主体间最能形成合力，以及最为和谐的关系。

3. 强调共同规则的制定

通常来讲，协同治理是一种集体性的行为，也可以说是制定的行动规则，能够被多元主体所认同。所以，这种规则不仅影响着治理的结构，同时也对治理的成效起着决定性作用。虽然在制定规则的过程中，政府部门有时并不能起到主导性的作用，但是作为规则的最终决定者，规则的制定还是会受到政府意志较多的影响。当然，要想达成多元主体的共同规则，其前提是彼此互相信任和合作，不断推进多元主体间的坦诚相告的进程、充分交流与沟通信息以及通力协作，便于推动形成各方共同认可的行为准则。可见，协同治理理论对于改善治理效果有一定的作用，有利于提升足球治理的能力。

---

① 薛澜，张帆，武沐瑶. 国家治理体系与治理能力研究：回顾与前瞻 [J]. 公共管理学报，2015，12 (3)：1—12+155.
② 姜安鹏，沙勇忠. 应急管理实务：理念与策略指导 [M]. 兰州：兰州大学出版社，2010：266.
③ 朱纪华. 协同治理：新时期我国公共管理范式的创新与路径 [J]. 上海市经济管理干部学院学报，2010，8 (01)：5—10.

(二) 协同治理与我国足球高质量发展

首先,协同治理应对多元治理主体的整体架构进行重塑。要想保证与足球运动相关的各项活动得以顺利开展,必须要在对教学训练体系与竞赛体系进行完善的基础上,建立起健全的足球教学、训练、竞赛与保障等相关治理体系,并促进校园足球、职业足球、社会足球等的有效对接与融合发展。当然,若是想要真正完成我国足球运动高质量发展的相关工作,不仅需要汇聚有关政府部门中所有成员的力量,还要充分调动社会中的力量,使其能够为我国足球运动高质量发展提供积极的助力。此外,当前我国足球运动发展中也存在着资金投入、场地设施、师资力量以及足球竞赛等问题,由于超出了职责范围,单一部门往往不具备解决这些问题的能力,因此,足球运动的发展十分强调多元化的治理主体,要求注重不同政府部门之间、政府与企业之间、政府与社会组织之间协同合作的开展,从而有效打破彼此间存在的隔阂,使足球发展多主体的合作格局得到更进一步的完善与发展。除此之外,努力发挥协同治理的动力机制的作用,即利益分配能够充分激发并促使各主体的积极参与,以便增强各协同方参与足球高质量发展的持续性。此外,协同治理是一种集体行为,既是保障协同治理活动顺利进行的必要条件,也是调动多方利益主体参与足球高质量发展的有效动力。与此同时,确保多元共治工作的顺利进行有利于我国足球高质量发展过程中各个参与主体协同治理工作效率的显著提升,基于此,在政府与企业、社会组织等参与主体进行协商的过程中,针对当前我国足球运动发展过程中所遭遇的的重大问题而开展长期的共同研究,以便合理有效地解决单一主体所存在的资源供给不足以及治理工作过于"碎片化"等一系列问题。实际上,足球运动的协同治理是一种动态形式的互动过程,在经历了多利益主体的价值评估与行为决策之后,以便各方利益主体共同承担责任、实现共赢。

其次,在协同治理相关理论的运用过程中,应促进我国足球协同治理方面相关政策的协同制定。在推动不同政府部门对不同政策资源进行协调配合和优化配置的基础上,努力解决跨区域跨界出现的政策问题,实现跨部门政策的目标,推进政策的协同发展。需要注意的是,为了更好地推进我国足球运动的发展,国家颁布制定了大量的与足球相关的政策。足球政策体系是足球活动开展的行为准则,由于其本身具有一定的主观性和不确定性,以及政策制定部门与执行部门的多元性,因而,在政策的执行过程中不可避免地就会导致其无法发挥出应有的功能,易出现"政策梗阻"与"政策失真"等问题,对政策的执行效果产生影响,进而阻碍我国足球运动的高质量发展。足球政策作为一个系统,任何单一、过度地强调某一种政策,但是没有考虑或直接忽视政策的协同性,对我国足球运动的可持续与高质量发展都将产生不利的影响。因此，聚焦政策本身就显得尤为必要，对深入研究我国足球政策的协同治理，政策修订、完善以及政策执行都有着重要的实践价值。

最后，强调综合运用多种运行机制协同治理。以往都是采用政府总揽的动员方式来供给资源，而现阶段则要求能够突破不同系统、实现质的跨越，改变传统模式，并将足球领域上的其他信息连接起来，从而形成一个连续的资源整合、内外贯通过程。协同治理理论指的是，在依靠"自组织"的过程中，使区域内部的子系统之间产生协同关系，并由无序的状态逐步转变为稳定有序的新结构，达到最大化的整体效应。因此，推动我国区域足球竞赛开展协同治理，能够充分发挥各自区域的优势，在很大程度上促进了相关地区人们的沟通与交流，通过整合与共享各方资源，有效减少或避免了资源闲置和浪费，有利于提升资源的使用率与配置效率，进一步有效运用区域内的资源，为举办区域的品牌赛事提供更强大的竞争效应，积极努力创造出更大的价值，进而增加区域足球参与的有效人口，进一步提升我国区域足球比赛发展质量，使其发展规模更大、质量更高。当然，足球运动的高质量发展，有助于推动足球产业乃至体育产业的发展，从而实现足球的经济功能。

第二章 新时代我国足球高质量发展理论解读

开展我国足球运动高质量发展方面的研究,还需要先对其相关理论进行解读,以为之后的研究奠定良好的理论基础。因此,本章首先对高质量发展的概念进行阐释,然后对我国足球运动发展的基本理论进行解析,最后对新时代背景下我国足球高质量发展的有关理论进行解读,具体包括足球高质量发展的可行性、审视角度与总体思路。

第一节 高质量发展的概念阐释

党的十九大指出,"我国经济已由高速增长阶段转向高质量发展阶段",党的十九届五中全会进一步将高质量发展确立为"十四五"时期乃至今后相当长时间我国经济社会发展的指导思想和必须遵循的原则。高质量发展成为审视我国经济社会发展问题的主流范式,对规模、速度等数量指标的关注逐渐让位于对效益、结构、动力等质量指标的追求。高质量发展是与高速增长相对应的概念,是党中央对我国经济发展阶段特征的全新概括,是对我国改革开放四十多年来粗放型经济高速增长模式的革命性扬弃。高质量发展是一个管总的要求,而落实这一要求,特别是将其理念嵌入我国足球发展的具体范畴中加以探讨,就必须深刻认识高质量发展的内涵与逻辑。

"高质量发展"源自经济学范畴,其中的核心概念"质量",一方面指生产出的产品能够满足实际需要的使用价值,另一方面还包含能够有效满足需要的质量合意性和竞争力特性。当把"质量"扩展至"高质量发展"这一重大政策含义表达之中,其适用范畴无疑会得到扩展,并给前者赋予了更强的动态性和复杂性。金碚基于马克思商品二重性理论的研究指出,高质量发展是能够更好满足人民不断增长的真实需要的经济发展方式、结构和动力状态[①];田秋生认为,高质量是以质量和效益为价值取向的新发展理念,是经济粗放式外延发展和集约化内涵发展的又一次提升,

---

① 金碚. 关于"高质量发展"的经济学研究[J]. 中国工业经济, 2018 (4): 5—18.

是经济发展理念、方式和战略的全面创新[1]；赵剑波等紧扣经济从高速度到高质量发展的转型过程，指出系统平衡观、经济发展观、民生指向观3个视角是理解高质量内涵的基本框架，认为在新的发展环境、条件和阶段中提出高质量发展，标志着其内涵不单指经济总量和物质财富数量层面的增长，而且包括经济、政治、文化、社会等多个维度方面的提升[2]。从已有研究的论证方式看，基于不同学科视角的内涵诠释旨在明晰高质量发展的逻辑指向，却未能就概念的属加种差问题给予限定。诚然，这种动态的、不确定的理论发展状态，恰恰印证着高质量发展在本质特征上的多维性与丰富性。

尽管学界对于"高质量发展"的概念始终难以形成清晰、统一的界定，但从实务界与理论界的观点梳理中不难发现，关于高质量发展的解读在3个方面已基本达成共识。首先，高质量发展具有产品属性。随着概念外延的不断拓展，高质量发展正逐渐成为我国经济社会各个领域发展的新坐标，这种目标并不是完全抽象的，正如"质量"是用以描述产品价值的本质属性一样，高质量发展的提出是对其适用范畴对象进行具象化的过程。如经济高质量发展必然依归于市场化运作中的各类商品质量提升；社会民生的高质量发展则代表着满足人民美好生活需要的各类公共服务产品供给质量的完善，可以说，推动高质量发展并不是简单地、放之四海而皆准的提法，而是对事物发展关键要素的一种聚焦与凝练，让人们形成"产品化"思维，以回应当前经济社会的转型发展诉求。其次，高质量发展是由追求量变到追求质变的转变过程。刘志彪认为，高质量发展是与高速度发展的基本特征比较得出来的，后者将产品数量的有无或多少作为主要评价标准，体现出单维性特征[3]；前者则意味着更高水平、更有效率、更加公平、更可持续的发展，也即完成从规模的"量"到结构的"质"、从"有没有"到"好不好"的两个转变。最后，高质量发展强调需求导向。迈入中国特色社会主义新时代，我国社会主要矛盾已经转化为人民日益增长的美好生活需要和不平衡不充分的发展之间的矛盾，高质量发展概念的提出，更是要围绕这一突出矛盾，以满足人民群众在多方面日益增长的高层次需要为根本目标，促进经济建设、政治建设、文化建设、社会建设、生态文明建设五位一体的协调发展。

---

[1] 田秋生.高质量发展的理论内涵和实践要求[J].山东大学学报（哲学社会科学版），2018（6）：1－8.

[2] 赵剑波，史丹，邓洲.高质量发展的内涵研究[J].经济与管理研究，2019（11）：15－31.

[3] 刘志彪.理解高质量发展：基本特征、支撑要素与当前重点问题[J].学术月刊，2018（7）：39－45＋59.

第二节 我国足球运动发展的基本理论阐析

一、足球发展及其相关概念界定

《新编汉语辞海》将"发展"的概念解释为：①事物由小变大、由简单变复杂、由低级变高级的变化；②扩大、扩充。① 而足球运动的发展指的是足球运动实现由无到有、由单一到多元化、有特殊状态到普及状态的扩展与丰富。足球运动的发展一方面反映了足球运动在某一特定时期的状态，同时又反映出足球运动各个细分维度的动态变化轨迹。因此，笔者将"足球发展"的概念解释为：足球运动在各种内外部因素的影响下，通过自身的不断发展，逐步实现内涵维度与外显特征等方面不断扩大和扩充的状态。在厘清概念内涵的基础上，足球发展的外延可依据群体参与类型划分为职业足球、校园足球、社会足球等；依据价值功能划分为足球产业、足球文化、足球外交等维度。

职业足球是现代足球发展中的一种非常典型的表征形式，其中也反映出现代足球运动的核心价值。学者侯会生指出，职业足球是在商品经济充分发展和体育市场不断扩大的条件下，自觉运用价值规律，利用高水平足球比赛的商品价值和文化价值，参与社会商品活动和社会文化活动，使足球运动的参与者获得优厚报酬，并为社会提供体育和文化服务的一种活动。② 也就是说，职业足球是生产具有观赏价值的足球比赛，并通过市场交换向消费者提供体育竞赛娱乐服务。

校园足球可以看作是某一区域范围内的足球概念，但是西方学界中很少提到"校园足球"这一概念，而中国、韩国、日本等亚洲国家在不断推进中小学足球发展的过程中，逐渐为校园足球赋予了比较明确的概念属性。《关于开展全国青少年校园足球活动的通知》中，国家体育总局、教育部将校园足球定义为：在全国的大中小学校广泛开展校园足球活动，普及足球相关知识和技能，致力于形成以学校为依托，以体教结合为方式的青少年足球人才培养体系。③ 李纪霞认为开展校园足球的目的在于面向所有青少年学生，普及和推广足球运动，并通过各种形式的足球教育活动，增强青少年的身体素质，以及为足球人才的发现与培养提供一定的保障。④ 李卫东

---

① 路丽梅，王群会，江培英. 新编汉语辞海 [M]. 北京：光明日报出版社，2012：362.
② 侯会生. 职业足球的内涵和特征研究 [J]. 体育文化导刊，2007 (10)：60—63.
③ 国家体育总局，教育部. 关于开展全国青少年校园足球活动的通知 [Z]. 体群字〔2009〕54号，2009—04—12.
④ 李纪霞. 全国青少年校园足球活动发展战略研究 [D]. 上海：上海体育学院，2012：5—7.

则认为在国家体育总局和教育部联合下开展的校园足球项目,其目的在于增强全国大中小学学生的体质健康,培养团队的合作意识与团结协作精神。[1] 侯学华指出,校园足球主要是针对广大学生开展的增进学生身心健康、促进学生全面发展,并与足球相关的各类活动。[2] 贺新奇认为校园足球是指在普通学校内开展的足球活动,其具有"规模大、成本小、风险低、基础厚"等基本特征。[3] 邱林提出校园足球教育活动以学校组织为依托,不仅能增强学生的身体素质,还能培养学生拼搏进取精神,促进全面发展。[4] 傅鸿浩则认为校园足球的参与主体为在校学生,因此开展足球活动的目的就是激发并培养学生的足球兴趣,形成良好的学习态度和习惯,掌握与足球相关知识和能力,进而促进学生品德品性的培养,身体素质的不断增强,进而实现学生身心健康的全面发展。[5] 刘夫力认为,校园足球是各类学校校园内开展的,以游戏或比赛为核心和主导的多种多样足球活动的统称,其基本内涵包括:① 游戏,是学生放松身心和获得快乐的途径;②体育,是学生锻炼身体和强健体魄的方式方法;③比赛,是个人或学校参与竞技和获得荣誉的渠道;④教育,是学生德育和智育的一部分内容;⑤素质教育,是通过团队模式培养学生良好习惯和意识的手段;⑥文化,是培育健康和积极校园文化的重要内容。[6]

从提出并启动校园足球工程以来,学界对青少年校园足球的概念界定,提出了不同的说法。经过综合分析与研究不难发现,青少年校园足球的概念最早出现在2009年体育总局、教育部发布的《关于开展全国青少年校园足球活动的通知》,在通知中青少年校园足球被界定为开展校园的足球活动,其目的在于拓宽足球的技战术和相关知识的普及范畴,努力推动专业青少年足球人才培养体系的形成。自此,学者们进一步深化和细化校园足球的概念以及功能等内容,在这之中,不仅提出校园足球应该主要负责并管理的部分,还增加了校园足球开展的目的,即提高学生身体素质水平、培养学生合作共赢精神、实现全面发展等。此外,有部分学者以公共政策为依托,针对校园足球进行了概念性的描述。需要注意的是,虽然青少年校园足球可以根据不同的标准而分类,但是其内涵是基本一致的。基于此,对"校园足球"进行界定时,国内学者普遍认为"校园足球"包含了3个核心要素,即以在校青少年为服务对象,以足球为载体的教育是其服务内容,以立德树人为服务目标。

---

[1] 李卫东.我国青少年校园足球竞赛体系的研究[D].上海:上海体育学院,2012:6—7.
[2] 侯学华,薛立,陈亚中,等.校园足球文化内涵研究[J].体育文化导刊,2013,(5):107—110.
[3] 贺新奇,刘玉东.我国校园足球若干问题再探讨[J].北京体育大学学报,2013,(11):108—113.
[4] 邱林.利益博弈视域下我国校园足球政策执行研究[D].北京:北京体育大学,2015:3—4.
[5] 傅鸿浩.我国校园足球内涵式发展研究[D].北京:北京体育大学,2016:3—4.
[6] 刘夫力.校园足球的基本概念与基本理念论析[J].北京体育大学学报,2018(9):83—87.

第二章　新时代我国足球高质量发展理论解读

综上所述，可以发现校园足球的概念界定较为广泛，可将其分为广义和狭义概念。其中，广义概念是指在普及足球运动技能和知识的基础上，为了培养青少年学生全面发展而开展的一系列课内外足球活动；狭义的概念则是指以政府为主导，学校为主体的课内外足球活动。笔者主要采用了广义上的校园足球概念，对于校园足球的概念界定更倾向于引用傅鸿浩学者的观点，即在以学生为参与主体的各种足球活动中，激发并培养学生的足球兴趣，使他们保持对足球的热爱，并养成良好的足球运动习惯，不仅提升有关足球的知识和能力，还能增强学生的身体素质以及道德和意志品质，有利于促进学生全面的身心健康发展。

社会足球也被很多人称为大众足球、业余足球等，《中国足球改革发展总体方案》对关于社会足球的普及与发展提出了明确的政策要求，并明确使用了"社会足球"这一概念，从而使得"社会足球"的概念开始进入学界的视野。黄璐认为，社会足球是相对于职业足球而言的体育概念，社会足球带有强烈的业余性特征，普及与提高社会足球对于营造职业足球的社会氛围和建立商业足球的发展基础具有正相关效应。[1]

足球产业是随着市场经济的不断发展而形成的产物，是一个以足球市场为中心而衍生出的更多与足球运动相关行业的综合体。李磊提出，足球产业是指围绕足球运动所进行的经济活动，并将其内容划分为3个层面：①本体产业：国内各级各类赛事，如全国超级和甲、乙级联赛、足协杯以及其他各级各类商业性赛事等；球员转会、外援引进。②相关产业：足球服装、器材、场地；足球小商品，如吉祥物、太阳伞、喇叭等；足球博彩；足球文化，如以足球为主题的影视、歌曲、邮票、球星卡等；各种传媒，如电视、报纸、电台、广告等。③外延产业：如旅游、交通、餐饮等。[2] 主客场制的联赛、重大国际国内比赛使球迷成为交通客运的重要客源；球迷的聚集使比赛所在城市的酒店、餐饮业得到激活。

足球运动文化是在足球运动中超越身体活动之后基于宏观角度关于足球运动的理解与认识。在社会学、人类学、哲学等不同学科中，关于文化的了解存在一定的不同，因此，整个学界关于文化的理解各不相同，因此，关于足球文化概念的界定也存在一定的不同。在足球发展的早期研究中，肖子亮提出，足球文化是足球运动主体创造的不同形态特质所构成的复合体。而所谓的特质，一方面指足球运动主体创造的最小独立单位，另一方面指足球运动主体创造物的新的内容和独特形式，即

---

[1] 黄璐. 社会足球伤害案件的运动技术合规性审查[J]. 上海体育学院学报，2016 (3)：46—51.
[2] 李磊. 论我国足球产业化进程中足球精神的缺失[J]. 南京体育学院学报（社会科学版），2008 (4)：62—65.

只有足球运动主体以独特的形式表现新的内容（特质）时，足球文化才得以产生。从表现形式看，足球文化可以分为物质文化，如运动装备与场地设施等；足球制度文化，如人的角色与地位、组织机构、规则和制度等；足球精神文化，如行为准则、思想观念和艺术文化等。①

足球外交是这些年足球运动发展过程中所出现的一个新的词汇，肖万俊将其放置于公共外交的语境下进行探讨，提出足球外交是国家以足球为载体，面向他国社会进行的舆论引导、信息传播和思想交流活动。认为足球外交旨在通过足球跨国比赛、足球文化交流或足球培训学习等形式，传播本国的足球文化和精神、增进互动，从而营造有利的国际舆论环境，塑造良好的国际形象，进而推动国家利益实现。足球外交具备公共外交的所有特征，也具有足球相关的特色：政府、国际足联、亚足联和国家各级足球协会等机构是主体，国外球迷和相关的精英是客体；主要围绕各种赛事活动，让组委会、俱乐部和球员扮演突出角色，开展对外形象公关；基本目标是服务于本国足球事业的发展，进而为整个国家的外交事业添砖加瓦。②

通过对上述相关概念的解析，基于发展的视角进行审视，可以将足球发展的外显特征概括为3个方面：①职业足球的效能发挥，如民族体育精神的传播、足球产业产值的增长、球迷数量与忠诚度的提升、足球俱乐部社会责任的承担等；②校园足球的功能彰显，如足球育人的作用发挥、足球文化的普及与提高程度、足球人才培养的数量与质量等；③社会足球氛围的形成，如大众足球普及度、业余足球联赛活跃度等。

二、我国足球发展历史及其特征归纳

（一）足球运动发展的萌芽期（1880—1911年）

1. 足球运动发展脉络

我国现代足球运动的引入主要有两种说法：一种说法是在鸦片战争结束之后，西方列强在侵华过程中所留下的足球运动，在经过教会学校与青年会组织的传播下，开始渐渐进入我国，之后开始在学校、民间社会中得以不断地推广与发展。另外一种说法是足球运动是从当时由英国殖民统治的香港地区传入到内地的。事实上，这两种说法都具有一定的可信度，并且二者之间也具有一定的耦合性，因为在鸦片战争结束之后，清政府被迫于1842年8月29日与英国签订不平等条约，其中的一个主要内容就是割让香港岛，之后香港就开始被英国进行殖民统治，而英国人则借此

---

① 肖子亮.足球文化内涵的研究[J].西安体育学院学报，2004（5）：26—28.
② 肖万俊.足球公共外交评析[J].体育学刊，2020（6）：34—38.

第二章 新时代我国足球高质量发展理论解读

机会将足球带入了香港地区的学校和社会。

在香港地区，刚开始主要是西方人组织参加足球运动，之后华人为了改变这一现象，使更多的华人也能够自主组织并参与足球运动，于是在1904年成立"华人足球会"，由刘铸伯担任会长，由华人学生作为足球会的成员。莫庆、唐福祥、郭宝根、梁冠英、冯平等足球会成员开始频繁出现在国内外足球活动中。1908年，莫庆组织成立了"南华足球会"，该足球会的成立进一步促进了现代足球在香港的落地与生长，而由莫庆、唐福祥、郭宝根、冯平、张荣汉等球员组成的"南阳足球队"，在其后的远东运动会等国内国际大赛上屡次创造出优异的成绩，让中国足球第一次享誉世界。

我国内地教会学校提倡并积极开展各种各样的体育活动，而这一举措也在很大程度上促进了足球运动在我国的全面推广与普及发展。1879年，由美国圣公会在上海创办的圣约翰大学，开始积极引入棒球、板球、网球等西方流行的新兴体育项目，然后在此基础上，上海组织组建了第一支足球运动队，即圣约翰书院足球队。在北京，19世纪末一些新式学堂也已经开始尝试开展足球活动，以协和书院和汇文书院为代表的大学足球队带领了该地区足球运动的发展。可以说，这是西方新式体育传入中国落地生根的接应学校，也是足球运动在我国本土生长和发展的基地。

2. 该时期足球发展特征

从我国现代足球发展的历史上看，该阶段的足球活动发展的市场化程度与竞技性程度与现在相比有很大的差距，但是该时期足球雏形的初步显现为足球运动在我国的生根、发芽与生长奠定了良好的基础。该阶段我国足球运动的发展主要表现出两个方面的特征：一是移植性。我国是古代足球的发源地，但随着足球活动的器物、形式与规则变化，现代足球是作为一种全新的事物被引入我国。移植性体现在我国早期现代足球活动的开展，主要是在教会学校传教士的指导和传授中进行的一种简单模仿与借鉴，而全然没有受到古代足球文化的影响与融合。因此，现代足球引入我国，虽说是回归故里，但又更像是"舶来品"。二是趣味性。西方教会学校将足球作为体育活动的形式之一，传授于我国学生，其目的是丰富体育活动内容，增加学校体育课程的趣味性。而现代足球自身所蕴藏的竞争性和趣味性，使人们逐渐对足球产生了浓厚的兴趣，这也是足球比棒球、网球、板球等同期引入我国的体育活动更具影响力的原因之一。

（二）足球运动发展的起步期（1912—1948年）

1. 足球运动发展脉络

民国时期，我国足球运动的发展开始逐渐显现出其锋芒，在近现代历史上展现出其光辉的一面,由于这一时期的时代背景与发展现状都比较特殊,因此,笔者认为,在西方足球文化对我国形成影响之后,我国足球运动在该时期的快速发展是其发展历程中的起步期,以彰显我国足球内涵的民族精神。

民国时期,随着学校足球队发展规模的不断增加,我国足球运动也开始得以快速发展。通过对相关统计资料的分析研究发现,在1916年,英国与美国新教就已经在我国建设了六百多个中心教会,不仅如此,西方国家所建设的这些教会也纷纷在我国开办学校。虽然一些教会学校中并没有直接开设体育课,但是基本上都拥有体育组织、体育项目代表队,而且还建设有很多体育项目的比赛与训练场地,并且也积极开展各种体育项目,这些条件都为教会学校成立足球队奠定了一定的基础。随着学校足球队规模的扩大,校际和地区间的足球竞赛就变得越发活跃,由圣约翰书院、南洋公学、上海沪江大学、苏州东吴大学、南京金陵大学、杭州之江大学、上海复旦大学和南京高等师范学校共同成立的"华东八大学校体育联合会"就是其中的典型代表。会章规定,各大学之间要定期举行足球比赛,而这一规定在1914年到1925年从未间断。

民国时期,社会足球之风的逐步形成标志着我国足球运动的发展开始进入起步阶段。随着各个高等学堂和大专学校中足球活动的开展,很多学校之间也开始联合举办各种足球联赛活动,在学校足球不断发展的影响下,社会公众也开始关注足球运动,社会中也开始涌现出一些体育组织,如南华体育会、上海乐华会等,这些社会体育组织也开始致力于足球运动在我国的推广与普及。以1929年成立的梅县强民体育会为例,在梅州华侨或侨眷的资助与带动下,梅县不仅拥有了大量的足球活动器具,还专门建造了专用足球场,这也为梅县强民体育会开始大规模地发动街道群众参与足球竞赛创设了基础。彼时,梅州足坛开始结社成风,出现了众多足球团体,有以乐育中学学生为主组成的"育强"体育会,以社会青年为主组成的"梅风"体育会等几十支球会,它们吸引了众多青少年儿童参与足球活动,成为我国足球运动从学校走向社会各阶层的典型代表。

民国时期,我国足球运动的发展开始初步展现出一定的锋芒,主要表现为称霸远东运动会。从狭义的角度理解,"远东"指的是分布于东亚的国家和地区,具体包括中国、日本、韩国、朝鲜和俄罗斯西伯利亚东部地区等,"远东"一词是近代时期西方国家对东方国家与地区的模糊的统一称呼。而运动会通常被人们认为是东亚国家与国际奥委会之间形成联系的重要枢纽,对促进东方国家与西方国家的交流有着十分重要的意义。1913年至1934年,远东运动会一共举办了十届,而在这十届赛事的足球比赛中,中国足球队除第一届获得亚军外,连续获得九届冠军,成为"甲午战争"之后,中国人彰显民族精神的重要窗口。提及这一时期的中国足球,就必须提到被称为"亚洲球王"的李惠堂,他不仅 5 次代表国家队征战远东运动会和 2 次参加奥运会,还带领一批足球爱好者创立足球俱乐部,赴东南亚、澳大利亚乃至欧洲进行交流比赛。1923 年,在悉尼举办的中澳足球友谊赛,到场观众竟达到 4 万余人,这也为重树国家形象、增加文化交融提供了重要契机。

2. 该阶段足球发展特征

在我国足球运动发展的起步期,其发展特征主要表现为以下几个方面:一是具有普及性特征。在教会学校的大力推动作用下,足球运动在我国沿海地区以及其他一些重要城市中得以快速发展。虽然当时参加足球运动的人群主要是大学生,但是各个学校之间频繁开展各种校际足球比赛活动,这对我国社会足球的发展产生了比较重要的促进作用。二是具有竞技性特征。在该时期,关于足球运动的史料记载,基本上都是围绕足球竞赛活动的开展、足球竞赛成绩的获取进行的,却很少涉及关于足球运动如何融入体育课堂中、足球运动如何实现其健体育人的价值。竞技性不仅仅是在概括这一时期足球竞赛参与的重要性,还反映着有组织、有计划地实施足球竞赛的行为。通过充分备战远东运动会等重大赛事,国人开始利用足球竞赛来表达自强不息、顽强拼搏的民族精神,而持续战胜日本、菲律宾等国家的出色战绩也极大地鼓舞了国人的民族自豪感。三是具有自发性特征。相对于今天国家自上而下倡导与推动的足球运动而言,这一时期的足球活动大都以社会公众自发联系、组织和实施为主,如校际足球联赛、李惠堂牵头创立的足球俱乐部远赴欧洲交流比赛等,都是在政府意识之外的自发行为。由于缺少政府资金的支持,该时期的足球运动开展也呈现出了另一番景象,即那些由足球爱好者自发组建的足球运动队的经费主要来源于一些热心人士的捐助,从而导致社会中的业余足球队在运营过程中存在着经费与场地不足的困境,这大大影响了其发展与壮大。

(三) 足球运动发展的过渡期(1949—1991 年)

1. 足球运动发展脉络

自从中华人民共和国成立之后,党和国家对足球运动的发展予以高度重视,并提供了多方面的支持,这在很大程度上促进了足球运动在我国的全面推广与普及。然而,受抗战时期的影响,我国足球运动的发展受到了非常严重的阻碍,基本上处于比较落后的状态,不仅表现为自身发展基础薄弱,还表现为对外竞技水平偏低。在 20 世纪 50 年代初,与苏联、芬兰、波兰、匈牙利等国家的一系列友谊赛中,几乎未尝胜果。为了改变这一落后局面,国家体委多次召开有关会议,为提高足球运动水平出谋划策。1954 年,国家体委决定选派国家青年队赴匈牙利学习,这一举动不仅为后期国内足球水平的提升起到了推动作用,也成为中华人民共和国足球走出国门的第一步。

到了1955年1月3日,我国专门成立了足球运动管理组织,即中国足球协会,英文全称为Chinese Football Association,简称CFA,该足球管理组织是中华全国体育总会的团体会员,是由国家体委所管辖的全国足球运动专项管理机构。中国足球协会的成立标志着我国足球运动的组织、领导和推动主体从民间上升到国家层面。1955年,中国足协邀请苏联专家来华讲学,开办了首届足球研究生班。同时,邀请匈牙利专家来国内开办教练员培训班。

到了1956年,我国针对体育的发展相继颁布制定了一系列的政策文件,如《青少年业余体育学校章程(草案)》和《中华人民共和国运动竞赛制度暂行规定(草案)》等,同时还实施了甲乙级足球联赛,这些都进一步促进了我国足球运动的发展。到了1958年,开始实行运动员和裁判员等级制。

然而,到了20世纪60年代,在一系列因素的影响下,我国足球活动受到很大影响,多数球队中断了训练和比赛,运动水平明显下降,各地群众性足球活动也几乎沉寂。

到了1976年,国内政治局势渐渐变得稳定,经济发展也逐步得到恢复,足球运动在政策引导、管理体制、国际交流、人才培养、参与竞赛等方面不仅在逐步恢复,同时还开始取得了新的发展成就。1978年,党的十一届三中全会揭开了我国改革开放的序幕,足球运动也随之旧貌换新颜。1979年起,国家体委开始从发展群众足球、支持足球重点地区活动开展、组建国家青年队、积极进行足球国际交流、兴建足球训练中心、加强足球科研工作、大力培养后备力量等多个方面进行改革。这一时期,为了促进足球运动的健康发展,国家体委"足球办公室"撤销,中国足协成为唯一领导全国足球运动的权威性机构,其实体化运作正式开始。众所周知,此时的中国足协仍然归属于国家体委管理,这也给足球的后续发展带来了一些隐患。同年,国务院批准了《国家体委关于提高我国足球技术水平若干措施的请示》文件,确定了北京、上海、天津、大连、广州、沈阳、长春、重庆、青岛、南京、武汉、西安、昆明、石家庄、梅县和延边朝鲜族自治州16个重点开展足球活动的城市,尽管当时的国家体委本着提高我国足球技术水平的动因开始布局足球发展,但在经济体制尚未转型、足球运动难以带动我国竞技体育总体发展的态势下,足球在整个体育运动发展战略中处在边缘地位。1989年,我国足球提出了实体化建议,将由体育行政部门行使的职能,逐步过渡到由中国足球协会管理,这既是对足球运动自身发展规律的一种认识,也是因为足球无法成为奥运战略关注点的无奈之举,中国足球协会尽管出现了实体化的雏形,但总体来说,"实体化"在当时来说仍是一种探索。在这一系列政策激励与努力下,中华人民共和国足球运动的发展框架初步建立,以张宏根、张俊秀、年维泗、曾雪麟、王陆等足坛名宿为代表的人才辈出，则彰显了中华人民共和国足球的快速成长。

2. 该阶段足球发展特征

该时期，我国足球运动的发展主要表现为开放性、曲折性和全面性特征。具体而言，首先，其开放性主要表现为发展理念的开放。中华人民共和国成立之后，我国正处于百废待兴的状态，基于这一情况，国家体委开始提出要向世界上其他足球发达国家学习值得借鉴的理论与经验，采用"走出去，请进来"的方式来促进我国足球的发展，这在很大程度上体现出我国注重国际交流的开放性足球发展理念。随着对外交流的增多，中国足球在世界足球中的地位也逐渐被认可，1979年，中华人民共和国在国际足球联合会的合法地位得以恢复，则是对开放性理念的一种肯定。其次，发展过程曲折。通过上述梳理不难发现，这一时期的足球发展轨迹呈现出很大的起伏状态。尽管发展过程中的阻力主要来自足球外部，但未能形成稳定的发展模式与良好的上升空间，仍然是我国足球当时所必须面对的客观难题。诚然，曲折性也体现出我国足球人对足球的不懈追求，以及不断探索、攻坚克难的信心与决心。最后，发展布局全面。特别是在20世纪70年代后期，我国足球进入了全面推进的整体发展阶段。国家队和青年队的系统组建、足球竞赛体系的全面恢复、社会足球组织的大力培养、足球国际交流的积极推进、后备人才培养的高度重视、管理体制机制的不断变革等都成为这一时期足球发展的主要工作内容，其涵盖领域、范围和具体内容系统而全面，为复兴足球运动提供了重要基础。

（四）足球运动发展的变革期（1992—2013年）

1. 足球运动发展脉络

1992年，我国经济体制正处于转变的过渡时期，党的十四大报告确立了社会主义市场经济体制的改革目标，提出建立社会主义市场经济体制的发展理论。为了更好地适应当前我国的经济发展形势，国家体委决定以足球运动为突破口对我国体育事业进行改革，并决定鼓励市场主体参与到足球运动的发展。1992年6月和1993年10月，中国足球协会分别召开了"红山口会议"和"棒槌岛会议"，在这两次会议上专门确定了我国职业足球发展思路和进程时间表，决定从1994年开始实施足球职业化并举行职业足球联赛。至此，中国足球率先在体育市场改革的浪潮中，开始了一场前所未有又布满艰辛的职业化发展之路。特别是由足球改革的"遵义会议"之称的"红山口会议"是我国足球发展史上的重要里程碑，会上通过的"中国足球改革总体方案"，以及确定的足球改革体制、转换机制、整顿队伍三大任务，为我国足球改革坚定不移地走职业化道路，实行俱乐部体制奠定了基础。该会议不仅改变了我国竞技体育传统组织模式的关系，同时也在很大程度上推动了球迷培养工作效率、足球运动员收入水平、足球产业发展水平的提高。此次会议是对长期以来计划经济带来体育封锁的一次实质性改革，并为我国整个竞技体育发展的职业化、市场化改革吹响了号角。

在我国实行足球职业化改革的背景下，在足协有关领导的带动下，我国各个地区开始纷纷将专业足球队推入市场中，在1992—1993年期间，先后组建了十多家职业或者半职业足球俱乐部，具体包括大连万达、上海申花、北京国安、山东泰山、河南建业等，并开始了足球职业比赛的试运行。1994年4月，全国足球甲A联赛正式开幕，标志着我国足球由此开始从专业化体制向职业化体制转变，运行机制也朝着商业化和社会化的方向靠拢。

全国足球甲A联赛经历了由1994年成都体育场的首次演出到2003年上海申花体育场的闭幕战，这十年间全国足球甲A联赛的征战历程成为足球运动发展历史中非常辉煌的一段经历。在这期间，我国足球职业化发展过程中初步构建了比较稳定的联赛机制，同时还形成了具有一定规模的足球市场，大大提升了我国足球运动的社会影响力。不可否认，1994年开始的中国足球甲级联赛获得了比较火爆的市场，为我国体育的改革与发展提供了非常重要的力量。然而，火爆的市场并没有使得有关主体对我国足球发展规律形成客观准确的认识，不仅没有意识到足球发展过程中应该建立专门的组织，也没有意识到社会公众对于足球价值认同的重要性，导致足球功利行为在职业联赛初期兴盛的光环下背离了足球发展应有的价值，很快"假球""赌球""黑哨""黑赛"等问题层出不穷，加之国家队成绩在2002年世界杯之后一落千丈，让足球改革毁誉参半。此外，中国男子足球国家队2002年冲入世界杯的宝贵经历，也被视为足球职业化改革所产生的红利。可以说，由职业化改革所掀起的足球热潮，让关注足球事业发展的管理者和从业者似乎找到了一条正确的发展道路。在诸多成绩的鼓舞下，2003年中国足协决定效仿英超联赛的组织方式，成立中国足球超级联赛（以下简称中超联赛），向世界最好的联赛看齐。

其实中国足协在发展中超联赛的过程中并没有达到其预期的目的。早在甲A联赛时期，由于职业足球制度不够健全完善，足球赛事有关组织人员与其他相关人才的专业水平不够高，足球联赛的法制保障机制不够健全等原因，甲A联赛发展中存在着比较严重的官本位思想、投入与产出比例不均衡、球员交易市场不够规范有序等现象。在诸多问题没有得到有效解决的情况下，仓促上马的中超联赛受到了社会各界的质疑与指责。一方面，质疑的矛头指向管理体制。认为我国足球推行职业化改革，原意是利用市场化的手段促进足球水平提升，形成优胜劣汰的发展机制，但"一套人马、两块牌子"的管理体制，使职业足球管理脱离了足球发展的基本规律，而过于官僚的行政作风又造成了无法可依、有章不守和监管不力等问题的出现。另一方面，质疑的矛头指向赛事功能。由于过度商业化，足球腐败、假球黑哨、球场暴力的频发，让中超联赛自身品牌的建设大打折扣，俱乐部投资者不专业的经营行为、赛事可观赏性和球员竞技水平不足都严重影响着职业足球的社会感召力。此外，职业足球俱乐部"重竞赛轻训练、重成绩轻培养"的后备人才培养模式，让各级国家队的国际竞争力大幅下滑。人们开始将职业联赛高投入和职业球员高收入的金元发展模式，与中国足球队世界排名一再刷新心理底线的客观事实相对比，借以表达对我国职业足球发展的不满与不解。

2. 该阶段足球发展特征

该时期我国足球运动的发展特征主要包括两个方面。一是足球运动发展呈现出单一性特征。职业化以前，我国足球发展的意义更多地被上升到为国争光的层面，而随着社会经济体制的变革，深挖足球产业价值，利用市场化运作机制推动足球发展逐渐成为足球业内关注的主要议题。单一性反映的是这一时期的足球发展过于强调其商业价值，而忽略了对足球自身发展规律的摸索、对市场功能发挥机制的探寻、对足球后备人才基础的夯实。客观而言，片面强调职业足球的功能与价值，过于关注现象层面的具体问题而无暇顾及其他，才最终导致了职业足球发展轨迹的偏离。二是足球运动发展呈现出反差性特征。推行足球职业化改革的初衷是为了顺应世界足球发展趋势、提升我国足球发展质量、满足社会公众对足球振兴的殷切希望，但随着甲A和中超联赛的丑闻频发，我国足球发展的内外部环境却进一步退化，球迷怨声载道、从业者失去信心、管理者失去公信力。可以说，这一时期的足球变革看似带动了我国足球的实质性转型，但职业足球联赛的低质量运作，也让我国足球运动的发展前景堪忧。

（五）足球运动发展的发展期（2014年至今）

1. 足球运动发展脉络

2014年1月，时任中共中央政治局委员、国务院副总理的刘延东在与新一届中国足协执委、足球界代表座谈时强调，要以中国足协换届为新起点，认真贯彻党的十八大、十八届三中全会精神，深入学习习近平总书记关于体育工作的一系列讲话精神，凝聚共识，坚定信心，不负重托，以振兴中国足球的实际行动为建设体育强国、实现中国梦作出应有贡献。

2014年7月，习近平总书记强调，要坚持问题导向，变压力为动力，下决心把我国足球事业搞上去。一是要改革创新，这是足球事业发展的出路所在。二是要坚持从娃娃抓起，从基层抓起，从群众性参与抓起，抓好群众基础，夯实人才根基。

三是要坚持抓细抓实，从基层建设、运动场所等基础性工作抓起。足球事业有其发展规律，实现振兴不可能一蹴而就，不能急功近利，追求短期出成绩，欲速则不达。要树立功成不必在我的思想，持续用力，久久为功，一步一个脚印，积小胜为大胜，通过不懈努力，推动足球事业不断迈向新台阶。

2014年10月，国务院印发的《关于加快发展体育产业促进体育消费的若干意见》提出，以足球、篮球、排球三大球为切入点，加快发展普及性广、关注度高、市场空间大的集体项目，推动产业向纵深发展。对发展相对滞后的足球项目制订中长期发展规划和场地设施建设规划，大力推广校园足球和社会足球。

2014年11月，刘延东在全国青少年校园足球工作电视电话会议上强调，发展校园足球是成就中国足球梦想、建设体育强国的基础工程，对于深化教育改革、振奋民族精神具有重要意义。要认真贯彻习近平总书记、李克强总理关于抓好青少年足球、加强学校体育工作重要指示精神，坚持体教结合，锐意改革创新，推进校园足球普及，促进青少年强身健体、全面发展，夯实国家足球事业人才基础。

2015年2月27日召开的中央全面深化改革领导小组第十次会议上，习近平总书记主持审议通过了《中国足球改革发展总体方案》。该方案作为中国足球改革与发展的纲领性文件，明确了我国足球发展的指导思想、发展目标和应遵循的基本路径，明确了"建立足球改革发展部际联席会议制度""各地把足球改革发展纳入重要议事日程"等任务，从顶层设计上对我国不同层级足球发展做出了明确的规划，体现出整体性和系统性的特征。同时对突破足球组织原有边界，扩大足球草根组织，加快培育足球文化提出了新要求，体现出党中央对我国足球发展问题的全面覆盖和精准把握，为深化足球改革指明了方向。有学者在评析足球文化时指出：足球文化运行的动力装置是思考、批判与创新，而不是遵守、服从与执行，但这并不是说不要遵守、服从与执行。组织由边界来定义，文化由视界来定义。组织强调秩序，文化重视拓展。文化经由思考，让视野突破原有的疆域，形成视域的提升与扩大，人们在新的视域内，通过对传统的"扬弃"，达成新的一致，形成新的组织，由此产生了统一意志与统一行动。在足球文化的语境里，规则是对"一致同意"的表达，而不是对"一致同意"的要求。这也就是文化自觉。同时观点鲜明地提出了组织建设不断推进，足球价值认同视域不断提升成了我国足球发展重要的社会变量。通过梳理发现，相关研究体现出聚焦性和系统性特征。

2015年8月17日，为落实《中国足球改革总体方案》要求，国务院足球改革发展部际联席会议办公室颁布了《中国足球协会调整改革方案》，撤销足球运动管理中心，中国足协与体育总局正式脱钩。调整改革后的中国足协既是团结全国足球组织和个人共同发展足球事业、具有公益性质的社会组织，又是根据法律授权和政府

第二章 新时代我国足球高质量发展理论解读

委托管理全国足球事务、具有公共职能的自律机构,承担了体育部门在足球领域的管理责任。

2016年4月11日,国家发展改革委、国务院足球改革发展部际联席会议办公室(中国足球协会)、体育总局、教育部共同发布了《中国足球中长期发展规划(2016—2050年)》,明确了未来一个时期我国足球发展的近期、中期和远期目标,并将构建制度体系、培养人才队伍、建设场地设施、丰富赛事活动、壮大足球产业、培育足球文化和促进足球开放等列为主要任务,要求走出一条适合中国实际的足球发展路子,努力实现"足球崛起梦、体育强国梦、民族复兴梦"。

2015年至2020年,教育部连续开展校园足球特色学校、试点县(区)和改革试验区的遴选建设工作,组织校园足球骨干师资国家级培训,选拔校园足球优秀教练员赴国外留学培训,联合外国专家局聘请校园足球外籍教师,组织开展校园足球四级联赛和选拔性竞赛,印发《全国青少年校园足球教学指南(试行)》和《学生足球运动技能等级评定标准(试行)》,不断完善校园足球发展的政策保障体系。

从这一阶段国家各级各类相关文件的出台不难看出,随着改革理念的不断深入,我国足球已经由简单模仿式的运作模式变革转向以问题为导向、全面推进、持续用力、久久为功的改革实践之中。尽管在此前几个阶段的梳理表明,我国足球在探索与试验的过程中出现了许多问题,但这些问题恰恰是一个新生事物在发展过程中不可避免的现象,只要坚持按照改革之路走下去,坚持按照足球规律和市场规律指导各项工作,我国足球必将迎来绚丽多彩的未来。

2. 该阶段发展特征

我国足球发展期的主要特征体现在三个方面:一是客观性。从党和国家领导人的再三强调,以及各级各类文件的具体部署,无不客观地指明了我国足球发展所面临的主要瓶颈和现实问题,并能够针对问题产生的诱因提出详细的改革目标与任务举措,体现出以问题为导向、实事求是、精准发力的改革态度和治理理念。二是战略性。与此前重点推进足球职业化改革不同,这一时期的深化改革涉及足球发展的方方面面,既有进一步突破职业足球发展瓶颈的治理方略,也有将校园足球上升到育人高度予以全面推动的整体部署,还有人财物等多维保障体系的系统构建,体现出高屋建瓴、统筹推进的战略性格局。三是理论性。从这一阶段的第一个五年改革实施成效看,围绕战略性、系统性布局展开的变革仍以完善足球各个领域的政策支持为主,学界与实务界大都立于不同时代背景下的价值取向和逻辑诉求,提出我国足球发展的理论性框架,而回避了深化足球改革进程中存在的新问题、新挑战。换言之,基于实践问题而制定的政策举措,在执行过程中往往会产生新的问题与困难,如果我们现在不能很好地回应这些问题，则会再次陷入内卷化发展瓶颈之中。因此，在把准理论应然的基础上，从实然的改革发展现状出发，围绕高质量发展这一核心议题展开论述，重要且紧迫。

第三节 新时代足球高质量发展的理论解析

一、我国足球高质量发展的可行性

（一）我国足球与高质量发展间具有逻辑契合点

探讨我国足球高质量发展问题首先要明确足球与高质量发展的逻辑契合点在哪里，即足球具不具备高质量发展的条件和属性。当然，答案是显而易见的，因为无论是我国古代的蹴鞠抑或现代足球，都是人们生活娱乐、社会经济运作下的产物。国际足联主席布拉特在国际足联（FIFA）100周年庆典上，为山东临淄颁发的"足球起源地"证书证明，蹴鞠与现代足球一脉相承。而追溯蹴鞠的起源和发展历程不难发现，从取悦皇室贵族的游戏表演到平民百姓的推广普及，"鞠"的形状、材料都发生过变化，人们为了追求更好的活动体验，将动物毛发填充的实心球改进成"以胞为里，嘘气，闭而蹴之"的充气球；将8片皮革缝制的"鞠"改为12片，使其表面更加浑圆润滑。可以说，古代蹴鞠是经过精心设计和不断演化而得以广泛开展的"产品"。

现代足球推行的商业化运作模式让足球运动得以成为世界第一大运动，这也将足球的"产品"属性演绎到了极致。足球产业蕴含的价值观以及潜在的商业利润让足球运动成为众多资本追逐的对象。以比赛为核心，从球员培训、转会、媒体传播、门票、广告费助、体育用品、场馆建设，到体育博彩、球迷虚拟社交增值服务等，使足球成为具有超强聚力的市场掘金池。在意大利，足球产业长期位列国民经济支柱产业前十位；在西班牙，足球产业为社会提供了数以万计的工作岗位，是国内生产总值增长的重要力量。

足球运动的产品属性为探讨我国足球高质量发展问题提供了逻辑起点，即高质量发展目标的设定，是强调足球在不同领域内提升其自身产品质量的客观要求。需要补充说明的是，产品质量的含义通常包括符合性、适用性及满意性3个维度，其中，符合性意味着产品应与设计标准相一致；适用性代表着产品能够满足顾客的一般性需求；满意性侧重强调产品质量要能够提供品牌效果等价值感知力，而高质量发展则丰富了足球作为一种产品的质量内涵，将原本主张固有特性满足需求的程度

第二章 新时代我国足球高质量发展理论解读

转向于提高足球产品附加值,降低资源消耗,以更小的生产资料向产出高质量产品的方向发展。简言之,我国足球高质量发展的基本逻辑是采用产品化视角,对足球运动自身内在价值和正外部性功能进行审视的一种时代诉求。

(二)我国足球"从无到有"向"从有到优"的发展诉求

高质量发展所蕴含的由量变向质变转换的逻辑,决定着我国足球高质量发展不是探讨有没有、有多少的问题,而是面对足球运动在我国普遍开展的客观事实,如何解决好"从无到有"向"从有到优"的转型发展问题。

足球运动是一个系统性概念,可依据不同参与对象、活动目的与组织形式等标准划分为不同类型,如校园足球、职业足球、社会足球、幼儿足球等,而之所以称之为系统,源自各个类型的足球运动本身不是单独存在和独立运行的。在一定程度上讲,幼儿足球是校园足球的基础,校园足球是发展社会足球和职业足球的关键环节,而社会足球和职业足球之间又存在着相互制约与相互推动的关系。因此,衡量足球运动从无到有的过程,并不是着眼于某一个或某几个类型是否存在,而是从足球运动的整体性、系统性架构是否建立的角度加以评价。通过足球发展历程的梳理可知,尽管起步较晚,但在国家和社会高度关注与大力支持下,我国足球运动发展的基本架构已经建立,幼儿足球、校园足球、社会足球和职业足球的推进主体、发展理念和实践方案等都逐渐得以厘清,故"从无到有"的问题无须赘言。

"从有到优"的发展诉求意味着我国足球运动要从规模性布局向结构性效能转变。客观而言,"从无到有"的过程体现了我国足球运动发展体系的日趋完整,形成规模效应是这一阶段的主要表征,而"从有到优"则是在规模性布局的基础之上,要求业已成型的体系架构和规模效应能够促进足球发展质量的提升,即充分彰显其内在价值和正外部功能。然而,由于我国足球运动发展过程中,存在着诸多方面的不足,具体表现为对足球运动价值及其发展规律缺乏深刻的认识,存在着比较严重的功利性思想与行为,缺乏健全完善、科学可行的足球组织管理体制,缺乏足够的专业人才,缺乏完善的监管机制等,从而导致我国足球运动的发展缺乏足够坚实的社会基础,并且足球行业风气不佳,足球竞赛秩序也比较混乱,使得足球竞赛成绩处于持续下滑的状态。近年来,如何扭转足球发展中面临的投入与产出差异、期望与实践冲突已成为社会各界普遍关注的焦点。可以说,我国足球尚处于从有到优的探索过程,而这一过程恰恰是向高质量发展迈进的核心要义。

（三）基于获得感视域下我国足球运动发展的高层次需求

"获得感"指的是当个体获得某种利益之后其内心所产生的一种满足感。如今，"获得感"已经成为我国社会经济发展中所经常使用的词汇，并且其所具有的内涵也变得越来越固化，通常用来表示人民群众在享受国家体育改革成果的过程中所产生的一种幸福感。按照获得感视域下的高层次需求审视我国足球高质量发展，旨在以不同群体和性质的需求为主线，将我国足球发展的各个环节和要素有机串联在一起，从而确定衡量足球高质量发展的原则和尺度。简言之，获得感提升是高质量发展的衡量标准，而高层次需求意味着足球高质量发展在提升人民群众获得感中具有特殊性。

首先，不同群体的高层次需求决定着足球高质量发展的评价主体具有多元性与专业性。多元性指足球高质量发展的需求不是放之四海而皆准的普适性需求，是受到不同群体特征影响而产生显著差别的特征。如足球从业者可以分为教练员、运动员及相关工作人员等；足球爱好者可以分为球迷、业余锻炼者、青少年家长等，由不同身份组成的群体，在评价足球是否实现高质量发展中往往会基于不同的需求产生差异，故评价主体的多元性显而易见。专业性与高层次相呼应，强调评价主体是具备一定足球专业知识与鉴别能力的群体，通过满足其需求来提升获得感就需要从专业的视角出发，解决专业的问题，做好专业的事。

其次，不同性质的高层次需求决定着足球高质量发展的评价内容具有多维性与精准性特征。多维性指不同群体评价足球高质量发展的侧重点各有不同，如足球教育工作者主要关注足球普及与推广的体制机制、基础条件建设等；足球从业者主要关注个人或集体发展环境优化与空间拓展等；足球爱好者主要关注足球竞赛成绩与水平等。精准性指不同群体评价足球高质量发展的标准往往集中于一点或有限的几个关键问题上，而非大而全的面面俱到。如能进一步改善校园足球场地与设施条件，足球教育工作者的需求就会满足，获得感就会增强；如能预见到更好的职业发展前景，足球运动员的需求就会满足，获得感就会增强；国家队和职业足球俱乐部的竞赛成绩如能不断提升，球迷的需要就会满足，获得感就会增强等。

获得感是新时代中国特色社会主义全面深化改革的出发点和落脚点，是破解人民日益增长的美好生活需要与不平衡、不充分的发展之间矛盾的工具。[①] 以提升获得感作为推进我国足球高质量发展的逻辑主线，有助于精准识别足球事业发展的需

---

① 吕诗蒙，张强. 获得感提升视域下我国体育公共服务发展的功能定位、现实困境与实施路径[J]. 沈阳体育学院学报，2018（6）：73—79+112.

求向度、实现与人民需求有效对接的新发展格局。

二、我国足球高质量发展的审视角度与总体思路

(一) 我国足球高质量发展的审视角度

通过上述对我国足球高质量发展可行性的分析可知,对我国足球高质量发展的审视可以从系统平衡观、经济发展观、民生指向观3个角度展开。

1. 系统平衡观

我国足球高质量发展,是面对新的时代发展机遇、发展环境、发展条件下提出的新要求,由"从无到有"转向"从有到优",关涉国际发展趋势、经济新常态、社会认同氛围、资源环境要素等一系列重大因素的影响,故我国足球高质量发展是系统性和全局性问题,是包括经济、政治、文化、社会、生态等方面的全面提升。

2. 经济发展观

推动足球高质量发展,经济建设是重点领域,也是重要支撑。我国足球率先迈入职业化轨道的历史进程表明,以足球赛事为代表的足球产业已成为国民经济新动力,在转方式、调结构、促发展中扮演着重要角色。在经济发展观视角下,足球高质量发展涉及足球产业结构、足球投资消费结构、区域发展结构的优化及其经济运行的稳定性等诸多方面。

3. 民生指向观

足球高质量发展的微观基础是更高质量的产品和服务,其目的是为了满足人民的实际生活需要,即获得有用产品。所谓"有用产品",正是基于社会公众需求层次由"有没有"向"好不好"转变的客观实际,对足球产品质量的合意性进行评价,从而审视足球发展中的优势与不足,解决足球供给满意不满意的问题。从民生视角看,审视、评价与推进足球高质量发展的标准是"以人民为中心"的人本关怀,并据此提升足球产品与服务水平,以满足更广范围的民生需求。

(二) 我国足球高质量发展的总体思路

1. 宏观的顶层设计

顶层设计是利用系统论的方法与原理,基于整体的角度,对某个任务或者某个项目中的各个层次与要素进行统筹规划,并充分整合利用一切有效资源快速且有效地实现任务目标或者项目目标。顶层设计中的"顶层"不单指向于高位阶的政府,

而且重在强调设计的高端战略性和系统科学性。"设计"既是动词亦是名词,前者指"在正式做某项工作之前,根据目的要求,预先指定方案或图样的行为";后者指"方案或规划的蓝图",二者诠释的重要内涵是,设计与目的之间存在逻辑关联,且具有良好的预后能力。

本部分将顶层设计视为我国足球高质量发展的宏观思路,旨在立足于国家体育事业发展和广大人民群众利益需要,客观衡量化解我国足球改革发展瓶颈而进行的总体设计是否合理与完备,其具体内容涉及目标模式的选择、战略理念的树立、制度框架的厘定和实践策略的构建等多个维度。

首先,目标管理理论认为,目标不是命运,而是方向;不是命令,而是承诺,是为创造未来而配置资源和能力的手段,该理论以"社会人"为假设前提,强调先于行动本身的目标导向,可使个人目标与公共利益相互协调、共同实现。因此,能不能把握已有发展瓶颈的核心问题,找准足球改革的着力点和突破口是基于顶层设计高度分析我国足球高质量发展的关键。

其次,必须树立正确的战略发展理念。足球运动有着独特的发展规律和客观要求,树立正确的战略发展理念就要从局部、片面的表象中探寻合目的性的内在规律性,进而超越足球,甚至是体育范畴来创新发展理念,确保各项足球改革工作始终在高质量发展的正确轨道上推进。

再次,要实现高质量发展,离不开合理的制度保障。制度作为顶层设计的关键要素,既反映着国家的决策意识,也需要在基层实践中不断探索与修正,以完善顶层设计的制度安排。因此,在保障足球高质量发展的顶层设计过程中,必须坚持国家与社会、制度与生活的上下互通,确保发挥制度的引领、规范与指导作用,能够从实践中发现问题、探寻规律和提炼经验,不断推进制度的创新与完善。

最后,从全局性视角构建实践发展策略是高质量发展的必然环节。在顶层设计过程中,制度与策略必须实现均衡,即制度的应然与策略的实然要理念一致、过程契合。换言之,推进足球高质量发展不能只把目光聚焦在内部制度体系的构建与完善上,还要对制度运行的外部环境进行全局性考量,把当前足球发展中普遍存在的瓶颈问题纳入设计框架之中,优化选择、统筹推进。

2. 中观的运行机制

机制指的是某一客观事物或者现象在进行有规律地发展变化的过程中,那些影响该事物或现象进行规律性发展变化的各个因素的结构、功能及其相互作用的原理、过程与方法。一种机制或是一种"特定的因果关系模式",或是一种"带规律性的模式"。运行机制与制度的界定相对应,运行机制指的是在某一管理体制下,体制内部各个要素之间、各个要素与外部环境之间的互动关系,是体制内部各个要素发

第二章　新时代我国足球高质量发展理论解读

挥其功能价值的运行原理及其运行方式。在足球运动系统发展过程中，运行机制是保证足球运动系统内部各个子系统之间实现相互促进以及各个子系统与外部环境之间进行有效互动的重要基础。将其放置于足球高质量发展的总体思路之中，旨在立于我国特有体育管理制度下，对推动足球运动发展的不同要素之间，能否通过相互联系、相互作用而形成规律性运作模式加以考量。从要素结构看，足球高质量发展的运行机制主要由运作目标、运作环境、运作主体、运作手段等构成。

其一，运作目标是足球发展预期要达到的某种状态或结果。根据适用范围的不同，运作目标可分为总体目标与分项目标、短期目标与中长期目标等。从实践操作层面看，运作目标一般由法律、法规或某种制度所规定，具有定位和引导功能，且可随着环境或任务的变化进行适当的调整，体现出规定性、导向性和动态性等特征。

其二，运作环境是指足球发展过程中，与周围事物之间产生的交互关系，是对运行机制施加影响的外部条件的总和。具体来说，运作环境即指向于物质环境，如足球基础设施建设、足球人口比重等，也受精神环境的影响，如足球社会认同、足球价值观塑造等。由于运作环境是一个较为广义的概念，故其适用范围体现出复杂性、动态性和不确定性等特征。在某种程度上看，运作环境往往决定着运作目标、运作主体、运作程序和运作手段的选择与应用，同时也会受到其他要素的影响而得以改造与完善。

其三，机制的运作主体又称为机制行为人，主要包括机制规则的制定者（委托人）和实施者（代理人）。经济学传统中，通常会把"委托人"和"代理人"看作具有自身行为能力和利益偏好的"经济人"，二者之间存在着按照一定游戏规则进行的博弈关系，并由此形成新的机制。可以说，人是运行机制的最终主体，离开人，运行机制则无从谈起，而有关机制的问题，归根结底是人的观念、素质与能力的问题。

其四，运作手段指运作主体依据运作目标和环境，履行其职能过程中所采取的具体方式。一般认为，运作手段主要包括行政手段、经济手段、法律手段等。在实际的应用过程中，这些手段往往会根据主体、目标、环境等要素的变化而灵活使用，呈现出不同的组合方式。从推动足球发展的运作机制看，职业足球、校园足球、社会足球等细分领域的运作目标、主体和环境之间存在显著差异，需针对性地进行分析与评价。

3. 微观的价值实现

价值是关系范畴中的一个组成部分，反映的是客体能够满足主体需求的效益关系。价值的实现过程主要是通过主体与客体之间的实践活动来进行的。具体而言，主体与客体在进行相互作用的实践活动中，当主体或者客体发生了变化，或者主体与客体都发生了某种变化，则说明主体与客体之间的关系也发生了改变，而这些变化都会产生一定的价值。也就是说,足球运动的价值是足球作为客体相对于人及社会的有用性,而足球运动的价值生成是通过其自身的社会实践活动来提高主体能力和客体功能的过程。根据以上观点,与足球发展产生相互作用的主体主要包括政治性主体,如政府或权力机构;经济性主体,如产业投入主体;社会性主体,如社会组织;文化性主体,如文化传承者和传统观念;教育性主体,如教育组织、教育者和被教育者。因此,基于价值生成的微观视角,对足球运动的发展进行分析可以从政治性价值、经济性价值、社会性价值、文化性价值和教育性价值等维度展开。

其一,足球发展的政治性价值也可称为意识形态价值,体现出一定的政治属性,是社会上层建筑范畴。同时,政治还指向某个国家或政党在特定历史时期的主要任务和奋斗目标。如第二次世界大战之后,日本大力发展职业足球以求提升国民凝聚力和重塑国际影响力的做法,恰恰印证了足球在国家或政党意识形态塑造中的价值生成。

其二,足球发展的经济性价值指足球运动对社会经济发展的促进,以及对自身效益优化的价值。具体而言,主要体现在以下几个方面:一是劳动力生产和再生产的价值,如培育足球专业化人才,提升劳动力市场收益等;二是科技生产和再生产的价值,如科学技术在足球领域的研发与应用,是促进科技成果转化和提升足球发展水平的重要途径;三是足球提高经济管理能力的价值,如足球产业发展有着自身特有的内在规律,构建符合其经济价值生成条件的管理科学,可促进经济发展。

其三,足球发展的社会性价值是足球促进社会发展的价值。无论是中国古代的蹴鞠运动,还是现代足球的兴起,社会属性始终贯穿其中。诚然,社会影响和促进了足球发展,同时足球发展也将推动社会发展,其价值主要体现在两个方面:一是足球对人的社会化价值。足球运动是集体性对抗项目,参与其中的个体既要在固有规则的要求下,形成良好的协作能力和集体意识,亦要在激烈、残酷的竞赛过程中磨炼品性与技能,这是推进个体社会化教育的"隐形课堂"。二是足球对社会发展的价值。在某种程度上讲,足球往往是社会的缩影,大社会的问题会以不同的方式映射到足球这个小社会中,而推进足球发展的各项举措不仅反映着社会治理能力,同时也可以为社会治理提供经验借鉴。

其四,足球发展的文化性价值是足球对人类文化发展与交流的价值。足球是不同历史时期和不同地域、民族文化的载体,二者相互交融、交互影响。一方面,足球是继承和传递文化的重要手段,如德国人的严谨、西班牙人的细腻、英国人的激情、法国人的优雅无不深深印刻在足球之中,进而影响一代又一代的足球人。另一方面,足球具有对文化的传播和交流价值。正如足球外交一样,足球运动通过其自身的影响力,在不同国家、社会、地域和民族之间架起了沟通的桥梁,使不同文化

第二章　新时代我国足球高质量发展理论解读

得以从一个群体向另一个群体传播，实现文化的交流与融合。此外，足球具有文化创新的价值。足球运动通过传承与传播不同文化而促进了文化的碰撞与交融，在这一过程之中，无疑会催生新的文化内涵，以推动文化的更新与进步。

其五，足球发展的教育性价值主要指的是足球运动在促进人各项素质发展方面的价值。作为现代足球发源地的英国，十分注重足球运动的教育性价值，其足球协会的章程中就重点强调要培养会踢球的人才，而不是要求提高足球运动竞技水平。除了英国之外，西班牙也非常重视足球运动的教育性价值，西班牙的拉玛西亚青训营就是因为注重培养优秀的足球运动员而被全世界所认识，并且培养了很多知名度高的足球明星，强调体育运动是纯粹用来教育人的手段。由此可知，足球运动的首要功能就是教育，其次才是一项能够强身健体、完善人格的体育项目。

第三章　我国足球高质量发展观的理论逻辑

　　高质量发展是新时代背景下我国经济社会的发展主题，具体而言，我国经济社会发展思路的制定、发展政策的制定以及发展理念的贯彻等都需要以高质量发展为核心。中共中央提出要在2035年实现建成体育强国的宏伟目标。2019年8月10日，国务院办公厅印发《体育强国建设纲要》，并明确提出要在2050年"全面建成社会主义现代化体育强国"，而在党的十九届五中全会中又提出要到2035年建成体育强国。足球运动是世界第一运动，其发展水平在很大程度上影响了我国体育强国的建设进程，而且足球运动也是我国的一项弱势项目，因此，要想有效发挥足球运动在推进体育强国建设进程中的重要作用，有必要改变足球运动发展模式，推进其高质量发展。而要想实现足球运动的高质量发展目标，还需要树立并贯彻高质量发展观，明确认识足球运动高质量发展的原因、内涵、路径等基本问题，对足球运动的发展问题进行深刻认识。本章结合邱耕田所提出的发展观[1]，对我国足球运动高质量发展观的理论逻辑进行梳理，并确定出足球运动高质量发展的价值论、认识论、方法论三个方面的内容，以为我国在推进足球运动高质量发展过程中分析解决所遇到的各种问题提供一定的理论帮助。

第一节　我国足球运动高质量发展的价值论

　　价值论主要是基于某一客体满足某一主体需要的程度、能力与方式等方面进行分析与考虑，以对该客体对于这一主体而言的价值与意义进行考察与评价。足球运动高质量发展的价值论指的就是足球运动发展中有关主体所追求的价值观，具体包括追求运动员的全面充分发展、追求足球运动多元利益的均衡发展以及追求足球运动发展的可持续内生动力。

一、追求足球运动员的全面充分发展

　　运动员既是足球运动发展的一个重要主体，同时也是足球运动发展的一个客体，

---

[1] 邱耕田. 发展观的变革[J]. 江海学刊，1999 (10)：86—90.

第三章 我国足球高质量发展观的理论逻辑

而作为足球运动发展的主体与客体,其全面充分发展在很大程度上影响足球运动有关从业人员的专业素质,这主要是因为足球运动员将来可能从事与足球运动相关的工作,如足球教练员、足球裁判员、足球竞赛组织管理人员等。因此,要想实现足球运动的高质量发展,还需要特别重视足球运动员的全面充分发展。反过来讲,足球运动员的全面充分发展程度越高,就越有利于足球运动的高质量发展。

运动员的全面充分发展一般包括运动员的人格、专业素养、社会关系的全面发展。追求运动员的全面充分发展要使其成长生涯实现业余养成教育化、专业成熟科学化与退役就业社会化。简单说,该上学的年龄阶段就要在学校接受正规教育,进入专业发展阶段就要接受科学系统的训练竞赛,以便于在退役后能够顺利地就业与适应社会。

(一)业余养成教育化

随着社会的不断发展,教育在促进社会发展中所体现出来的价值越来越明显,能够显著促进社会的流动与分层,越来越多的人也开始认识到良好的教育能够在很大程度上影响一个人的一生。因此,要想实现足球运动员的全面发展,还需要在学校中发掘天赋较好的学生作为足球竞技后备人才进行培养。

1. 业余养成教育化的内涵

"业余养成"是将"业余足球"与"养成"这两个词进行组合之后所形成的,也就是说,业余足球养成要通过学校教育这一途径来实现。业余养成教育化指的是要在普通学校中培养学生参加业余足球运动的兴趣、加强足球特长生的培养、加强学生足球专业技能的启蒙教育。业余养成教育化主要包含三个层面的内涵:一是在国民教育系统中发掘具有足球天赋的学生,并对这类学生进行足球专业技能的培养,最终选拔出优秀的足球后备人才;二是要在学制内的普通小学、初中、高中、高校等学校中对那些具有足球运动天赋的学生进行挖掘与培养;三是充分发挥社会中一些校外足球辅助机构的作用来实现业余足球的养成,如体校、足球协会、业余足球俱乐部、社会培训机构等,以进一步强化学生的课外足球运动学习,对学生在学校足球学习中所存在的问题进行解决,以弥补学校足球教学的不足,进一步提高学生的足球运动技能。

2. 业余养成教育化的意义

业余养成教育化的实施有利于将具有运动天赋的学生培养成全面充分发展的足球后备人才,而通过对学生足球运动技能的培养不仅有利于促进学生的全面充分发展,也有利于对学生足球运动人才进行全面科学的选材,有利于培养并储备更多高水平的足球教练员、足球裁判员等足球相关从业人才。

3. 业余养成教育化的基本要求

前文已经说过，业余养成教育化强调要在学制内小学、初中、高中、高校等学校中进行，包含了全学制教育阶段，由此反映出学校足球教育具有"在校化"的特征。

在小学足球教育中，应该充分了解、掌握小学生的身心发育特征，并在此基础上加强小学生对体育知识与技能的学习与了解，重点培养学生对足球运动的兴趣，帮助小学生对足球运动建立良好的情感，逐步提升小学生的足球核心素养；在中学足球教育中，进一步提高中学生的足球核心素养，遵循循序渐进的原则，积极挖掘具有足球运动天赋的学生，以培养足球特长生与足球骨干；在高校足球教育中，除了需要对具有足球运动天赋与潜力的特长生进行发掘与培养之外，还需要重点加强对大学生足球运动员的培养，积极组织大学生足球运动员参加各种大型的高水平足球赛事，以进一步提高其足球技能水平，积累丰富的足球实战经验。与此同时，还应该充分发挥足球协会、足球俱乐部、足球培训机构、家庭等社会系统在培养学生足球技能方面的辅助作用，可以结合不同教育阶段业余足球养成的需要，充分发挥各个社会系统的优势与作用，与学校教育共同促进业余足球养成目标的实现。

（二）专业成熟科学化

1. 专业成熟科学化的内涵

专业成熟科学化指的是在足球运动员培养过程中，要严格按照科学客观的规律加强运动员足球专业知识与技能、道德品质、思想观念等方面的培养。专业成熟科学化的内涵主要包含以下 3 个方面：

第一，"专业成熟"指的是要求足球运动员要具备足够的专业素养，要达到一个优秀足球运动员的标准；二是专业成熟化强调要在充分掌握并遵循足球训练与竞赛规律的基础上培养足球运动员。也就是说，在足球运动员培养过程中，既要建设科学完善的相关制度加强足球训练与竞赛工作的管理，又要遵循以人为本的原则对包括运动员在内的相关人员进行人性化管理；既要充分体现足球运动员的主体地位，又要善于利用先进的现代科学技术与手段进行训练、管理等；既要充分重视足球运动技战术的创新，同时也要充分重视我国传统体育精神与职业精神的传承与弘扬；三是专业成熟科学化主要依赖于足球协会、职业足球俱乐部、学校等机构来实现，而个人、家庭只是在专业成熟科学化过程中发挥较小的作用。

2. 专业成熟科学化的意义

专业成熟科学化的意义主要体现在能够改变以往足球运动员一味地注重足球竞技成绩的现象，除了注重足球运动员专业技能的培养之外，还特别强调足球运动员

第三章 我国足球高质量发展观的理论逻辑

良好体育精神的培养，能够真正促进足球运动员足球专业技能、精神品质等方面的全面发展。另外，专业成熟化的意义还体现在充分尊重足球运动训练与竞赛规律。在足球运动员培养中，只有真正做到科学化，才能够真正激发足球运动员的运动潜能，激发其首创精神，培养其良好的竞技体育精神。

3. 专业成熟科学化的基本要求

第一，"选—训—赛"系统化，即选材、训练与竞赛的系统化，在足球运动员培养中，"选—训—赛"系统化是专业成熟科学化的主要思路，同时也是培养运动员足球技能、解决足球技战术训练中各种难题、创造优异的足球竞赛成绩的重要模式。在足球运动员选材过程中，要尽量选择具有足球运动天赋与潜力的学生，并通过专业训练与比赛来培养其足球运动技能；在足球训练过程中，要充分尊重足球项目规律，科学制定足球训练计划，确定足球训练内容，优选足球训练方法与手段。与此同时，还应该根据足球运动员的各方面实际情况以及足球技战术中的重难点等专门制定相应的足球训练计划，以保证足球训练的科学化与精细化；在开展足球竞赛的过程中，要客观分析足球项目发展中的国际现状与趋势，充分把握足球运动有关情报信息，并结合本方队员的足球技能水平、对手的技战术风格特点以及比赛环境等科学系统地制定相应的竞技方案。

第二，科技服务精准化。这是专业成熟科学化的重要保证。随着体育运动的不断发展，国际体坛中的激烈程度上升，如今的世界竞技体育水平已经越来越接近人体的极限，而作为竞技体育的一个重要项目，足球运动要想实现高质量发展，还需要充分利用先进的现代科学技术与手段，通过精准化的科技服务来予以辅助。另外，在培养足球运动员的过程中，还需要深入认识并把握足球运动训练与竞赛规律，充分把握足球训练与竞赛的先进理论与方法，积极打造专业水平高、实力雄厚的复合型足球科研团队，充分利用先进的现代科学技术、设备与训练手段等，积累更加丰富的足球训练与竞赛经验，然后根据足球运动员的各方面实际情况以及足球技战术重难点内容等，精准实施足球训练与竞赛策略，以更好地促进足球训练与竞赛过程的开展，进而真正提升足球训练与竞赛的质量。

第三，组织管理人性化。在足球运动员培养中，组织管理的人性化是保证专业成熟科学化的重要基础。在对足球运动员进行组织与管理的过程中，需要遵循以人为本的原则制定相关管理制度与原则，同时还应该根据足球运动员的身心发展特征以及发展需求，在足球训练与竞赛过程中，充分体现出足球运动员的主体性与创造性，以增加足球运动员参加训练与比赛的主动性与能动性。

第四，体育精神内涵化。在足球运动员培养过程中，体育精神的内涵化是专业成熟科学化的重要动力。中华体育精神以及不断成熟的职业体育精神有着十分强大的内在驱动力，对于运动员良好人格品质的培养有着非常重要的作用，进而能够促进足球运动员专业素养的提升。因此，在日常足球训练与竞赛中，教师或者教练员除了需要注重运动员足球专业技能的培养之外，还需要加强足球运动员良好体育精神的培养，具体而言，可以通过口号、标语等外在形式来培养足球运动员良好的足球意识与行为，从而实现中华体育竞赛、职业体育精神的内化。只有充分实现体育精神的内涵化，才能够使得足球运动员真正自觉主动地传承与发扬体育精神，也能够为足球竞赛中所取得的各类奖牌赋予更多的社会价值、经济价值与文化价值，进而为国家与民族提供高质量的精神食粮。

（三）退役就业社会化

退役就业社会化指的是足球运动员退役之后的就业领域、就业方式、就业中所担任角色的社会化。退役就业意味着足球运动员的角色发生了改变，其不再是一名运动员，而是开始成为一名具有多元化社会角色的人员。

1. 退役就业社会化的内涵

退役就业社会化的内涵主要体现在以下几个方面：

第一，退役是足球运动员结束自身运动员这一角色的开始，也就是说，退役意味着其不再是一名运动员，而就业意味着足球运动员各种社会角色的开始，需要进入社会中重新选择并从事其他社会职业。运动员在退役之后尚未就业的这一时间段为"待业"状态，运动员的待业时间长短与待业次数反映出其退役就业的顺利与成功情况，如果运动员待业时间越短，其待业次数越短，就说明其退役就业状况越好。

第二，对于足球运动员退役就业情况的关注，主要是对其退役之后的就业情况进行关注，足球运动员退役之后的就业情况能够在很大程度上影响足球运动的发展效益与质量，同时也能够大大影响学生学习、参加足球运动的积极性，影响足球运动的参与人口数量，进而影响足球运动的可持续发展。

第三，足球运动员退役就业社会化实际上应该是通过对运动员的足球专业技能、精神品质等方面进行全面与充分发展之后主动转变自身角色的一种积极乐观的态度，是足球运动员社会价值发生转变的形式，是其价值能够得到社会认可的一种自然而然的结果，只是其价值体现的形式发生了改变，而并不是作为一种包袱或者难题而推给社会之后不得已做出的补救措施。

2. 退役就业社会化的意义

退役就业社会化的意义主要体现在以下几个方面：

第一，退役就业社会化能够形成足球运动员全面充分发展的正反馈循环。退役就业社会化是帮助运动员解决退役之后的就业问题，以解决其结束自身运动生涯之

第三章 我国足球高质量发展观的理论逻辑

后的后顾之忧,足球运动员在退役之后的高质量就业能够进一步提升其角色的社会吸引力与影响力,能够为业余足球后备人才的培养贡献自身的力量,利用自身在以往的训练与比赛中所掌握的专业技术水平以及技战术实战经验促进后备人才的培养,能够为足球后备人才的培养奠定坚实的社会基础,进而有利于促进我国足球运动的高质量发展;与此同时,足球运动的高质量发展又能够进一步提升足球运动员的社会价值,促进足球运动员在退役之后就业成功率的提高,进而有利于形成足球运动员全面充分发展的正反馈循环。

第二,退役就业社会化有利于帮助足球运动员更好地适应、融入社会,进而提高其退役之后的就业成功率及其生活质量。具体而言,足球运动员在退役之后,不再是一名职业单一的运动员角色,而是需要面临更多的职业选择,其所担任的社会角色也变得更加多样化。足球运动员退役就业的社会化正是有利于足球运动员由单一的运动员角色向多样化社会角色进行自然过渡与衔接的一种手段,有利于帮助足球运动员在退役之后更快、更好地适应并融入社会,进而有利于提高其退役就业质量。

3. 退役就业社会化的基本要求

足球运动员退役就业的社会化主要指的是在就业领域、就业方式以及就业角色3个方面的社会化,具体如下:

第一,足球运动员退役之后就业领域的社会化。对于足球运动员而言,其在退役之后的就业领域往往以足球领域为首选,其次才是公务员、教育、娱乐区以及社会中的其他领域。从理论层面上讲,足球运动员在退役之后,由于其本身具有足球运动专业知识与技能方面的优势,因此,最为理想的选择便是足球领域,如果要去其他领域就业,由于多数足球运动员缺乏相应的经验与技能,往往需要足球运动员花费更多的时间与精力进行重新学习与努力,才能保证自身能够完全胜任其他领域中的职业。

第二,足球运动员退役之后的就业方式多样化。对于足球运动员而言,当其结束自己的运动生涯,在退役之后的再就业方式主要包括三种:一是在政府相关部门中工作,或者在社会、市场中的一些足球机构、学校中就业,这正是如今足球运动员退役之后的主要就业方式;二是足球运动员退役之后独自或者与其他人一起创业,充分利用社会中的资源以及自身的优势进行创业;三是足球运动员在退役之后进入高校继续深入学习足球专业或者其他专业,以进一步提升自身的社会资本,之后再步入社会中就业。

第三,足球运动员退役之后的就业角色多样化。有关研究表明,退役运动员的社会角色非常多,具体包括专业技术人员、国家与社会管理者、办事人员、个体工商户、私营企业主、经理、商业服务人员与产业工人、演员、歌手、电视节目主持人与自由职业者等。[①] 对于足球运动员,其退役之后的就业角色也非常多,退役足球运动员可以根据自身的实际情况继续选择在足球领域中就业,也可以在非足球领域中就业。在足球领域中,其所担任的社会角色主要包括:教练员(包括主教练、助理教练、青年队教练、一线队教练、教练组教练、体能教练、守门员教练);球探(如费雷拉、莱昂纳多等);球队管理层(包括经理、顾问等);足协成员(如普拉蒂尼等);评论员(包括专栏作家、电视评论员等)。在非足球领域中,退役足球运动员所担任的社会角色也比较多,具体包括:自主创业(如开饭店、开歌厅、各种娱乐场所等),也可以进入娱乐圈,担任演员、歌手等,或者选择其他体育项目进行学习与训练,等等。

加强足球运动员的全面充分发展能够为其综合素质的发展奠定良好的基础,再加上足球运动员本身具有一些独特的体育精神与运动能力,因此,以后足球运动员退役之后的就业角色将会变得更加多样化。

总的来讲,要想推进我国足球运动的高质量发展,还需要实现足球运动员的全面充分发展,而足球运动员的全面充分发展则需要做好业余养成教育化、专业成熟科学化以及退役就业社会化这三个方面的工作,这是足球运动高质量发展观的理论逻辑,而足球运动员的业余养成教育化、专业成熟科学化以及退役就业社会化并不是一蹴而就的,而是一个需要不断探索与努力的过程,需要不断地推进足球运动的高质量发展。

二、追求多元利益的均衡发展

如今在我国所建设的体制架构中,我国足球运动的发展渐渐产生了各方主体利益不均衡的现象,具体表现在足球运动的发展过于注重国家利益与地方利益、忽视社会利益与市场利益。新时代背景下,我国足球运动的高质量发展要求建立政府、市场、社会等多个主体共同参与的体制结构,但是在充分发挥多元主体优势与作用的过程中,还应该充分保障各个参与主体的合理权益,进而形成多元主体共同参与、多元利益相辅相成的均衡格局。

(一)体育行政部门、足球协会、足球俱乐部三边利益协同发展

在足球运动发展过程中,体育行政部门、足球协会、足球俱乐部分别代表了政

[①] 李留东. 我国退役精英运动员再就业现状分析——基于社会分层视角[J]. 上海体育学院学报, 2015, 39 (1): 29—35.

第三章 我国足球高质量发展观的理论逻辑

府、社会与市场这三个参与主体,而这三个参与主体彼此之间的利益关系实际上也反映了政府、社会与市场之间的关系。如今,我国社会主义市场经济体制正在逐步完善,并且随着我国体育强国建设进程的不断推进,以国家体育总局为代表的体育行政部门的职能也开始发生了转变,不再是以往时期的全能型政府,而是如今的服务型政府,并且实行"管办分离",自从政府部门实行"放管服"改革措施之后,作为代表社会利益的足球协会以及代表市场利益的足球俱乐部都承担了足球运动发展中的部分事务管理权。也就是说,一些政府不该管、不必管的事务都交由社会与市场进行管理。通过对当前我国足球运动发展规律上看,足球运动的发展既需要政府的参与,同时也需要社会与市场的共同参与,否则就很难实现足球运动的高水平与大规模发展。在新型体制下,我国足球运动的高质量发展需要构建一个由体育行政部门、足球协会、足球俱乐部组成的彼此优势互补、平等协同、相互制约的三边协同架构。

第一,足球运动的高质量发展需要体育行政部门、足球协会、足球俱乐部三方利益优势协同。"国家的逻辑是权力,市场的逻辑是财富,财富本身又是权力的重要来源"。① 在足球运动的高质量发展中,以国家体育总局为代表的体育行政部门,在遵守权力逻辑的基础上,将部分权力赋予代表社会利益的足球协会与代表市场利益的足球俱乐部,使其真正具备自主发展足球运动的合法权益与地位,进一步推进足球协会与足球俱乐部的实体化。一方面,国家体育行政部门通过制定政策等多方举措支持足球俱乐部以及足球联盟的发展,以充分发挥其作用促进整个足球市场与足球产业的繁荣发展,提升足球俱乐部及其足球联盟的经济效益,增强其造血功能,进而为之后的自主发展提供更多的动力。另一方面,体育行政部门为足球协会赋予更多的权力,旨在由足球协会负责一些社会性事务,以对足球运动知识与技能进行普及与提高,夯实足球运动发展的社会基础,为国家培养大量的足球后备人才。

另外,在推进我国足球运动高质量发展过程中,体育行政部门除了要赋予足球协会、足球俱乐部一定的足球事务管理权力之外,还需要发挥自身的主导作用,对社会与市场的利益进行适当协调,以保证足球运动能够得以规范有序的发展。市场经济活动必须"以社会为前提",即以某种"共同的目标、共同的需要、共同的生产资料为前提"。② "足协和足球联盟其实是合作伙伴关系"③,体育行政部门应该协调好足球协会与足球俱乐部之间的关系,使二者之间形成互利共生的关系,以促进专

---

① 易文彬. 国家与市场关系的历史考察——国际政治经济学视角 [J]. 河南大学学报(社会科学版), 2012, 52 (1): 22—26.
② 马克思,恩格斯. 马克思恩格斯选集(第1卷)[M]. 北京:人民出版社,1995:173.
③ 陈永. 陈戌源勾勒的中国足球蓝图究竟是怎样的? [N]. 足球报,2019—08—27.

业足球与职业足球的协调发展，共同推进足球运动的高质量发展。

第二，足球运动的高质量发展需要体育行政部门、足球协会、足球俱乐部三方利益彼此制衡。作为体育行政部门，仍然需要充分发挥自身的职能作用，在遵循权力逻辑的基础上，加强足球运动发展过程中足球协会、足球俱乐部行为的监督与管理，通过科学制定并完善法规政策来引导足球协会、足球俱乐部自觉履行自身的职责，对足球协会、足球俱乐部的行为进行严格监督与及时规范，保证其利益的合理发展，避免经济利益、部门利益与个人利益的无序增加。与此同时，体育行政部门还应该主动接受体育社会组织的监督，以免体育行政部门在足球运动管理工作中存在缺位、越位的行为。在足球运动发展中，足球协会主要负责行业标准的推行、足球俱乐部联盟章程的制定等。而足球联盟不仅是足球协会的会员，同时也是负责运行职业足球联盟的一个重要主体，因此，在足球运动发展中，足球联盟有一定的责任对足球协会与足球联盟的利益进行维护与制衡。

（二）足球运动国家利益与地方利益耦合发展

"地方"是指与政治决策中心相对应的中央以下行政区域的统称。在举国体制下，地方在行政管理体制、足球训练体制与足球竞赛体制的实行中占据着非常重要的地位。因此，要想实现我国足球运动的高质量发展，还需要协调好国家利益与地方利益之间的关系，在保障国家利益的同时，还需要充分保障地方利益，以保证地方有足够的积极性投入到足球项目的发展工作中，充分调动地方人力、财力、物力等当面的资源促进足球运动的高质量发展。协调国家利益与地方利益之间的关系可以从完善全运会利益激励机制、优化调整国家队组建权限两个方面着手。

第一，建立奥运战略与全运战略的利益耦合机制。全运会的全称为"中华人民共和国全国运动会"，是全国水平最高且规模最大的综合性运动会，每四年举办一次，直到如今，我国已经举办了14届全运会，2021年8月21日，国务院办公厅同意广东、香港、澳门承办2025年第15届全国运动会，其比赛项目十分丰富，足球运动就是其中的一个重要赛事项目。全运会既是各个省份、自治区、直辖市展示自身体育实力、进行体育实力比拼的平台，也是连接奥运战略国家利益与全运战略地方利益的重要枢纽，全运会能够充分反映我国竞技体育的利益生态情况。与此同时，由于足球运动是全运会中的一个重要比赛项目，因此，全运会也能够在很大程度上反映我国足球运动的竞技水平。新时代背景下，我国经济社会的发展步入高质量发展的阶段，包括体育领域中的足球项目，其也需要实现高质量发展。我国足球运动的高质量发展可以全运会为着力点，引导、激励地方加大对足球运动发展的改革力度，结合自身实际情况对足球发展改革重点进行重新调整，进一步增加对足球项目

第三章 我国足球高质量发展观的理论逻辑

的人力、物力、财力等资源的投入力度，提升足球运动发展质量与速度，通过足球项目的大力发展来充分实现其经济价值与社会价值，进而反过来促进当地的发展，从而能够提高地方足球运动发展的政绩，同时也能提高足球项目的国际大赛成绩。而当地方在足球项目上能够取得良好的政绩，就能够进一步增加自身乃至国家发展足球运动的信心，吸引国家、当地政府部门投入更多的人才、资金等资源来进一步推动足球运动的发展，如此一来，就能够形成足球项目可持续提高的正反馈循环，从而有利于协调好国家奥运战略与地方全运战略之间的关系，最终构建出国家与地方协同发展足球项目的格局，从而有利于进一步推动我国足球运动的高质量发展。

第二，建立国家队组建权力的耦合机制。学者王浦劬指出，中央与地方政府关于事物与权力的配置情况构成了中央权力与地方权力配置的结构，能够在很大程度上反映出国家整体利益与局部利益、普遍利益与地方特殊利益之间的配置关系。[①] 我国国家足球队组建权限的划分情况在一定程度上反映了国家利益与地方利益之间的关系。我们都知道，我国国家运动队在"管""办"方面的权限主要由国家体育总局掌握，而地方在组建国家队方面的权限则非常小，这就大大降低了地方组建国家队的积极性与主动性。2017年9月24日，国家体育总局和浙江省人民政府共建中国（浙江）国家游泳队，这是我国所成立的首家省部共建的国家游泳队，以浙江为基础发展培养国家队的模式，是我国竞技体育体制机制上的一次创新。同样的，作为竞技体育中的一个重要项目，我国足球运动的高质量发展也应该积极寻找国家体育总局与地方在组建国家足球队上的利益契合之处，一方面能够保证国家体育总局发挥其宏观调控与监督管理的职能作用，另一方面也能够将部分权力赋予地方足球协会等，保证地方足球协会能够拥有部分组建国家足球队的权限，从而实现国家体育总局与地方在组建国家足球队权限方面的相互耦合。

（三）足球运动政治、经济、文化利益互嵌发展

从本质上讲，足球运动发展中所追求的利益关系实际上是一种价值关系，是政治价值、经济价值、文化价值在足球运动不同阶段的综合博弈。新时代背景下，足球运动的政治价值、经济价值与文化价值之间紧密的联系与互嵌共同推动了足球运动的高质量发展，而随着足球运动高质量发展程度的不断提升，足球运动这3种价值之间的关系变得更加紧密。总的来讲，足球运动的政治价值、经济价值与文化价

[①] 王浦劬. 中央与地方事权划分的国别经验及其启示——基于六个国家经验的分析[J]. 政治学研究, 2016 (5): 44-59.

值之间的利益关系越紧密,其高质量发展程度就越高,我国足球运动的发展优势就更加明显。

第一,在我国足球运动发展过程中,首要的就是充分保证国家利益,这也是我国足球运动追求其经济利益与文化利益的重要基础。一直以来,我国竞技足球发展的最基本以及最终的使命就是为国争光。新时代背景下,在竞争日益激烈的国际体坛中,足球运动仍然承担着为国争光、提高我国国际地位与影响力、维护良好国家形象、增强中华民族凝聚力等的多方面重要使命,这不仅是我国足球运动发展的重要使命,同时也是我国竞技体育自始至终都在追求的制度性利益,同时也是我国足球运动发展追求经济利益与文化利益的重要前提。

第二,经济利益与文化利益是推动我国足球运动发展的重要力量。一方面,提高经济利益是保证我国足球运动可持续发展的重要力量来源。足球运动在发展过程中追求经济利益既能够增强自身造血功能,降低对国家政府财政的依赖,也有利于促进足球运动以及足球产业的健康繁荣发展,同时也能够为足球运动文化的发展提供坚实的物质基础。另一方面,追求文化利益是足球运动实现长远发展的根本。足球运动的高质量发展离不开文化的土壤,需要增强具有中华民族特色的发展基因。因此,足球运动的高质量发展要充分体现出具有中国特色的本土足球文化,具体而言,应该从物质文化、制度文化、竞赛文化3个层面共同加强足球运动文化的体现。在物质文化层面,应该加强足球运动场地设施、器材设备等的创新与改进;在制度文化层面,应该加强足球运动管理制度、足球运动技术与战术体系的创新与完善,同时还应该结合本国足球运动发展实际对当前我国竞技体育发展所实行的举国体制进行不断地改进与完善;在精神文化层面,在足球运动的高质量发展过程中,要积极传承并弘扬足球运动中所蕴含的精神文化,传承并发扬中华体育精神,以更好地促进足球运动的健康长远发展。

三、追求可持续内生动力

(一)足球运动原有发展动力的局限性

当前我国足球运动的发展表现出非常明显的动力不足的问题,这主要是由于"强政府"通常采用专制的统治手段、制定具有明显倾向性的政策法规、投入大量的资金推着甚至是逼着足球运动的发展,导致足球运动只是被动地发展,缺乏足够的内生动力。具体而言,足球运动的发展缺乏足够动力主要有两个方面的表现:一方面是足球协会的实体化尚未完全实现,足球协会、足球俱乐部等内生组织缺乏足够健全完善的制度,缺乏足够的自主发展能力以及足够高的主导权与话语权;另一方

第三章　我国足球高质量发展观的理论逻辑

面是由于政府过于注重通过行政手段来推动足球运动的发展,导致我国足球运动缺乏足够的主动发展能力。

(二) 竞争与协同是足球运动可持续发展的驱动力

新时代背景下,要想实现足球运动的可持续与高质量发展,还需要依赖于其自身系统中所具有的竞争与协同关系来提供源源不断的力量。在足球运动系统中,正是因为其中的微观子系统之间、集体模式之间、序参量之间不仅存在着竞争关系,也存在着协同关系,才能够推动足球运动系统得以不断地发展演化。

1. 足球运动多元主体之间的竞争与协同

足球运动系统中,存在着多元化的主体,这些主体之间所产生的竞争与协同行为共同推动着足球运动系统的发展与演变,有着明显的系统性与层次性特征,足球运动发展主体主要包括微观主体、中观主体与宏观主体:首先,微观主体主要包括足球运动员、足球教练员、足球管理人员、经纪人员、经理人等,这些足球运动相关从业者之间存在着一定的竞争与协同关系;其次,足球运动系统中,中观主体之间的竞争与协同关系具体表现在横向与纵向两个方面:从横向上看,主要是高水平足球运动队、足球俱乐部、足球协会之间所产生的竞争与协同关系,从纵向上看,主要是国家足球队与省市地区高水平足球运动队、中国足球协会、国家体育总局与地方体育局、中华全国体育总会及中国奥委会与所属会员之间所产生的竞争与协同关系;最后,足球运动系统中,宏观主体主要包括政府、市场与社会,这些主体之间存在着竞争与协同关系。

2. 专业足球与职业足球之间的竞争与协同

专业足球是支撑我国足球运动发展的重要发展形式,只是这些年来,我国专业足球的发展空间逐渐缩小,发展模式也没有得到及时更新;而职业足球是一种在专业足球基础上所发展起来的新兴足球运动发展方式,并不是在市场经济环境中所产生的。专业足球与职业足球都是我国足球运动发展到一定程度的高级形态,二者之间也存在着明显的竞争与协同关系,而这种竞争与协同关系也在很大程度上推动着足球运动的整体发展,它们之间的竞争与协同关系主要体现在两个方面:一方面是专业足球与职业足球在人才资源、资金资源、足球技战术、足球有关政策信息等方面存在着一定的竞争与协同关系;另一方面,我国应该充分利用专业足球与职业足球之间的这种竞争与协同关系,充分发挥专业足球的优势,保持当前竞技足球的竞争力,进一步加快职业足球的发展速度与质量,以对我国足球运动发展结构进行优化与调整。

第二节 我国足球运动高质量发展的认识论

一、足球运动高质量发展的实质是发展方式的根本性转变

(一) 高质量发展视域下足球运动发展方式实现根本性转变的必然性

1. 足球运动高质量发展的本质内涵必然要求发展方式的根本性转变

在我国足球运动传统的赶超型发展模式中,通常只是一味地注重"有没有""有多少""快不快"这些问题,过度追求足球发展中数量方面的增长,如过于强调足球奖牌数量的多少、足球运动人才的数量、足球经费资源的多少、场地设施数量的多少、足球发展速度与发展规模等方面的问题。然而,新时代背景下,足球运动的高质量不再只是追求数量的多少,而是更加注重质量的高低,注重足球发展效益如何,关注的是足球运动员是否能够得以全面充分发展、经费投入所产生的效益是否较高、资源配置是否科学合理等方面的问题。总之,足球运动的高质量发展就是实现从数量赶超型向质量效益型发展方式的根本性转变。

2. 足球运动高质量发展的价值观引导发展方式的根本性转变

由于足球运动高质量发展的价值观与传统发展方式的价值观之间存在着很大的差异,因此,二者的发展方式必然也存在很大的不同。因此,新时代背景下,要想实现足球运动的高质量发展,就有必要对足球运动的发展方式进行根本性的转变。

第一,前文已经说过,足球运动高质量发展的价值论包括追求运动员的全面充分发展,要想实现足球运动员的全面充分发展,还需要采用以人为本的发展方式。传统的足球运动发展模式存在着过于注重运动成绩的情况,已经形成了一个包含运动员选材、训练、竞赛与退役的比较封闭的系统。传统的足球运动发展模式过于注重奖牌的"物本性",没有充分注重运动员的主体性与创造性,导致运动员的综合素质难以得到全面充分的发展,采用的是赶超式发展理念与方式。而足球运动的高质量发展本质就在于实现人才的全面充分发展,强调要足球专业技能水平高、综合素质高的人才,进而实现足球运动员的全面充分发展。具体而言,足球运动的高质量发展就是要在坚持"以人为本"的理念下,开放足球运动系统,加强学校、家庭、社会这些系统在培养足球运动员中的联系与互动,充分发挥这些系统的优势与作用,共同为足球运动员的发展提供物质、能量与信息良性循环的环境,进而实现足球运动员的全面充分发展。

第二,足球运动的高质量发展追求多元利益的均衡发展,这必然会改变以往单

第三章 我国足球高质量发展观的理论逻辑

一主体的发展方式。足球运动的高质量发展过程中,强调要实现政府、社会、市场多个主体的共同参与,而多元化参与主体之间存在着一定的竞争与协同关系,并推动着整个足球运动的高质量发展。因此,要想实现足球运动的高质量发展,首要的应该是改变以往以政府为主体的单一发展方式,加强政府职能的转变,不要一味地采用行政路径,而是应该为社会、市场主体赋予更多的权力,以通过多元主体共同参与、采用多样化发展路径的方式共同推动足球运动的高质量发展。前面说过,2017年9月24日,国家体育总局和浙江省人民政府共建中国(浙江)国家游泳队,这是我国所成立的首家省部共建的国家游泳队,以浙江为基础发展培养国家队的模式,这标志着我国竞技体育体制机制的一次创新,打破了竞技体育传统的单一主体参与的旧体制,探索出多元主体合作共建的新体制。因此,作为竞技体育的一个重要项目,足球运动的高质量发展也应该探索多元主体共同参与、多元化路径实施的发展模式,政府应该适当下放自身的权力,充分尊重足球协会、足球俱乐部、家庭、学校、个人等相关主体的发展权益,进而形成足球运动多中心发展方式。

第三,足球运动的高质量发展追求可持续内生动力,而要想实现足球运动的可持续发展,还需要建立协调发展方式。具体而言,要想充分实现举国体制与市场机制之间的充分协调与融合,不仅要加强足球资源的优化配置,在足球发展中追求数量的增长,还应该控制好足球运动的发展规模与发展速度,避免过于追求短期的功利性目标。同时在投入资源时应该注重资源配置的优化,关注资源的投入是否能够产生较高的效益,建立足球运动的全面协调可持续发展方式,最终实现足球运动发展质量与效益的有效提升。

3. 足球运动高质量发展的目标决定了发展方式的根本性转变

足球运动的高质量发展能够在很大程度上解决新时代背景下我国足球运动发展中所存在的一系列新的问题,能够有效提高足球运动发展结构的均衡性,并为足球运动的可持续发展提供足够的内生动力。首先,要想解决新时代我国足球运动发展中所存在的各种新问题,还需要进一步增加足球运动在社会中的普及度,为足球运动的发展奠定坚实的社会基础;其次,要想提高足球运动发展结构的均衡性,为足球运动的可持续发展提供内生动力,还需要转换足球运动的发展动能,充分利用足球运动的内生动力,推进足球运动的自我发展与完善,不断提高足球运动适应外部环境的能力,从而为足球运动的可持续发展提供源源不断的力量。

(二) 高质量发展视域下足球运动发展方式转变的方向

1. 由"被组织"向"自组织"发展方式转变

在我国政府的主导下,足球运动的传统发展方式逐渐形成了"管办一体"的体制机制,而足球协会内生组织缺乏足够的话语权与主导权,因而难以真正发挥其在足球运动发展中的作用,由此也反映出我国足球运动的传统发展方式具有明显的"被组织"特点。因此,要想实现足球运动的高质量发展,还需要转变体育行政部门的职能,进一步深化"放管服"改革,完全实现足球协会、足球俱乐部的实体化,真正做到管办分离,提升足球协会、足球俱乐部等内生组织的主导权与话语权,提升足球内生组织的自主发展与主动发展能力,通过激发其内在动力的方式促进足球运动的自我发展与完善,真正做到专业的事交由专业的人做,形成足球运动"自组织"发展方式。

2. 由数量速度型向质量效益型发展方式转变

我国竞技体育的赶超式发展理念与方式主要是凭借"小、巧、灵、女"优势项目来不断地提升我国体育竞争水平,利用这些优势项目赢得更多数量的奖牌,提升我国在国际社会中的地位、影响力与号召力,进而达到为国争光的目的,并促进我国体育运动整体发展水平的快速提升。然而,随着我国优势项目的不断发展,虽然其发展水平已经获得了很大程度的提升,但发展空间却在不断缩小,要想维持当前我国体育运动发展中的优势又需要花费较大的成本,很容易存在投入多、效益低的问题。同时,赶超式发展理念与方式对于我国作为三大球的足球项目发展而言并没有体现出应有的优势,毕竟足球运动一直以来都是我国的弱势项目,这就要求我国足球运动的发展需要特别重视其发展质量与发展效益,以促进其健康可持续发展。我国竞技体育的高质量发展离不开三大球的支撑,需要实现竞技体育结构的均衡发展。因此,作为我国三大球的足球项目,也需要夯实可持续发展基础,注重其发展质量的提升,实现由数量速度型向质量效益型发展方式的转变,争取实现其高质量发展,以更好地促进我国竞技体育的高质量发展。

3. 由外延粗放型向内生集约型发展方式转变

当前我国竞技体育的传统发展方式主要是通过大量资源的外延粗放型投入来促进其发展速度的快速提升,政府一味地注重金牌数量的多少,在竞技体育发展中投入大量的人力、财力与物力等资源,但是这种发展方式有一个显著的弊端就在于运动员淘汰率比较高,需要付出的代价比较大,但是获得的社会效益却比较小。在当前我国所实行的举国体制背景下,由于竞技体育是我国体育事业中非常重要的组成部分,竞技体育发展水平在很大程度上决定着一个国家的体育综合水平,大大影响着我国体育强国的建设进程,同时在很大程度上决定着我国在国际体育领域中的地位,在国际体坛中能够为国争光、增强民族自信心与自豪感。因此,社会中的大多数体育资源都分配给竞技体育,这也就导致我国群众体育发展中所获得的体育资源相对较少,进而导致社会大众包括青少年群体所能够享受到的体育资源也比较少,

第三章 我国足球高质量发展观的理论逻辑

大大限制了群众体育的发展,对我国青少年的体质健康造成了一定的影响。因此,要想实现我国竞技体育的高质量发展,还需要转变传统的外延粗放发展方式,采用内生集约型发展方式。同样的,作为竞技体育中的重要项目,足球运动的发展方式也亟需进行相应的转变,也应该由外延粗放发展方式转变为内生集约型发展方式,具体而言,应该从以下几个方面着手:一是促进足球运动员的全面充分发展,进而实现足球运动人才资源的健康与优质发展;二是加强足球运动发展资源的优化配置,根据实际情况进行合理投入,提高足球运动投入产出效益,不要一味地追求冠军与奖牌的数量而盲目投入大量资源,避免造成大量资源的浪费;三是要大力推进职业足球及其相关产业的发展,进一步提高足球运动发展的自我造血能力。

二、高质量发展是我国竞技体育发展实现"大而强"的重要途径

(一) 我国竞技体育面临"大而不强"的发展困局

随着我国竞技体育的不断发展,如今我国已经成为名副其实的体育大国,这些年来,在各届奥运会中,我国竞技体育的金牌数量与奖牌总量始终位于世界排名的前三名,在国际体坛中的地位与影响力也在不断地提升,然而,尽管如此,我国竞技体育的发展却存在着"大而不强"的问题,与体育强国之间仍然存在着较大的差距,尤其是作为世界第一运动、三大球类项目的足球运动,始终是我国的弱势项目,我国足球运动的国际竞争力始终比较低,具体表现在以下:

目前,我国足球在亚洲排名属于第二档次,与日本、伊朗、韩国等亚洲足球强国的差距比较明显。我国也是一个体育大国,是个足球大国,但还不是体育强国,足球强国更是谈不上。一般来说,体育强国更多的是体现在人均经济量上,只有人均收入增加、生活质量提高、社会保障福利提高、体育设施发展与完善,人们才能有更充足的经济条件去加入到体育以及足球的行列中来,我国才能有更雄厚的足球人口的基础,在这个坚实的基础上才能有拔尖的运动员,正如金字塔一样,有了地基,才能有上层的塔尖。发展到现在,中国足球超级联赛在世界上有了一定的影响力,吸引了大量的世界知名教练和运动员加入其中,足球成为国人关心的话题与运动项目,尽管如此,我国足球球迷的热情屡屡遭受残酷现实的打击,热情有余稳定不足,这主要是因为我国足球运动的表现始终不尽如人意。另外,我国在国际上关于足球政策制定、规则修订、事件仲裁等重要领域中缺乏足够的话语权,在国际奥委会、国际足球组织及联合会担任重要岗位的人数相对较少。除此之外,我国足球运动自主发展、主动发展的能力还不成熟,不仅足球运动发展的内生动力有待进一

步激发，基层组织机构也需要进一步完善。与此同时，如今我国足球运动发展的自身造血能力还有待进一步提升，足球市场规模仍然较小，职业足球发展水平不够高，缺乏足够的发展活力。总之，我国足球运动发展过程中存在着明显的自主发展与主动发展能力不足的问题。

（二）高质量发展是破解我国竞技体育"大而不强"困局的必然之举

马克思主义发展观指出只有事物发生了质变，才能够真正地实现发展，我国竞技体育的高质量发展就是要实现由"有没有""有多少"向"好不好"发展方向的转变，要实现结构优化、动能转化的质变。因此，竞技体育的高质量发展能够在很大程度上解决当前我国竞技体育发展中所存在的"大而不强"的困局。

1. 高质量发展是我国竞技体育整体结构转型的实践活动

前国际奥委会主席萨马兰奇先生曾经说过，中国要想真正发展成世界竞技体育强国，除了需要继续保持并扩大区域性体育项目的优势之外，还需要在全球性体育项目的发展上取得重大的突破。[①] 由此说明，我国竞技体育项目结构存在发展不均衡的现象。特别是作为竞技体育的足球项目，一直都是我国的弱势项目，其发展水平与足球强国有着较大的差距。竞技体育的高质量发展不仅需要实现由注重奖牌数量向注重体育质量的转变，也需要实现我国优势体育项目由原来的技能技巧性项目向基础大项转变，更需要实现代表性项目由区域小众性体育项目向世界流行性体育项目的转变，强调要进一步扩大男子项目的优势，实现夏季项目与冬奥项目、奥运项目与非奥运项目的均衡发展。因此，足球运动作为一项世界性体育项目，作为我国的一个基础大项，作为奥运会的一个重要竞技体育项目，要想实现我国竞技体育的高质量发展应当充分重视并加强足球运动的发展。

2. 高质量发展是增强足球运动内生动力的实践活动

我国要想真正实现由体育大国向体育强国的转变，还需要充分激发包括足球在内的竞技体育发展的内生动力，使竞技体育的可持续发展具有源源不断的动力。作为竞技体育的一个重要项目，足球运动的高质量发展要求足球内生组织具备"能发展"与"会发展"的意识与能力。

第一，足球运动的高质量发展要求足球内生组织具备"能发展"的意识与能力。足球运动发展的内生动力主要来源于足球协会、足球俱乐部等内生组织，因此，要想实现足球运动的高质量发展，还需要继续推进足球协会、足球俱乐部等内生组织的实体化，使其真正具有话语权、主导权，具体包括自主决策权，在财政、人事等

---

① 春潮. 制约我国成为竞技体育强国的瓶颈问题 [J]. 体育与科学，2011 (7)：95—98.

方面能够真正做到独立自主,并且能够做到自负盈亏。与此同时,地方也应该进一步推进足球协会的实体化改革,积极构建完善的足球运动自主发展的组织体系,只有如此,才能够使得足球内生组织真正具有"能发展"的组织机构基础,也才能够真正实现足球运动的自组织发展。

第二,足球运动的高质量发展要求足球内生组织具备"会发展"的意识与能力。足球运动建立内生型组织的主要目的在于实现其足球运动的自主发展。而要想足球运动能够真正做到顺利且高效地自主发展,还需要充分掌握"会发展"的能力,这能够在很大程度上决定足球运动是否能够得以长期发展,同时也是判断足球运动内生组织实体化改革效果的关键。足球运动内生组织的"会发展"能力主要体现在以下几个方面:一是能够独立完成各种足球赛事承办的事务,能够激活足球运动市场,能够扩大足球产业发展规模,能够完成高水平足球运动相关人才的培养,能够为足球运动的发展奠定厚实的资源基础;二是能够完成国家所交付的为奥运争光、为社会服务等方面的任务;三是能够充分利用一切机遇,独立解决足球运动发展中所存在的各种困难,并引领足球运动的健康、稳定、快速与可持续发展。

(三) 高质量发展是提升"体育强则中国强"反哺效应的实践活动

国家与社会为我国竞技体育的发展提供了大量的支持,新时代背景下,我国竞技体育的发展应该充分发挥其"体育强则中国强"方面的价值,以反过来促进国家与社会的发展。而作为体育中的一个重要项目,尽管国家与社会也为其发展投入了大量的资源,但是我国足球运动仍然是弱势项目,其发展水平依旧较低,因此,足球运动的高质量发展可以"体育强则国强"为目标,尽可能早日实现自身的高质量发展,以反哺国家与社会的发展。

1. "体育强国"与"体育强则中国强"的逻辑关系

(1) "体育强国"中的"体育运动强"

"体育强国"是结合当前我国竞技体育发展基础比较薄弱的前提下所提出的战略目标,国家与社会对竞技体育的功能予以高度认可,因而提出了"体育强国"这一战略目标来促进其优先得到快速发展。"体育强国"的战略实际上是一种"要我强"的发展理念,其致力于解决竞技体育发展中的从"有"到"多"发展的问题,具体表现为在各类国际性体育竞赛中尽量获得数量足够多的奖牌,从而达到为国争光、提升我国在国际社会中的地位与影响力的目的。而作为竞技体育中的一个重要的全球性体育项目,足球运动的发展自然也受到国家与社会的高度重视,"体育强国"的战略也适用于我国足球运动的发展。

(2)"体育强则中国强"中的"体育运动强"

"体育强则中国强"中的"体育运动强"指的是结构均衡、动力充足、效益显著的"大而强"的竞技体育。本质上讲,"体育强则中国强"中的"体育运动强"反映的是当我国竞技体育的发展能够做到"强"的时候,就能够为国家、社会、人民创造出政治、经济、文化、教育等多方面价值的能力,这是竞技体育发展过程中"我要强"的一种能动式发展理念。当我国真正成为体育强国之后,竞技体育所具备的发展功能相对于"体育大国时期"发生了很大的转变,其发展功能变得更加强大与多样化,具体包括为国争光、为民谋福祉、为社会谋活力、为市场谋财富等多个方面。同样的,作为竞技体育中的一个重要的全球性体育项目,足球运动的发展在很大程度上影响着我国体育强国战略目标的实现,当我国真正成为体育强国与足球强国之后,其所具备的发展功能将会发生很大的转变,将会为国家、社会与人民带来非常多的益处。

2. 竞技体育高质量发展追求"体育强则中国强"的反哺效应

竞技体育是体育中非常关键的组成部分,其既具有政治影响力与经济生产力,也具有文化传播力与社会亲和力,对于一个国家的政治、经济、文化等都有着非常重要的影响。因此,竞技体育的高质量发展能够在政治、经济、文化、社会、教育等多个层面反过来促进国家的发展,进而对国家形成"体育强则中国强"的反哺效应。而作为竞技体育中的一个重要体育项目,足球运动同样如此,其在"体育强则中国强"中具有非常重要的反哺效应,具体表现在以下几个方面:

第一,作为竞技体育的世界第一运动的足球项目,其高质量发展能够为国争光。我国竞技体育的核心功能就在于为国争光,而作为竞技体育的足球项目也是如此,因此,作为竞技体育的足球,其高质量发展需要进一步提升自身国际竞争力,在竞争激烈的国际体坛中取得优异的比赛成绩,增强民族凝聚力。与此同时,还应该在国际足坛中积极增进与其他国家之间的交流与合作,借助足球项目传播我国的大国形象,提高我国在国际社会中的地位与影响力,为国家的发展与强大提供服务。另外,通过足球运动的高质量发展积极培育更多专业水平高的足球人才、足球明星运动员,以为国家的改革开放提供更多的助力。

第二,作为竞技体育中的一个重要体育项目,足球运动的高质量发展能够促进更多新型绿色产业的发展。足球运动的高质量发展有利于促进职业足球的快速发展,促进中介产业、新媒体产业、足球培训产业、足球产品制造业等相关产业的联动发展,从而促进足球市场的繁荣发展,创造出巨大的经济效益,进而提升国民经济水平。

第三,足球运动的高质量发展能够促进国民生活幸福指数的提高。足球运动的高质量发展能够在很大程度上满足人们不断增长的更多更高的体育需求，有利于提高国民生活幸福水平，具体而言表现在以下几个方面：一是足球运动的高质量发展能够为人们提供更多品质优良的足球竞赛产品与服务，满足人们不断增长的足球比赛观赏需求与个性化的消费需求；二是人们通过观赏足球比赛，在参加足球运动的过程中进行交流互动，形成良好的参与体验，进而逐步形成良好的足球运动习惯；三是通过对足球运动文化的传播与发扬，有利于改善人们的精神风貌，提高人们的幸福感与获得感，进而帮助人们在生产、生活与学习中拥有良好的心理与精神状态。

第四，足球运动的高质量发展能够为国民提供高品质的精神文化食粮。足球运动的高质量发展要求足球运动文化的传承与发扬，因为足球文化是实现足球运动健康可持续发展的根基与灵魂，能够为其长远发展提供源源不断的力量。一是足球运动的高质量发展能够传承与弘扬中华体育精神；二是足球运动的高质量发展能够使得足球运动专业精神与职业建设变得更加丰富，帮助人们自觉形成良好的思想作风。

第三节 我国足球运动高质量发展的方法论

方法论是个体对世界进行认识与改造时所使用的根本方法的理论，在探索某一具体领域时主要是"关于探索的原则与程序的一种分析"，是"处理问题或从事活动的方式，它构成了我们完成一项任务的一般途径和路线"。[1] 本节暂时不对哲学层面与方法论层面的一般方法论进行考虑，只是基于自组织理论视域下探索在足球运动这一具体领域中如何实现高质量发展这一问题，以对自组织发展方式、足球运动的高质量发展原则及其发展模式的创新进行审视与分析。

一、足球运动自组织发展方式

（一）自组织发展是足球运动实现高质量发展的必要充分条件

在社会主义市场经济环境下，经济的社会发展实际上是一个自组织的过程，是政府部门、各类组织、个体、市场等有关主体彼此作用之后所产生的结果。同样的，对于足球运动而言，也是如此，其自组织发展能够在很大程度上促进其高质量的发展，是足球运动高质量发展的必要充分条件，具体反映在以下几个方面。

---

[1] 郭瑜桥. 基于系统方法论的企业知识管理实施研究 [D]. 天津：天津大学，2007：29.

第一，要想激发足球运动自我完善、逐步提高适应环境的能力，进而实现健康可持续发展，离不开其自组织发展，也就是说，自组织发展能够为足球运动实现健康长远发展提供不竭的动力。

第二，在新时代背景下，我国足球运动的高质量发展必然面临诸多新的问题，而自组织发展能够很好地解决这一系列的问题，是保证足球运动更加充分、均衡与可持续发展的重要基础，能够在很大程度上满足人们不断增加的足球运动需求。

第三，社会主义市场经济环境下，足球运动的发展要想很好地适应当前的环境，就有必要进行自组织发展，而足球运动的自组织发展有利于很好地协调政府、足球协会、足球俱乐部等相关主体之间的关系，这与举国体制、市场机制融合发展的战略需求相符合。

总之，要想实现足球运动的高质量发展，还需要实现足球运动的自组织发展，并在实现由"要我发展"的被动式发展模式向"我要发展"的主动式发展模式转变的同时，实现由"快速发展"向"高质量发展"的转变。

（二）足球运动高质量发展的自组织方式

1. 足球运动内生组织的自主发展

足球运动内生组织指的是足球运动高度发展以来的参与主体，具体包括国家体育总局、足球协会、足球俱乐部等有关部门与机构，这些参与主体是促进足球运动健康、稳定、高效、长远发展的重要力量。要想实现足球运动内生组织的自主发展，需要从以下几个方面着手：

第一，进一步加快足球协会实体化改革的进程，充分实现足球运动内生组织的自主发展。如今我国项目协会已经进入由同构到脱钩、建立独立社团法人实体的改革阶段。已经由越来越多的奥运项目协会开始实现实体化，其中包括足球项目，2015年8月17日，国家体育总局宣布撤销"中国足球运动管理中心"这块牌子，在中国足球管理"去行政化"方面迈出实质性的一步。2016年2月24日，"国家体育总局足球运动管理中心"已经撤销，中国足协以社团法人的身份对中国足球各项事务进行监督与管理。通过对足球运动内生组织的实体化改革使其获得合法的社会地位，使其真正成为能够自主经营与发展的法人实体。

第二，新时代背景下，足球协会、足球俱乐部等足球运动内生组织应该充分明确自身的角色定位与职能范围，致力于足球运动的高质量发展，积极主动地为国家与社会做出贡献。

第三，以国家体育总局为代表的各个体育行政部门，如足球协会、足球俱乐部等内生组织进行互动的过程中，应该改变以往的"工具主义"模式，以"合作治理"

第三章　我国足球高质量发展观的理论逻辑

的模式进行。

第四，国家有关政府部门应该通过多样化举措提升足球运动内生组织在组织经营与发展足球运动方面的综合能力，具体包括足球竞赛规则制定、标准推行、足球运动有关人才的培养、足球项目发展规划、足球运动相关资源的配置等方面，以不断提升足球运动发展中社会、市场等主体的影响力与号召力，逐步提高足球运动内生组织的主导权与话语权。

第五，作为有关政府部门，应该进一步加强有关政策法规的制定与完善，制定健全完善的足球运动发展的监管体系，以对足球运动内生组织的行为进行监督与管理，从而促进其得以不断发展与壮大。

2. 形成健康可持续发展的耗散结构

要想实现足球运动的高质量发展，还需要足球运动通过自组织发展的方式做到以下几点，进而形成足球运动健康可持续发展的耗散结构。

第一，要建立足球运动开放系统，值得注意的是，要合理把握足球运动系统的开放程度，既不能过大，也不能过小。

第二，尽量避免足球运动系统处于平衡状态。耗散结构理论形成的重要依据就在于"非平衡是有序之源"，也就是说，只有当足球运动系统处于非平衡状态，那么足球运动系统中的地方管理机构、足球协会、足球俱乐部等子系统之间才会出现竞技性方面的差异，也才能够刺激足球运动系统构建出相应的协同机制，以激发其实现自组织发展的内生动力，进而促进足球运动系统更好地与外界环境进行物质、能量、信息等方面的交换，使其适应环境的能力获得稳步增长。

第三，充分利用足球运动系统的非线性作用机制推动足球运动的高质量发展。足球运动系统的非线性作用机制能够在很大程度上放大其的正向作用。在我国足球运动的传统发展模式中，主要采用的是以政府为单一主体进行发展的行政机制，这类机制基本上是一种线性作用机制。新时代背景下，随着我国足球运动内生组织的实体化改革，国家体育总局撤销了足球运动管理中心，由中国足协负责我国足球各项事务的监督与管理，受此影响，足球运动发展模式是一种包含政府、足球俱乐部、协会、学校、家庭、个人等多个参与主体的治理框架，而各个参与主体之间又能够产生复杂且多向的网状式关系，这种关系即为非线性互动关系。

第四，充分利用足球运动系统的涨落机制促进足球运动的高质量发展。这些年，国家体育总局所采取的一系列的改革措施，如部门机构改革、跨界选项、体教融合等，都属于足球运动发展系统中的涨落现象，这能够在很大程度上促进足球运动的高质量发展。

3. 通过竞争与协同发展

足球运动系统中的竞争与协同关系能够在很大程度上推动其实现规范有序的发展，而这种竞争竞争与协同关系主要是足球运动系统中的多元化主体以及各个子系统之间所产生的，同时这种竞争与协同关系是足球运动系统进行健康稳定、可持续发展所必不可少的条件。

第一，足球运动的高质量发展需要构建足球运动竞争与协同的平台机制。具体而言，应该以足球运动赛事为平台，构建包含政府、足球俱乐部、足球协会等多个主体的彼此竞争与协同的人才机制、资金机制与信息机制。

第二，充分把握能够对足球运动系统高质量发展产生重要影响的快变量与慢变量。具体而言，应该对足球运动发展过程中所需要的人力、财力、物质、信息等资源系统之间的相互关系进行梳理，然后对举国体制与自组织发展方式的作用机制进行研究，之后再对能够影响足球运动高质量发展的快变量与慢变量进行明确。

第三，利用协同学中的伺服原理对足球运动高质量发展过程中的序参量进行明确。足球运动高质量发展过程中的序参量既可以是一个，也可以是多个，通常情况下，足球运动系统高质量发展的序参量包括那些能够在很大程度上影响足球运动发展方向的宏观体制、主导模式、运行机制等。

第四，构建足球运动高质量发展的自组织动力系统。首先对足球运动系统中各个主体以及子系统之间能够实现协同与合作的动力点进行构建，然后在足球运动进行螺旋式发展的过程中构建多层次协同与竞争的自组织动力系统，以推动足球运动的规范有序、健康稳定与可持续的高质量发展。

4. 自组织要与举国体制相结合

第一，足球运动系统发展中的自组织与举国体制相结合就是要实现足球运动发展中在"管"与"办"的形式上要做到分离，但是其内在方面要做到高度统一。要想实现自组织与举国体制的充分结合，除了需要进一步加强对举国体制的改进与完善之外，还需要自组织方式的嵌入及其不断发展完善。

第二，在足球运动发展中，自组织方式就是要求体育行政部门的职能发生转变之后要发挥"办"的职能作用。

第三，从本质上讲，自组织与举国体制相结合意味着足球运动的高质量发展既要保留中国特色社会主义发展道路的优势与特色，同时也要尽可能地激发其发展活力，以促进足球运动得以快速与高效发展。

第四，在足球运动发展过程中，社会与市场主体的发展与壮大是一个由内向外的过程，是一个自主发展与主动发展的过程，并且社会与市场主体力量的壮大都需要以足球运动的自组织发展为支撑。

第三章 我国足球高质量发展观的理论逻辑

5. 自组织要与他组织相结合

足球运动系统"他组织的退出与自组织的成长,是一个辩证统一的过程"。[①]

第一,在足球运动系统的自组织发展中,仍然需要与被组织发展方式相结合,因为自组织方式也有其自身值得学习与借鉴的优点,在足球运动发展的某一阶段内,仍然需要为足球运动的训练、足球比赛活动的开展、足球运动人才的培养以及足球运动的管理提供服务。

第二,在足球运动发展中,自组织方式与他组织方式之间能够同时发挥作用,而在一些特殊情况下,二者之间能够相互转化。

第三,在足球运动发展过程中,自组织与被组织两种方式之间彼此相互作用的程度与时间在很大程度上受到足球运动改革力度、改革速度以及改革广度的影响。

二、全面协调可持续发展原则

(一)足球运动全面协调可持续发展原则的内涵

在足球运动高质量发展中,最基本的要做到实现足球运动的全面协调与可持续发展。其中,全面协调发展是基于足球运动系统整体的统筹发展,可持续发展就是要求足球运动在时空维度上实现高质量发展。

1. 整体发展

足球运动的整体发展需要做到以下几点:

第一,要保证足球运动各个环节都能够得到有效发展,具体包括三个方面:一是要保证职业足球、社会足球与校园足球都能够得到高质量发展;二是要保证不同区域的足球运动都能够得到均衡全面的发展;三是国家、地方与基层的足球运动都能够得到充分发展;四是足球运动在政治、经济、文化、教育、社会等多个领域中都能够得到充分发展。

第二,实现足球运动本身以及足球运动人才的共同发展。足球运动的发展既要做到争金夺银、为国争光,提高足球运动的整体发展水平,提高我国在国际体坛中的地位、影响力与号召力,同时也要做到坚持"以人为本"的理念与原则,促进足球运动员的全面发展。

第三,促进足球运动发展速度与规模的共同提升。足球运动的发展既要提升发展速度,也要提升发展规模,增加足球运动参与人口数量。事实上,解决了足球运

[①] 张春合.从他组织到自组织——论我国竞技体育体制改革的实施路径[J].武汉体育学院学报,2008(9):20—23.

动发展速度的问题,也就解决了有无的问题。只有实现足球运动发展速度与规模的共同提升,才能够通过量的积累逐步形成一定的规模效应,才能够长期保持相对稳定的地位,其竞技成绩不会发生较大的变化。与此同时,足球运动发展速度与规模的共同提升还能够为足球运动体制与机制的改革保留一定的空间,以减轻改革过程中出现的各种困境所带来的压力。

2. 统筹发展

统筹发展是对足球运动系统内外部各种影响要素进行全面分析之后,制定出科学合理的发展计划,以促进整个系统的协调有序发展。

第一,促进足球运动内、外系统的统筹协调发展。具体包括以下几点:一是在足球运动人才培养、足球运动文化传承与发扬、足球市场活力激发等方面寻找契合点,推进竞技足球、社会足球、校园足球、足球产业等的统筹协调发展;二是加强足球运动与政治、经济、文化、社会、生态等外部环境的统筹协调发展。

第二,推进足球运动系统自身的统筹协调发展。具体应该从三个方面着手:一是推进竞技足球、社会足球、校园足球、足球产业等的统筹协调发展;二是推进不同区域足球运动的统筹协调发展,对于经济发达地区、经济发展水平中等地区以及经济发展落后地区的足球运动,要通过推进其统筹协调发展,来实现不同区域足球运动的均衡发展;三是推进国家利益、足球协会利益、足球俱乐部利益的协调发展。

第三,推进足球运动在国内与国外的统筹协调发展。具体可以从两个方面着手:一是推进国内职业足球联赛与国际足球联赛的统筹协调发展;二是推进国内足球运动发展过程中所需的各方面资源在输入与输出上的统筹协调发展。

3. 可持续发展

足球运动的可持续发展就是将足球运动作为一个整体,实现足球运动在各个领域、各个层次以及各个环节之间的相互关联与影响,进而实现资源优化配置的健康有序发展。足球运动的可持续发展具体可以从以下几个方面着手。

第一,推进足球运动在各个领域、各个层次以及各个环节之间的竞争与协同发展。具体包括以下几点:一是充分发挥教育系统、足球运动系统与社会系统的竞争协同作用,共同促进足球运动的整体发展;二是充分发挥体育行政部门、足球协会、足球俱乐部彼此之间的竞争与协同作用,即发挥政府行政部门的政策制定与宏观引导方面的作用,发挥足球市场的活力效率作用,发挥社会组织的协调枢纽作用,进而促进足球运动系统的可持续发展。

第二,推进足球运动系统实现动态、有序地发展演变,具体可以从以下几个方面着手:一是加强足球运动发展的顶层设计,科学制定足球运动的发展规划,以合理有序地推进足球运动的发展,进而逐步实现足球运动的高质量发展;二是明确足球运动高质量发展的主体思路，思考并探索举国体制与自组织方式相结合的发展方式；三是在足球运动发展中，既要做到有重点，也要做到统筹全局，不断攻克各种发展难题；四是动态推进足球运动发展数量与发展质量、发展速度与发展效益的同步提升。

第三，在足球运动发展中坚持"以人为本"的理念与原则。要想实现足球运动的高质量发展，还需要遵循"以人为本"的理念与原则促进足球运动员的全面充分发展。

（二）足球运动全面协调可持续发展原则的着力点

1. 足球运动发展结构要均衡

在足球运动发展过程中，要做到其发展结构的均衡性，具体包括以下几点：一是要大力推进足球项目的突破发展，善于分析总结其他传统弱势项目的成功发展理论与经验；二是夯实足球运动发展的社会与市场基础，促进职业足球市场的繁荣发展；三是加大足球运动专业人才的培养力度，培养专业水平高、综合素养高的足球运动人才，加强足球运动文化的传承与发扬，积极引导足球运动的健康可持续发展。

2. 发展动力可持续

要想实现足球运动的全面协同与可持续发展，还需要保证其可持续发展具有足够的动力，具体应该从以下几个方面着手：一是充分明确足球运动发展中各个参与主体的角色定位与职能范围，保证各个参与主体能够在其位谋其政，同时还应该真正体现出足球运动内生组织的主体地位。只有充分明确足球运动发展中各个参与主体的职责权利，并实现各个参与主体职责、权利的有机统一，才能够真正实现足球运动自主发展；二是增强足球运动发展中各个参与主体，尤其是足球协会、足球俱乐部等内生组织自主发展与主动发展的意识及能力；三是充分发挥足球运动系统中各个领域、各个层次以及各个环节之间的竞争与协同作用，从而使足球运动系统在平衡状态与不平衡状态的螺旋式发展过程中逐步实现高质量与可持续发展。

3. 系统整体可控

在推进足球运动全面协调与可持续发展的过程中，应该充分保证整个足球运动系统的可控性，保证发展节奏的合理性，具体需要做到以下几点：一是充分明确足球运动高质量发展的总体路线，合理确定足球运动发展的时间顺序与空间布局秩序，做到整个发展过程有计划、有秩序，进而逐步实现足球运动的高质量发展；二是在推进足球运动全面协调与可持续发展的过程中，应该重点关注并解决足球运动发展过程中的各种重点问题，特别是要重视结构调整、动能转换、取长补短过程中的关键环节，然后再逐步解决一般性问题；三是增强足球运动发展速度与发展规模的弹性，以免在深入推进足球运动改革与发展过程中出现成绩波动过大的现象，从而为足球运动发展过程中结构的调整与优化保留一定的空间。

4. 科技支撑

在推进足球运动高质量发展的过程中，还需要充分利用先进的科学技术这一十分重要的推动力，具体而言可以从以下几个方面着手：一是树立科技是第一生产力的理念，充分发挥科学技术在足球运动训练、竞赛与管理等方面的功能；二是进一步加大足球运动训练、足球竞赛等领域中先进技术与手段以及一些关键环节的科研力度；三是对足球运动发展中可能出现的各种问题进行总结与分类，具体包括基础理论问题、常规备战问题、重点攻关问题，然后针对这些问题建立专门的数据库，然后在逐步推进足球运动高质量发展的过程中，逐步解决各种热点问题、难点问题与重点问题，从而为整个学术界以及足球界提供切实可靠的数据科研服务；五是进一步加大科研体制机制的改革力度，提高足球领域科研成果的利用率，为足球运动的高质量发展提供强有力的科研服务支撑，以进一步提高足球运动发展的科学化水平。

三、创新发展

足球运动系统中各个领域、层次与环节之间竞争与协同作用的产生离不开创新，创新是足球运动在实现高质量发展中突破体制与机制方面困境的重要手段。创新有利于推动足球运动发展方式的转变、足球运动发展结构的优化以及足球运动内生动力的激发，从而有利于促进足球运动的健康、稳定、长期与高效发展。足球运动创新发展主要包括守正创新和融合创新两种方式。

（一）守正创新

足球运动发展中的守正创新就是要求足球运动的高质量发展既要保留中国特色社会主义发展道路的优势与特色，又要在立足于我国发展实际且保持我国制度优势的基础上进行创新。具体应该从以下几个方面着手：一是要坚持以中国特色社会主义思想为理论指导，充分体现出足球运动发展体制与机制的中国特色，并始终坚持采用具有中国特色的足球运动发展方式与方法；二是重点从管理体制、发展方式、政策制度、技战术体系等方面对足球运动进行大胆的改革与创新，以有效解决足球运动发展中长期难以解决的问题，进而实现足球运动的跨越式发展；三是加强对体制与机制的改进与创新来激发足球运动不同层面与环节的创新发展，同时反过来为足球运动体制与机制的创新提供源源不断的动力；四是按照由点到线、由线到面的顺序循序渐进地推进足球运动的改革与创新，进而逐步实现足球运动整体的高质量与可持续发展。

（二）融合创新

融合创新指的是通过学习足球运动发展水平高的国家与地区的经验以及足球运动的相关理论，并结合自身实际将这些先进的足球运动发展理论与经验进行有机融合，以为我国足球运动的改革创新以及高质量发展提供足够的理论基础。足球运动的融合创新主要包括综合融合创新、动态融合创新与自主融合创新3种方式，具体如下：

第一，综合融合创新。结合本国足球运动发展实际与需要，有选择性地学习借鉴并有机融合足球发达国家与地区中所积累的先进的足球运动发展经验与理论以及成功的实践模式，这也是我国足球运动发展重点学习与借鉴的内容。另外，还需要充分学习、借鉴并有机融合其他相关领域中先进的理论与经验，如其他体育项目、政治、经济、文化等，积极汲取国内外以及相关行业的长处，探索出具有中国特色的足球运动发展道路。

第二，动态融合创新。足球运动的高质量发展并不是一蹴而就的，而是一个漫长的过程，因此在不同时期，我国与其他国家、地区在发展足球运动的过程中，其所处的环境、制定的阶段目标以及存在的瓶颈问题等都有着明显的时代烙印，因此，我国足球运动在融合其他国家、地区以及不同领域的足球发展经验与理论时，其融合创新的领域、方向、方式以及突破点都存在着一定的不同，这就需要结合实际情况进行动态融合创新。

第三，自主融合创新。我国在推进足球运动创新发展的过程中，应该具备自主创新的意识与能力，持有一定的怀疑与批判精神，而不是过渡依赖足球发达国家与地区的经验与理论，不能一味地照搬模仿足球发达国家与地区的实践模式，要根据我国足球运动发展的实际情况有选择性地借鉴、融合其他国家与地区的足球运动发展经验与理论，并将其先进的经验与理论转化成符合我国足球运动发展实际的具有中国特色的经验与理论，从而为我国足球运动的高质量发展提供科学可行的理论参考。

第四章 我国足球高质量发展的现实困境

党的二十大报告指出,高质量发展是全面建设社会主义现代化国家的首要任务。高质量发展需要把握发展规律,实现从实践、认识到再实践、再认识的创新。从我国足球运动发展的历史实践来看,矛盾和问题同样集中在发展质量上。然而,当前我国足球运动的高质量发展仍然面临诸多困境,具体体现在职业足球、校园足球与社会足球三个层面。因此,本章分别对新时代背景下我国职业足球、校园足球与社会足球的高质量发展困境进行深入剖析与审视,为之后我国足球运动高质量发展路径的探索提供一定的理论依据,更好地服务于我国足球事业全面发展的目标。

第一节 职业足球高质量发展的困境分析

我国在1992年召开的"红山口会议"标志着我国足球职业化改革的正式开始,为我国足球运动管理体制机制的改革奠定了良好的基础。通过对这三十多年来我国足球职业化改革的历程分析,自从20世纪末我国职业足球实现"从无到有"的目标之后,我国职业足球的发展始终处于比较艰难的状态。新时代背景下,要想实现我国足球运动的高质量发展,还需要对当前我国职业足球发展中所面临的困境进行客观深入的剖析。

一、顶层设计方面的困境

(一)顶层设计的责任主体不够明确

在对我国足球高质量发展的顶层设计进行研究之前,还需要充分明确负责足球发展顶层设计的相关主体,也就是说,要清楚地认识到是谁掌握着足球高质量发展规划的制定权与话语权。通常情况下,促进国家社会经济发展的部门主要包括政府、企业与社会,需要强调的是,这里的社会主要指的是狭义上的非营利社会组织,但是由于三者具有不同的定位、承担着不同的角色,且在完成其特定使命或功能时,往往出现与人们预期不符甚至相反的影响或结果,也就是人们常说的市场失灵、政府失灵和志愿失灵。本部分试图根据相关理论对我国职业足球顶层设计责任主体的

第四章 我国足球高质量发展的现实困境

价值彰显进行探讨,以揭示其现实困境。

1. 政府失灵

"政府"是国家进行统治和社会管理的机关,是国家表示意志、发布命令和处理事务的机关,在我国足球职业化改革过程中,政府扮演着非常重要的决策者与推进者角色。1992年是我国向新的经济体制过渡的重要年份,党的十四大报告确立了社会主义市场经济体制的改革目标,提出了建立社会主义市场经济体制理论。为顺应新的形势要求,国家体委作为国家体育事业的管理机构,选择把成绩较差而市场前景较好的足球项目作为突破口,率先进行市场化改革。同年6月,我国正式举办了一场红山口会议,该次会议被称为足球改革的"遵义会议",会议中明确了以足协实体化、组建职业俱乐部、开展职业联赛为中心的足球改革思路。

在1994年正式开展的全国足球甲A联赛意味着我国足球的职业化改革之路进入一个实质性的阶段。该时期的主要目标是探索一条与我国竞技体育发展实际相符合的足球运动市场化发展道路,进而提升我国足球运动技战术水平与职业化发展水平,并为此专门成立了全国和各地方的足球运动管理中心,对足球俱乐部事务进行管理。从组织性质上看,足球运动管理中心对内是各级体委的下设机构,对外是各级足协,成为国家体委剥离体育管理职能的一种过渡形式,兼具政府和社团两种性质。

然而,在当时的足球运动职业化过程中,政府在进行实际管理时扮演着多重角色,既是足球运动管理中心,同时也是足球协会管理机构;既是事业法人,同时也是社团法人,也就是说,在通过行政手段对足球俱乐部的各项事务进行管理的同时,还具有市场经营权,正是因为政府具有多重身份,从而导致其角色定位不够清晰明确,进而导致当时我国职业足球的市场化运作具有比较浓厚的行政色彩。例如,由于俱乐部与足协产权不够清晰而出现联赛资源配置与利益分配不合理的现象。此外,由于权力的过度集中和缺乏监管,足球市场化发展中的权力"寻租"与"求租"行为得以滋生,假球、赌球、黑哨等现象一度呈蔓延之势,以政府为责任主体的职业化发展模式弊端凸显。

为了解决这一问题,国家先后颁布了《中共中央国务院关于进一步加强和改进新时期体育工作的意见》《关于深化行政管理体制改革的意见》,并明确指出要实行管办分离,直到《中国足球协会调整改革方案》的出台。2016年,国家体育总局正式宣布撤销足球运动管理中心,政府主导下的足球职业化发展进程正式宣告结束。

2. 市场失灵

我国足球运动职业化发展之路的根本在于走市场化发展道路,但是要特别重视职业足球俱乐部的主体身份。然而，由于我国职业足球俱乐部具有明显的非职业属性，导致我国职业足球在进行市场化运作的过程中，始终难以构建完全竞争的市场化发展模式。具体表现在以下几个方面：首先，我国职业足球俱乐部是在政府的宏观指导与支持下及社会企业的赞助下逐渐发展起来的，然而，我国职业足球俱乐部的发展始终存在着产权不清、政企不分的问题。其次，我国职业足球俱乐部投资者的投机而非投资行为，使市场自身产生的消极作用凸显。近年来，我国足球市场陷入了一片虚假繁荣的局面之中，一方面是职业足球俱乐部的普遍亏损，另一方面是引援和聘用外籍教练的投入不断飙升，球迷们更是用"人傻、钱多、速来"的口号来形容中超俱乐部的引援发展模式。究其原因不难发现，很多企业投资职业足球的目的不是以经营者的身份推进足球事业的有序发展，而是为响应地方政府号召，以换取行政资源回报。此外，高薪引援与聘用教练的目的也是以追求立竿见影的投资效果，扩大企业社会影响力为目的，而忽视了青少年球员、球队基础建设等可持续发展工作。

事实上，单纯依靠俱乐部这一市场主体推进职业化发展，必然会受到足球市场发育不完善、市场自身不具备某些功能或功能上存在某些缺陷等因素影响，从而导致市场失灵。

3. 志愿失灵

如今，中国足协是负责管理职业足球发展中各项事务的非营利性组织，只是从中国足协实体化发展历程及现状上看，具有非营利组织性质的中国足协始终面临着志愿失灵的困境。

首先，中国足协实体化改革过程中仍然存在着一定的行政色彩。从20世纪90年代以足球为突破实施单项运动协会实体化改革，到2015年《中国足球协会调整改革方案》中明确提出的足协与国家体育总局脱钩改革方案，整个足协实体化的过程都与政府决策有着很大的关联。特别是《中国足球协会调整改革方案》中关于撤销足球运动管理中心后，中心领导班子成员作为国务院体育行政部门代表进入中国足协工作的论述，再次反映出中国足协依然不能完全脱离政府选择而实现完全自主的社团组织自治。

其次，中国足协在利益分配中存在权力寻租的问题。具体表现在两个方面：一方面，中国足球协会在运营过程中存在采用非法手段获取自身利益的问题；另一方面，中国足协在利用自身管理权力进行利益再分配的过程中，仍然存在着一定的权力寻租行为以保护自身利益。

最后，中国足协在提供社会公共服务的过程中存在效率不高的问题。作为非营利性组织，中国足协应当以追求社会福利最大化为发展方向。在管理过程中，应将

第四章 我国足球高质量发展的现实困境

工作重点放在社会资源整合与发挥最大社会效益上,同时承担起相应的社会责任。然而,现实中的中国足协管理重心仍然是职业联赛运营,他们几乎将全部精力都投放到保障职业联赛运行和俱乐部经济利益上,而无暇顾及社会公共体育服务利益的责任承担。可以说,已经完成实体化改革的中国足协,仍然处于功能定位模糊、服务结构失衡、服务能力缺失的发展状态,而社会公共服务效能不足也从另一个侧面印证了其自身存在志愿失灵问题。

由上可知,不管是政府,还是市场与非营利组织,都难以独自对职业足球的发展进行顶层设计,其自身存在的失灵问题正严重制约着中国足球职业化发展的水平与质量。而如何在三者间构建出多元主体治理的合作框架,成为我国职业足球顶层设计成败的重要先决条件,亟待予以回应和化解。

(二)尚未明确目标理念的价值导向

《中国足球改革发展总体方案》中明确提出了足球发展"三步走"的战略目标,明确提出了中国足球发展的近期目标、中期目标与远期目标。可以说,这一战略目标的制定,为当前及今后一个时期我国足球发展指明了方向。然而,从目标达到的路径选择上看,我国足球职业化发展的使命遵循意在何处仍需进一步厘清。

一直以来,我国职业足球发展过程中,始终难以真正明确经济价值与竞技价值哪一个才是其第一发展目标。足球职业化改革是随着社会主义有计划的商品经济的发展,在国家经济体制和运行机制发生深刻变化的背景下,将体育推向市场经济的有益尝试,其经济性目的显而易见。与此同时,回溯体育职业化改革时,确定足球为实验对象的初衷不难发现,足球运动在我国广大人民群众中的普遍关注度和足球竞赛水平长期偏低的客观事实形成鲜明对比,因此足球运动率先进行职业化改革的一个重要目标就是为了"冲出亚洲,走向世界"。我国有学者指出,足球职业化改革的根本目标就是要尽快地冲出亚洲,走向世界,在以奥运会为最高层次的国际竞技体育大赛中取得优异的运动成绩,而任何偏离这个主要目标的职业化改革都很难被广大人民群众接受。[①] 由此可见,究竟是探索新的市场化发展模式,为体育改革探路,还是满足"冲出亚洲,走向世界"的竞技实力提升诉求,二者何谓第一性的问题并未有清晰的界定,这恰恰反映了我国足球职业化改革目标定位的模糊。也就是说,足球职业化改革究竟要解决什么问题,或最主要解决什么问题并未明确。

---

① 梁晓龙.我国体育职业化(市场化)改革中几个基本理论问题的思考[J].体育文化导刊,2005(4):8—11.

（三）制度体系的构建缺乏足够的理性

将制度放置于顶层设计的范畴内加以审视，旨在对我国足球职业化发展中存在的法律规范和制度理性等问题进行评判。考虑到职业足球的制度建设是一个涉及面广且内涵不断变化的复杂问题，故本部分重点选取了两个典型案例进行阐述，以揭示制度体系建设中的理性不足。

1. U23政策的实行及其频繁修改

从2017年开始，中超联赛就开始实行"U23政策"，要求每支球队的首发球员中必须有一名23岁以下的本土球员。2018年这一政策得到进一步强化，要求整场比赛中U23球员的实际累计上场人次不得少于本队外籍球员实际累计上场人次。也就是说，一支球队上场了多少外援就必须上多少U23球员。从政策制定的初衷看，改进足球专业人才培养方式、强化本土足球人才梯队建设、促进中国足球与职业联赛可持续发展的意图无可厚非。但该政策一经出台，便受到专家学者、社会公众、体育媒体等相关人士几乎众口一词的抨击。人们普遍认为，强制限定U23球员上场人数的做法，无疑会"拔苗助长"，并在一定程度上助长了部分年轻球员身价的不合理暴涨。因此，U23新政既没有提高球员的有效上场时间，也降低了联赛的商业价值。

2. 俱乐部名称统一进行中性化变更

中国足协于2020年12月在俱乐部投资人会议上正式下发了《实行俱乐部名称非企业化变更的通知》，要求俱乐部在工商部门注册的官方名称应规范为：行政区划＋俱乐部名称＋足球俱乐部＋企业形式组织，其中俱乐部长度不超过4个汉字；报名参加联赛的俱乐部简称或球队名称应规范为：行政区划＋俱乐部名称，球队名称中不得含有其他法人或非法人组织名称，也不得使用非汉字。这一制度的出台，正式揭开了职业足球俱乐部名称"去企业化"的改革序幕。

很久之前，社会就强烈呼吁对俱乐部名称进行中性化变更。一方面放眼世界，我国足球已成为少有的仍以投资企业名字命名球队的职业赛事；另一方面，因赞助商更换而频繁更迭的俱乐部名称，让文化传承、球迷归属感和忠诚度提升等俱乐部自身发展的基本要素难以保障。客观而言，实施俱乐部名称中性化改革是推动中国足球高质量发展的重要一环。但从改革实践过程看，此次俱乐部名称非企业化变更的制度出台，并未得到业内外人士的普遍认同，主要有以下几个方面的原因：一是业内外质疑"一刀切"实行俱乐部名称中性化变革是否真的合理。国足协在贯彻落实国家政策要求的同时，忽略了"具备条件"和"逐步实现"的规则弹性，要求所有职业足球俱乐部在2021年完成名称中性化变更，彻底去掉"企业化"的标志。这一制度的出台直接引发了老牌球队河南建业和北京国安的股权变更。其次，争议还

第四章 我国足球高质量发展的现实困境

反映在"一刀切"选择的时间节点是否妥当。毕竟,中国职业足球联赛自身并不具备"造血"能力,所有俱乐部无一不是靠着背后的投资方在"输血",而当其自身营收几乎可以忽略不计的同时,母公司又失去了撬动社会资源的能力和眼球效应,却还要继续为之投入巨资之时,"放弃"的选项自然会被提上议程。

总的来讲,我国足球职业化改革进程中的制度建设本身具有其必要性和合法性,但如何针对职业足球发展的内在条件和外部环境,对制度实施的前提、对象和范围进行客观衡量、评估与选择,提升制度执行的合理性成为当前亟待解决的难题。毕竟,制度自身的严谨性和有效性在一定程度上影响着制度制定者的公信力和权威,缺乏科学论证或经不住实践检验的制度必然会阻碍我国职业足球的改革步伐,让顶层设计的价值功能无从彰显。

二、运行机制方面的困境

(一) 财务机制不够完善

当前我国职业足球发展过程中尚未建立足够完善的财务机制,职业足球俱乐部在运行过程中存在着突出的产权关系不清晰、过渡投资现象严重、利益分配不均衡等问题。

1. 产权关系不够清晰

在我国刚开始实行足球职业化发展的过程中,职业足球俱乐部运作就已经存在着明显的产权不清晰问题,并且还因此而受到非常严重的影响。从投资结构看,企业是俱乐部的出资方,俱乐部挂企业的招牌,而俱乐部所属地的体育管理机构以设施、场地及运动队作为投入,与企业管理者共同管理俱乐部,形成了由赞助型向联办型、非实体型向实体型转变的发展模式。然而,在体育管理部门与企业联办的俱乐部中,由于无法明确评估体育管理机构所在俱乐部中所投入的资产价值,只能对企业的投资额及其利益分配比例进行明确,却难以明确二者的产权关系,由此很容易导致双方投资主体在俱乐部运营过程中存在力求减少投入,却不断争夺支配权和收益权的矛盾。与此同时,产权关系不清还体现在联赛层面。部分学者认为,我国职业足球联赛尚未真正向市场经济导向上转变,中国足协仍然掌控着联赛资源的所有权,而投资人又想要获得更多的经营权,这就导致双方始终存在着各种各样的权益争夺。[1]但是中国足协与投资人拥有联赛产权都有其正当性与合法性,而正是二者的合情合理性诉求,让联赛产权关系始终难以理顺,这也让"谁投资谁受益"的

---

[1] 王杰. 我国足球职业联赛相关问题探讨[J]. 山东体育学院学报, 2011 (12): 31—34.

市场化运营原则无法体现。

2. 过度投资现象严重

我国足球在实行职业化发展的过程中，在很大程度上依赖于社会资本的大量投入，虽然社会资本在很大程度上促进了我国职业足球的兴起与发展壮大，但是同时也引发了一系列的问题。长期以来，我国职业足球圈内愈演愈烈的"金元足球"和缺乏理性的盲目投资饱受诟病。根据媒体报道，恒大足球俱乐部打破了我国足球职业化早期的投资模式，特别是恒大在组队初期就大手笔引援的做法，让中国足球正式进入了"金元足球"时代。总之，不尊重市场规律的过度投资现象在中国足坛愈演愈烈。

在国内职业足球市场陷入"疯狂"的同时，中国资本在国际足球市场上也掀起了一股浪潮。客观而言，除去商业目的之外，中国资本注入国际足球市场是有意识地向国内足球市场进行反哺的行为。然而，在无法预知这种迂回的方式究竟能起到多大作用的前提下，防范潜在风险，理性并购海外足球俱乐部的现实反思再一次敲响了社会资本过度投入职业足球的警钟。

3. 利益分配不够均衡

我国在实行足球职业化改革之前，只是将足球作为一项社会公益事业，采用行政手段管理足球运动的发展。该一时期，足球事业的利益分配、占有和消费以国家意志为主要形态，体现出集中化和公益性特点。随着1992年足球职业化改革的大幕开启，我国足球事业的重心开始向职业化和市场化转变，其利益相关者也不再是单一的政府机构，而是包含足球协会、地方政府、职业足球俱乐部、教练员、运动员及其他相关从业人员的多元利益主体，这些利益主体之间也逐渐表现出利益分化的关系。如足协作为非营利性管理机构，维护竞赛秩序和体育发展诉求是其根本利益；职业足球俱乐部作为市场经营主体，追求企业利益最大化是根本追寻；教练员和运动员等从业者把职业足球作为一种谋生手段，将自身从业能力以商品的形式进行交换，从而获取可观的经济收入。

利益关系是协调社会关系，实现社会稳定的基础，但在足球职业化改革过程中，由利益分化而产生的利益分配矛盾始终难以调和。一是足协与职业足球俱乐部之间的利益分配冲突。足协的国家属性使其在利益权衡过程中，往往忽略了俱乐部讲求"投入—收益"效应最大化的目的，试图以国家利益名义取代现实存在的经济利益诉求。在利益分配过程中，足协通常采用强制性的行政手段来进行利益分配，而没有按照市场经济要求与职业足球运行法则来分配利益。近年来，由于自身利益无法得到保障，俱乐部退出职业联赛，俱乐部与足协分庭抗礼的不和谐局面屡有发生。二是职业足球俱乐部与教练员和运动员等从业者之间的利益分配冲突。职业足球俱乐部是以体育竞赛作为商品组织生产经营,而教练员和运动员通过契约把自己的劳动能力卖给俱乐部,二者之间本应具有利益融合的关系,但在实际运作过程中,二者的相互制约却更为明显。如俱乐部看重的竞赛成绩需要教练员和运动员自身的努力,而后者的努力又会受到前者激励措施的影响,特别是在全球化的冲击下,教练员和运动员流动性日益加剧,如何平衡二者间的利益分配关系成为难解之题。三是教练员与运动员之间的利益分配冲突。教练员作为球队和球员的管理者,在很大程度上决定着运动员的价值生成,而职业运动员需要通过出色的竞赛表现换取更多的经济收益,这也为二者间的利益分配矛盾提供了前提。尽管这种利益分配并不直接体现在薪酬等方面,但教练员在分配运动员上场时间和场上位置时,往往就决定了运动员利益的获取程度。当教练员的决策与运动员的自我定位无法达成一致时,这种矛盾便会产生。

(二) 治理机制不够完善

1. 协会治理的能效不足

通过分析我国足球运动发展实践经验可以发现,足球协会治理在目标、方式和过程中都存在不同程度的问题。一是治理目标的导向不明。在探索体育治理能力现代化的当下,推进足球协会实体化改革是协会治理的核心要义。"实体化"可以看作是协会治理的宏观目标,在此之下,基于操作层面的治理目标并不明确。如足球协会改革的具体对象、实施主体、治理方式、治理结果等问题都没有充分明确。毕竟实体化的本质不是简单的协会独立运行,而是实体化之后协会作用发挥的体制机制如何设定的问题。二是治理方式的精度不高。足球协会实体化的目的是构建协会的自治机制,强调区别于以往体育部门偏重的强制性管理,向柔性化的契约精神和"软法"治理转变。然而,管办分离后的中国足协由于自身的行政依附性,并未体现出多主体协同、分而治之的精准治理理念,在限薪、U23、外援上场、俱乐部中性化名称变更中仍存在"一刀切""运动式"的管理方式。三是治理过程的逻辑不清。推进协会治理,是要发挥协会非营利性社会组织的功能,把创造社会效益放在首位。但是,中国足协在治理足球运动的实际过程中,却存在着过于注重经济利益、忽视社会利益的问题。同时,在社会公共服务供给过程中,中国足协还存在着功能定位不清晰、服务结构不合理、服务能力不足等问题。

2. 公司治理的结构缺陷

在足球领域,推行公司治理的核心是鼓励足球俱乐部采用公司制度进行运转。《体育产业发展纲要(1995—2010年)》曾明确指出,贯彻实质意义上的现代公司制度有益于俱乐部的可持续发展。

有效的公司治理结构是完善俱乐部公司制度的基石。从当前我国职业足球俱乐部公司治理结构看，内部的法人治理结构和外部的控制权市场治理问题尤为突出。具体表现在以下两个方面。

首先，当前我国职业足球俱乐部公司内部的法人治理结构存在着比较突出的问题。学者易剑东等指出，我国并不完善的法人制度、传统的单位管理体制、足球领域不系统的法人治理理念，导致如今我国足球法人治理结构存在着多方面问题。具体表现在职业足球俱乐部的企业投资主体往往比较单一，而"一股独大"的结构致使股东大会、董事会、监事会相互制衡的基础难以建立。[①] 另外，随着企业投资主体的加入，俱乐部的一部分管理权就会被分配给企业，俱乐部自身则缺乏独立的管理地位，而俱乐部的很多管理事务往往由其中少数人决策，而不是采用正常的法人治理结构，这就很有可能导致俱乐部出现商务违规现象。

其次，我国职业足球俱乐部公司外部治理也存在一定的问题。鉴于协会治理问题前述有论，这里重点探讨资本市场和控制权市场问题。资本市场、公司控制权市场是公司外部治理的重要机制。只是如今我国职业足球俱乐部仍然还没有在证券市场上市，并且尚未建立健全完善的市场监督机制与信息披露管理制度，职业足球俱乐部公司控制权市场缺乏足够的活力，职业组织俱乐部治理水平有点进一步提升。

（三）监管机制不够完善

早在21世纪初，我国职业足球发展中就存在着非常多且比较严重的乱象，如投资产出不均衡、俱乐部经营状况不佳、足球产业发展滞后、"假球""黑哨""罢赛"等违规违法现象频繁发生等。对于这些现象的出现，人们普遍认为是因为我国职业足球发展缺乏相应的法治制度、监督管理机制不健全等。尽管之后实施了足球俱乐部股份制改革、修改中超联赛所有权与委员会章程、推进行业协会的实体化改革等一系列的改革举措，但是由于尚未建立完善的法律监管机制、自律监管机制、社会监管机制，我国足球职业化发展过程中仍然存在诸多方面的困境。

1. 法律监管不足

如今中国足协在对足球运动进行实际监管的过程中，面临着法律法规建设的结构缺陷。

首先，相关法律法规缺乏足够的系统性与逻辑性。《中华人民共和国体育法》是目前我国体育领域唯一的法律法规，其中规定体育社会团体具有一定的权力，可以

[①] 易剑东，施秋波.论完善中国足球法人治理结构的关键问题——写在《〈中国足球改革总体方案〉颁布一周年》，载《体育学刊》2016（3）：1—8.

第四章　我国足球高质量发展的现实困境

对竞技体育中的不规范行为进行处罚，也能够按照有关规定对国家工作人员给予相应的行政处分。由此可以看出，中国足协也具有一定的行政处罚权。但是《中华人民共和国体育法》并没有对职业足球领域中的违纪违规行为做出明确的法律责任与处罚规定，尽管中国足协专门针对足球运动发展中的违法违规行为制定了很多处罚规定，但是却缺乏足够的权威性。

其次，负责执行法律法规的相关机构不健全。例如，关于职业球员讨薪的问题，2020年天津天海等至少13家俱乐部退出了我国足球三级职业联赛，这些俱乐部因无力经营解散后，不少俱乐部球员陷入了艰难的追薪维权历程。然而，随着俱乐部的注销、足协很难从监管层面为球员维权。法院往往认为球员与俱乐部之间的纠纷，不同于一般的劳动纠纷，因为足球行业属特殊行业，应适用于体育法。我国体育法第三十三条规定，在竞技体育活动中发生纠纷，由体育仲裁机构负责调解仲裁，故法院倾向于认为此类纠纷应交由足协仲裁委员会处理。但目前国内行业协会内部仲裁委员会的裁决只在行业内适用，争议无法通过仲裁委员会解决时（如俱乐部不继续在足协注册，就不会受到行业裁决书的限制），球员往往会陷入"求告无门"的境地。

2. 自律监管缺失

我国职业自律监管缺失源自足协监管自身存在的诸多不足，如中国足协还称不上完全的非营利性民间自律组织，这是由于长期的行政依附性导致管办分离后的足协仍然与政府存在着千丝万缕的联系，特别是当足协在保障国家体育事业发展的诉求下，短时间内难以真正体现其自治性。事实上，足协有时候并没有完全考虑联赛相关利益主体的利益，而且还与足球俱乐部之间存在一定的利益冲突，如足协利用特权让联赛为国家队的集训、比赛让路，而俱乐部由于缺乏话语权，并不具备与足协博弈的能力，由此导致二者间的利益矛盾难以协调。因此，有学者提出可以在足协与足球俱乐部之间成立一个行业管理组织，即职业足球俱乐部联盟，与各个职业足球俱乐部进行自律监管。[①]

一直以来，社会就强烈呼吁成立中国足球职业联盟。2015年《中国足球改革发展总体方案》发布时，社会各界已经开始呼吁成立中国足球职业联盟，之后两三年足协曾推进过筹备情况，但未能成型。可以说，如何构建和推进中国职业足球的自律监管体系，仍是一个亟待解决的难题。

3. 社会监管缺失

社会监管指的是由除了政府部门与行业协会之外的其他中介机构和新闻媒体等

---

① 陈浩，焦现伟，杨一民. 我国职业足球监管制度改革方向研究 [J]. 中国体育科技，2008（1）：123-126+139.

主体进行监管的行为。通常情况下，社会监管主要包括媒体监督与公众监督两种形式。

首先，部分学者认为媒体监督是继立法权、司法权、行政权之后的"第四种权力"，并从公司治理的角度出发，强调研究媒体监督对于企业或生产者的决策影响，以揭示媒体监督与行政执法形成良性互动的过程。[①] 然而，我国足球管理者与媒体之间的关系并不十分融洽，对媒体的监督存在一定的抵触心理与行为。另外，在当前的足球管理体制下，媒体对足球组织内部运行情况的监督存在较大的阻碍，其所报道的内容通常也不够深入，这就大大降低了媒体对足球组织的监管力度与监管效果。

其次，与媒体监督类似，公众监督的一个重要前提是，社会公众能够获得职业足球管理机构活动的相关信息，包括财政收入和财政支出等。同理，基于现有足球管理机构信息公开的体制机制缺失，社会公众无法真正了解职业足球相关事务发生和发展的内情，而"门外汉"与职业足球治理的逻辑显然行不通。另外，社会公众虽对职业足球给了超乎其他项目的高度关注，但这种关注的表达仅能以个体自发的方式，借助网络媒体平台予以体现。包括球迷协会在内的各级各类社会组织，都很难担负起整合社会公众意见、搭建球迷与俱乐部对话平台的责任，保障决策意见的正确与公正更是难上加难。换言之，如果中国足协等管理机构自身不愿主动向社会敞开大门，社会公众便很难通过个体或部分群体的"一厢情愿"参与足球治理过程。通过查阅国内相关文献不难发现，关于职业足球的公众监督问题鲜有提及，这在一定程度上证明，公众监督在职业足球领域的推进仍有待进一步关注。

三、价值体现方面的困境

（一）职业联赛的品牌建设存在诸多不足

如今，我国职业足球联赛的品牌建设仍然存在一定的不足，具体表现在以下几个方面。

1. "快餐式"发展模式导致核心价值的缺失

中国职业足球联赛的"快餐式"发展模式，指的是联赛自身发展在缺乏内在规律把握和外在条件构建的情况下，急于通过片面的、自设性指标评价来印证联赛品牌影响力提升的行为模式。在实践发展过程中，此类情况不胜枚举，如前所述，人

[①] 张曼，喻志军，郑凤田. 媒体偏见还是媒体监管？——中国现行体制下媒体对食品安全监管作用机制分析 [J]. 经济与管理研究，2015（11）：106—114.

第四章 我国足球高质量发展的现实困境

们习惯将职业足球联赛转播费增长、冠名费屡创新高等经济性指标作为衡量联赛发展水平的依据，但这一逻辑明显缺乏自治性。因为经济指标本身是动态变化的，也需要横向比较后方可评价优劣。然而，目前被人们津津乐道的相关指数增长背后，恰恰是静态、片面拿数据说话的逻辑悖论。例如，中超联赛全媒体版权价值的严重缩水就说明了这一点，客观而言，中超联赛版权缩水仅仅是我国职业足球联赛品牌价值泡沫破裂的一个缩影，而导致这一结果的根本原因正是其核心价值理念的缺失。毕竟，走市场化发展道路的职业足球联赛，必须尊重市场化运作的基本要求，更要遵循职业足球联赛品牌塑造的一般规律。毋庸置疑，职业足球联赛作为足球竞赛产品的经营主体，通过提升足球竞赛观赏性、满足消费者感官和情感需求、提高消费者的品牌满意度与忠诚度，进而实现刺激消费的目的是其运营的基本逻辑。因此，通过重金购买的方式直接引进高水平球员和教练员，快速提升联赛品牌影响力的做法确实奏效。但任何事物的发展都不是割裂的、独自运行的闭合系统，正如职业足球联赛的主要消费群体——球迷，对联赛给予的期望并非亲眼看到自己喜欢的明星踢球和看到自己支持的球队赢球那般简单。特别是在我国，长期处于落后状态的竞技足球让国人对足球崛起看得越发重要，并将这一重任压在了职业足球联赛的"肩头"。从一个侧面来看，职业足球联赛已经成为国人理解足球运动的一种外在表达形式，亦是国家足球内在精神的培养载体，人们渴望职业足球联赛能够助力国家足球水平提升，希冀职业足球联赛能够得到世界公认。也就是说，在特有的足球情结之下，中国职业足球联赛发展的核心要义早已超越一般的市场商品本身，而重新审视当前联赛过分追求的明星效应和短期繁荣，回归消费者的品牌期望和联赛的品牌核心竞争力，才是构建职业足球联赛品牌核心价值的重中之重。

2. "赶超式"发展理念导致品牌定位出现偏差

"赶超式"发展理念反映的是我国职业足球联赛在自身品牌定位中的跃进式思维，如成立不足20年的中超联赛，力求建设成为世界第六大联赛的品牌定位恰恰反映了这种"赶超式"思维，而当前国际足球历史和统计联合会（IFFHS）所公布的世界各国联赛排行榜表明中超联赛排名还比较靠后，这与其在2019年所提出"建设世界第六大联赛"的品牌建设目标还有一定的差距。

相对于国外的很多足球强国，我国职业足球的发展还比较滞后，树立"赶超式"的发展理念本身无可厚非，但联赛品牌定位在一定程度上决定着球迷等受众群体的目标期待值和满意度感知，进而影响联赛形象的塑造。也就是说，联赛品牌定位的偏差必然会在球迷等受众群体中形成一种错误性期待，而这种期待一旦无法实现，联赛的品牌形象便会大打折扣。而中国职业足球联赛的过高定位，受到了很多业内人士的指责。同时，大牌外援相继退出中超联赛、江苏苏宁足球俱乐部折桂中超冠军后第一年便宣布退出职业联赛、中超联赛培养出的国足球员难以在世界知名联赛中立足等事实，证明了我国职业足球联赛品牌建设依然任重而道远。

（二）职业足球俱乐部的市场收益困境

一直以来，中国职业足球俱乐部的运营基本上都处于一个亏损的状态。2018年末，"中国足协俱乐部财务控制与管理国际研讨会"上，亚足联官员指出，2015—2017年，中超各俱乐部亏损总额不断增加，支出最多的两方面为球员薪资和转会费。目前俱乐部支出的90%以上都用来支付球员工资，绝大多数俱乐部都在亏损，这对于联赛来说并不是一个积极的信号。从商业开发的角度讲，电视转播费、门票收入和广告赞助被认为是职业足球俱乐部的主要收入来源，而无论从哪个维度上看，我国职业足球俱乐部的市场收益都不容乐观。

1. 电视转播收入

随着电视的产生及体育赛事转播权的兴起，电视与体育赛事转播权之间的关系变得更加紧密，体育赛事转播权开始成为对体育电视市场进行规范的重要手段，而体育赛事转播权的转让又为各种大型体育赛事实现经济效益提供了非常重要的机会。然而在我国，足球虽是体育赛事电视转播权开发最早的项目，但受国家体育管理体制影响，电视转播权的市场化开发程度十分有限。

2. 门票收入

门票收入是我国职业足球俱乐部的主要收入来源之一，足球赛事门票收入的高低在很大程度上反映出社会大众对足球赛事的期待程度及足球俱乐部的支持力度。在市场统计数据中，习惯用上座率来反映职业足球俱乐部的门票收入情况。近年来，在"金元足球"的推动下，中超联赛受到了国人的追捧，场均上座率不断攀升。

球迷观赛热情的高涨离不开中超联赛长年采取的低票价政策支撑，如2021赛季中超公司为了振兴球市，在票价方面采取了亲民政策，按照金额高低分成三档，分别是60元、80元以及100元。"低票价、高上座率"的经营策略的确换来了市场的表面繁荣，但从产品营销的收益角度讲，低票价在很大程度上降低了职业足球俱乐部的盈利能力。

3. 广告赞助

我国职业足球俱乐部广告赞助的形式以企业冠名、场地和球衣胸前广告为主。客观上讲，企业冠名足球俱乐部主要是想要利用其良好的宣传优势提高自身的曝光率，以获得潜移默化的广告效应，宣传自身的产品，提高自身的知名度，而这种方式比普通的广告有着更好的宣传效果。然而，当前我国一些企业在冠名足球俱乐部的过程中，为了获得更多的利益，包括政府制定的一些有利政策，将足球俱乐部的

第四章 我国足球高质量发展的现实困境

产权控制在自己手中，将足球俱乐部发展成自己的一个子公司。

较之电视转播和门票收入而言，广告赞助一直是我国职业足球俱乐部的最大收入来源。尽管广告赞助近年来呈现出不断增长的态势，但与职业足球俱乐部的巨大投资相比，其体量和作用便显得微不足道。此外，令人尴尬的事实是，不少俱乐部的企业赞助主要来源于母体公司的合作伙伴，而赞助与产品销售提价之间潜在的微妙关系也让俱乐部的经济收益颇受影响。

（三）职业足球运动员的利益保障困境

运动员是职业足球赛事中最为核心的主体，其主要工作是长期接受身体素质训练与足球运动技战术的专业训练，提高自身运动能力与足球技战术水平，并代表自己的俱乐部、国家参加各种职业足球比赛。从工作性质上看，职业运动员具有服务国家社会的公益性、工作内容的时空集中性、职业劳动技能的稀缺性、职业发展的高淘汰风险性、人力资源投资的复合性和自由流动限制的特殊性等特征。然而，近年来，随着市场环境的不断变化，我国职业足球运动员与所属俱乐部之间，因合同、转会、伤病和退役等问题导致的权益纠纷层出不穷，如何保障职业足球运动员的自身利益已经成为目前我国足球职业化发展进程中无法回避的议题。

1. 球员讨薪难

尽管中国足协主席陈戌源在2019年上任后积极实施了一系列新的改革措施，其主要目的是为了进一步规范职业足球俱乐部的发展，以促进其良性与可持续发展，但是其一系列的改革措施导致大量社会资本的撤离，如一张工资表导致很多职业俱乐部在2020赛季前就退出；一个名称的改革就导致俱乐部投资人热情锐减，很多俱乐部没有了背后的大金主，立马就陷入了经济危机。社会资本的大量撤离，使我国职业足球的发展陷入了很大的困境，其中被媒体炒得沸沸扬扬的欠薪潮尤为显眼。

2. 退役球员职业发展难

一直以来，我国足球运动员的退役问题都受到社会与学术界的广泛关注。同时，国家也对足球运动员的退役问题予以高度重视，并对此颁布制定了一系列的政策文件。从相关文件中的逻辑指向上看，退役运动员多指隶属于"少年体校—省市体工队—国家队"这一培养模式下的退役运动员，而关于职业化改革发展之后，职业球员退役保障问题却很少涉及。对于竞技体育运动员而言，由于竞技能力降低或出现运动损伤等原因而无法参加各种比赛等，通常只能在不到40岁的年纪就退役，而对于一个普通人而言，这一年龄段正是处于职业生涯的中期，但是对于退役的足球运动员而言，就需要面临很多方面的问题，如心理适应、身份转换、社会就业等，这些问题普遍存在于专业运动员和职业运动员之间。

这些年，随着我国职业足球联赛的升温和青少年培养力度的加大，我国职业足球运动员总量正不断增长，但从退役运动员的再就业情况上看，仅有小部分精英球员成功走向了足协或俱乐部领导、各级别球队教练、媒体新闻记者等相关工作岗位，很多未能在球队打上主力位置或因伤病等原因提前退役的球员不得不自谋职业。职业足球运动员们不仅要承受竞技运动带来的高风险，还要面临退役后可能存在的再就业困难等问题。从零开始重新融入社会，寻找和适应新就业岗位是职业足球运动员承担自主选择风险的必然结果，而退役足球运动员需要面临的一个巨大的难题就是如何更快更好地融入社会。尽管部分学者的研究结果显示，退役精英运动员的职业地位发生了向上的代际流动改变，但相关研究同样揭示了运动员退役前的运动成绩优异程度对其退役后的社会流动趋势有显著影响。[1] 换言之，退役运动员的职业发展在一定程度上受其个人成绩获取的影响，而相对于极少数的精英运动员来说，处于"金字塔"中间或底层的退役运动员职业发展问题更值得关注，因为这部分群体的数量较大，其退役后的出路也将对整个运动项目的发展产生着深远影响。

第二节 校园足球高质量发展的困境分析

自从 2009 年 10 月正式启动全国青少年校园足球活动之后，校园足球在多方努力下，取得了长足发展。校园足球改革试验区、校园足球特色学校和校园足球满天星训练营等举措的落地，为示范和带动全国校园足球整体发展创设了重要条件。然而，回顾校园足球的发展历程不难发现，校园足球是一项涉及多主体、多层级和多维度的系统性工程，加之我国原有学校体育发展中存在的不平衡、不充分的矛盾，致使校园足球的发展很难一蹴而就、立竿见影。

一、顶层设计方面的困境

（一）校园足球发展理念有待进一步完善

为了更好地推进我国校园足球运动的发展，国家颁布制定了一系列的政策文件，《中共中央国务院关于加强青少年体育增强青少年体质的意见》《关于开展全国亿万学生阳光体育运动的决定》等，同时有关领导也对此做出了一系列的讲话，而从相关讲话和政策文件中不难看出，校园足球发展的基本原则是立德树人，核心理念是实现人的全面发展。但通过大量的素材整理不难发现，校园足球"育人"的发展理

---

[1] 李留东. 我国退役精英运动员社会流动研究 [J]. 体育科学，2013（12）：16—28+48.

第四章 我国足球高质量发展的现实困境

念有待进一步完善,具体表现在教育维度细化不足、普及与提高边界不清两个方面。

1. 校园足球的教育目标不够清晰具体

发挥校园足球的育人功能,不只是要增强青少年的体质健康,同时还要促进其人格的完善,进而将青少年培养成综合素质全面发展的社会公民。从教育功能上看,育人中的"育"已经超越体育运动的本体价值——强身健体,进而上升到思想、人格及行为规范等范畴。从体育运动价值彰显的逻辑向度看,任何一种项目都蕴含着"育体"向"育人"升华的内在关联,故校园足球的教育功能定位本身无可厚非,但从目标引导实践的可行路径上看,其理论价值的延展需要建立在清晰、明确的目标导向上。也就是说,校园足球应该对"提倡什么、鼓励什么、抵制什么、摒弃什么"等一系列问题进行详细规定,毕竟基层体育教师在指导足球运动活动的开展时,其自身专业局限性和项目发展条件的特殊性,在一定程度上会与理想化的育人目标存在一定的冲突。正如学校体育课堂上的意外伤害让体育教师们不敢让学生从事难度大、对抗性强和危险性高的体育活动一样,足球作为高强度对抗项目,其自身所蕴含的运动魅力和育人价值恰恰需要在对抗中、竞争中予以获取,正是因为足球属于一种激烈对抗的体育项目,因而具有教导的安全隐患,因此,如何打消基层体育教师的后顾之忧、如何彰显校园足球的外在价值、如何规范校园足球教育形式、如何打通校园足球强体与育人的内在壁垒等问题,都有待进一步细化与厘定。

2. 没有明确足球运动普及与提高的边界

普及校园足球是发挥其育人功能的基本前提,为此,国家专门设定了2020年达到2万所,2025年达到5万所的足球特色学校建设目标。然而,从相关文件的要求看,育人的另一层含义是要提高专业人才的培养能力,即为国家培育具有发展潜力的足球后备队伍。一般而言,普及是提高的基础,提高是普及的必然归宿,故二者在实现育人目标时理应是递进性的衔接关系。但校园足球的实践过程再一次证明,普及与提高的边界不清问题正严重影响着"育人"理念的实现。

首先,以特色学校建设为代表的校园足球普及程度在短时间内取得了令人瞩目的成绩,但学校数量的增加能不能代表参与人员的普及值得商榷。从教育部印发的《关于开展2019年全国青少年校园足球特色学校、试点县(区)和"满天星"训练营创建工作的通知》要求看,每周每班不少于一节足球课、每学年有1—4次的校园足球文化活动等指标能不能算是普及……考虑到我国中小学应试教育的压力,基础教育阶段的教育时间异常紧张,关于体育课程被挤占的新闻报道更是不胜枚举,在此情况下,是每周每班一节足球课,还是把每周每班一节的体育课加上足球的"影子"仍有待深究,而形式上的存在能不能代表"普及"的含义就需要进一步研究。

其次,当前我国校园足球发展中所存在的学训矛盾、升学压力等导致大量优秀的足球后备人才逐渐退出了校园足球竞赛体系。在部分家长眼中，学生参与足球活动一定会影响到学生的学习成绩，而造成这一印象的主要原因在于，学生进行文化知识学习的时间与足球训练的时间容易冲突。学生的足球运动技能要想得到稳定增长，训练时间必不可少。由于小学阶段学生的学业压力相对较小，所以该阶段校园足球的开展和普及较为顺利，家长们的意愿也比较强烈，而随着时间的推移，当学生处于中学阶段的升学压力影响下，他们需要在文化知识的学习上投入更多的时间和精力。如今我国足球特长生在升学录取时也难以真正实现合理流动，即便是部分中小学校或高校打通了特长生的上升通道，但是名额有限，真正能够利用这一通道升学的学生仍然比较少。正是由于此学训矛盾的影响，大多学校和家长都更倾向让学生主动放弃继续参与校园足球运动，而投入到文化知识的学习之中，从而大大降低了学生对于足球运动的参与热情，导致校园足球工作的开展难以抵达最初的设想。由此可见，在我国传统的教育模式下，校园足球的普及如何量化、提高及如何保障的边界问题难以厘清，这也成为校园足球教育理念亟待完善的重要环节。

（二）系统科学的制度体系尚未形成

1. 制度建设的系统性缺失

2015年7月，教育部等6部委联合下发了《关于加快发展青少年校园足球的实施意见》（以下简称《实施意见》），该文件从多个层面对校园足球的发展提出了具体要求，并对校园足球发展目标、发展任务、发展思路、发展重点等方面进行了充分明确，为校园足球的发展提供了政策指导。在2015年之后，又陆续研制了不少《实施意见》的配套文件，相关部委出台了许多文件，进一步完善校园足球政策体系，建立健全校园足球发展的制度保障。

通过对相关文件的分析研究发现，推进校园足球实施、加大财政投入保障、完善媒体正面宣传引导、设定运动等级评定标准、强化足球特色学校和试点县（区）建设等制度体系的建设层面不可谓不广。然而，与制度涉及范围不断扩大相对应的是，制度体系自上而下的系统构建明显滞后。以特色足球学校建设为例，其制度出台的目的是对某一区域内的校园足球教学、训练、竞赛及师资培训等方面进行探索，通过先行先试的方式逐步带动全国校园足球的发展。但从特色足球学校推进的实践历程看，申报校园足球特色学校逐渐成为一种政策回应性工作，各省份为了完成相关建设任务和获取相应资金支持，出现了"要数量、讲规模、重申报"的发展思维，而忽略了对特色学校本质内涵和办学理念的认识，导致校园足球特色学校在校本课程开发、校园足球文化塑造和社会认同等方面暴露出诸多问题。客观而言，制度建设的系统性是保障校园足球发展的根本，但目前宏观布局式的制度框架并未真正打

第四章 我国足球高质量发展的现实困境

通各个维度之间和各个层级之间的发展壁垒，这严重影响了校园足球高质量发展的可能。

随着国家对校园足球关注度的提升，与校园足球特色学校发展相关的条例陆续发布，我国校园足球的建设制度逐渐完善。但是相比校园足球实践工作，由于我国地域辽阔，不同地区内校园足球的基础存在一定的差异，部分地区内的相关制度建设滞后性现象较为明显。

(1) 标准体系不规范

①建设标准不完善

随着"新校园足球"理念的提出，我国在对试验区、试点县（区）等的校园足球进行改革的过程中遵循指导意见，较为笼统地对试验区、试点县（区）的总体要求、重点任务等方面进行了规定，除去要将试点县（区）内校园足球特色学校的比例提高至当地学校的半数以上外，很少会使用量化指标来呈现其他方面的内容。实际上，在我国现有的校园足球特色学校中，绝大多数学校无法满足校园足球的发展，为此，我们应根据地方的实际情况，针对性地制定校园足球特色学校的建设标准。

②标准制定不协调

由于我国教育部门与体育部门实行的"分段监管"模式，导致青少年足球在普及与提高的过程中逐渐形成了对应的发展体系。基于此，势必会产生相同内容却拥有多个不同标准的情况。目前，与教学标准、训练标准、竞赛标准相关的内容较少，大多数学校中的足球教学活动及课余训练课存在随意性过大的问题。同时，由于全国青少年校园足球运动在等级认定标准以及教学指南（试行）方面的采标率过低，导致校园足球相关部门逐渐对校园足球教学提出了大纲性要求，但是在训练与竞赛方面依旧存在标准尚缺的问题，而在上述情况下，大多数学校在进行足球课余训练的过程中仍遵循教学大纲的要求，从而导致课堂教学中出现重复现象，难以获得理想的训练效果。教育部门负责开设的校园足球"满天星"训练营与体育部门负责的青训体系二者之间依旧以平行线的形式呈现。在校园足球的开展过程中，训练标准及竞赛标准均是十分重要的内容，要想让校园足球真正融入到青超联赛之中，我们首先要做到的便是进一步提升校园足球的训练标准，使校园足球达到应对高水平足球竞赛的水平。

(2) 校园足球相关等级认证认可体系的发展困境

①运动员等级评定滞后

首先，校园足球运动员在管理上存在混乱。为使校园足球运动员的流动性达到规范，我国校园足球办公室鼓励教育部门制定校园足球运动员的注册登记管理制度。

在此，我们以青岛市进行举例说明，大、中、小学校中的运动员，在参加相关足球赛事之前，必须要在青岛市的校园足球协会内进行登记，之后才能参加到竞赛之中，但要注意，已经在中国足球协会中完成注册的运动员无法参与到学生运动员的注册之中。在完成注册后，学生便拥有运动员的身份，便能够以青少年校园足球运动员的身份获得参与由国家、市、区内的青少年校园足球办公室所兴办的一系列比赛及冬、夏令营的参加资格。但通过查阅相关资料我们可以发现，目前我国绝大多数地区并未设立有相关的校园足球运动员注册制度，以至于我们无法对校园足球运动员的日常数据进行统计，最终造成校园足球运动员的流通随意性过大，不管是比赛方面还是升学方面，均存在管理混乱的情况。

其次，校园足球运动员的定级过于单一。目前，学生运动员的等级认证工作主要由体育部门负责，而体育部门对学生运动员等级的认证依据则是其参与的赛事级别及在赛事中实际获得的名次，同时，教育部门也在探寻最适宜学生运动员的等级评定方案。但是，因为教育和体育两个部门彼此间协同性的缺失，导致其均以自己的评判标准执行，统一性和衔接性的严重缺失，不但无法有效解决学生运动员综合素养评价的难题，甚至无法解决普通学生与专业运动员之间所存在的技能评价障碍。目前，体育部门对于学生运动员的定级权威程度更高，从现阶段学校对于高水平运动员的招生简章中便可得知，学生运动员最低的报考标准便是二级运动员，但实际上真正能够达到报名标准的学生仅存在少数，导致招生目标难以实现。除此之外，还有一部分参与了招生测试的专家们反馈到，一部分拥有资格认定的学生运动员，其所拥有的技能水平并不优秀，对资格认证的公信力造成了严重影响。

②校园足球相关师资等级评定滞后

校园足球师资力量不仅是校园足球得以持续发展的重要基础，更是足球教学与足球训练保持高质量水平的重要保障。随着校园足球的不断发展，各部门逐渐意识到在培养学生足球技能的过程中，高水平足球师资所起到的重要性，为此，借助于体育院校、足球院校的培养及校园足球的教师培训等方式，来提升校园足球教师资源的专业素养，制定合理的校园足球师资等级评定方案。虽然目前在校园足球教师的等级上分别有国家级、省级等多个等级，但实际上校园足球师资等级评定功能却存在滞后现象，导致部分足球教师难以得到晋升。

2. 责任追究机制不强

校园足球责任追究机制的制定能够有效提升行政效率，而该机制最突出的表现形式便是行政问责制。虽然设计该机制时的用意是好的，但是责任追究机制的实践运行并未达到理想状态，其归根结底还是因为责任追究机制在早期的设计上便存在一定的缺陷。

第四章　我国足球高质量发展的现实困境

3. 政策工具的指向性偏差

人们通常认为，政策是治国方略中的价值取向，而制度是"人们相互交往的规则"。校园足球政策工具指的是政府部门为了实现校园足球政策目标所采用的各种方法、手段等。根据罗思韦尔等人提出的政策工具思想，本文将校园足球政策工具分为三种类型，即供给型、需求型和环境型，同时以郑志强[1]、时维金[2]等人的研究成果为理论依据，对校园足球政策进行更为细致的分类，具体包括供给型政策、需求型政策和环境型政策。校园足球政策工具的选择除了受到政策目标的影响之外，还受到社会环境、决策者价值观、目标群体指向等多方面因素的影响。郑志强等通过对政策文本的内容分析指出，以资金、人才、信息和技术等资源保障为主要内容的供给型政策工具，以培育新兴市场、降低市场准入门槛、引导社会资源参与为主要内容的需求型政策工具，以创设外部环境条件和配套设施，提供环境支撑为主要内容的环境型政策工具，共同决定着校园足球政策执行的效果，而当前存在的环境型政策工具过溢、供给型政策工具相对弱势、需求型政策工具应用不足等问题，致使市场力量和社会力量激励不足、文化建设与对外交流滞后等问题凸显。[3] 也就是说，推动校园足球建设的政策工具选择过于偏重外部环境与设施改善，而忽略了自身内部供给面与需求面均衡发展的助推，其指向性偏差显而易见。

二、运行机制方面的困境

（一）激励机制不够完善

作为校园足球政策执行的相关者，在执行政策之前，往往会先对自身所付出的成本与获得的收益进行对比分析，并且希望通过尽可能小的成本获取尽可能多的收益。因此，通过激励机制的建设有利于激发其执行政策的内在动力，能够在很大程度上影响政策最终的执行效果。但从自上而下推进与落实校园足球政策的环节上看，过分强调各级各类政府、教育行政部门和学校的激励，而忽视了处于重要实施环节的校长与教师激励的现象普遍存在。

1. 校长激励不足

教育部办公厅在2018年发布的《关于加强全国青少年校园足球特色学校建设质

---

[1] 时维金，万宇，沈建华，等. 基于政策工具视角下的中国足球改革发展总体方案[J]. 武汉体育学院学报，2016，50（2）：83—89.

[2] 郑志强，郑娟. 中国校园足球政策工具分析[J]. 武汉体育学院学报，2016，50（4）：5—11.

[3] 郑志强，郑娟. 中国校园足球政策工具分析[J]. 武汉体育学院学报，2016，50（4）：5—11.

量管理与考核的通知》中明确了校长是全国青少年校园足球特色学校中增强校园足球特色学校质量建设的第一责任人,校长是规划学校足球发展、营造足球育人文化、领导课程教学、引领教师成长、优化内部管理的重要决策者。① 因此,校长在校园足球发展过程中所持有的是行政管理资源,校长对校园足球工作的积极态度,在校园足球的普及上发挥着重要作用。倘若校长对校园足球的开展予以高度重视,将校园足球活动的开展纳入学校发展规划之内,并在制定对应制度的基础上对其展开进一步的引导,积极推广校园足球,加大教师引进、经费支持、课程建设等相关工作的扶持力度,对校园内部的管理工作进行优化,那么该校内的校园足球则会发展的极其顺利;反之,校长对于校园足球工作的开展呈消极态度,不仅毫不关心校园足球活动的开展进程,甚至认为校园足球只是单纯地组建一支校足球队伍参加相关竞赛即可,这种漠然的态度,会对校园足球的发展起到极其恶劣的影响。然而,部分学者针对校园足球学校校长的调研访谈中发现,我国很多校长由于受到应试教育思想的影响,存在"重智轻体"的思想,并且对校园足球的动能价值缺乏足够认识,忽视校园足球运动的开展,即使一些学校配置有比较完善的足球场地设施,但是出于安全考虑等方面的原因,这些场地设施利用率却并不高,导致"校内足球""金牌足球"和"节日足球"等现象长期存在。②

另外,由于大部分大中小学校长并非体育专业出身,故在理解、掌握和有效落实校园足球改革举措时,难免会出现偏差,故激励校长转变工作理念、主动创设校园足球发展环境便显得尤为重要。从当前我国发布的与校园足球相关的政策文件内容上看,目前已经发布的各类政策文件中,任务式命令远大于激励性举措的比例。如果将校园足球建设看作是校长工作责任的一部分进行推动,那么驱动校长以身作则、主动谋划、创新发展的局面很难形成,反而会在一定程度上逼迫校长进行向上交差式的"形式足球"和"仪式足球"。

2. 教师激励不足

足球教师身为校园足球的直接参与者、足球文化的传播者,同时也是校园足球相关政策的执行主体,其在校园足球发展工作中具有十分重要的地位,不仅支撑着校园内部足球课程、文化活动等相关活动的顺利开展,而且自身专业文化水平的高低对学生的足球兴趣培养、足球技能的提升及校园足球发展质量的提升等都有着非常重要影响。教师的政策响应能力与执行意愿同样会大大影响校园足球的发展成就,

---

① 教育部. 教育部办公厅关于加强全国青少年校园足球特色学校建设质量管理与考核的通知[EB/OL]. (2018-03-22) [2018-06-20].

② 姚健. 校长引领校园足球推广实施研究[J]. 北京体育大学学报, 2017 (4): 75-82.

因此，针对教师建立完善的激励机制就显得很有必要。此外，之所以要探讨体育教师的激励问题，源自体育教师在校园足球实践中面临的诸多困境。

首先，校园足球的政策执行加重了体育教师的工作负担。到 2025 年要建成 5 万所足球特色学校的目标，背后至少要有 5 万名体育教师指导青少年儿童去进行足球活动，而要想实现高质量发展，这一数字应该还要翻上几十番。如今我国大中小学校在足球专业教师的储备上远远不足，而这样薄弱的基础同样映射出已经投身于校园足球建设中的体育教师面临着怎样的压力。毕竟我国人口基数大、中小学校的学生规模都较为庞大，如何让有限的体育教师在完成正常教学工作的同时，还要执行好校园足球教学、课外活动、训练和竞赛的任务，这的确是一道难题。

其次，校园足球教学任务的专业化加重了体育教师的学习负担。近年来，我国学校体育大都以兴趣教学、选项教学为主要形式，因此体育教师的专业结构也都较为分散。考虑到已有教师资源的限制，很多学校体育教师不得不转行或加学足球教学方法，而由于自身兴趣或原有项目间的差异，体育教师能不能有效理解足球运动项目规律、掌握足球基本技巧与内在价值都值得考证。换言之，体育教师愿不愿意、接不接受国家自上而下推行的校园足球改革，真正投身于校园足球发展之中的问题需要得到关注和有效解决。

最后，校园足球训练和竞赛任务挤占了体育教师的空余时间。为了保障中小学生的身心健康发展，教育部对规范中小学校作息时间、防止加重学生学业负担的校外辅导等问题给予了充分重视。2021 年 3 月专门印发了《教育部办公厅关于进一步加强中小学生睡眠管理工作的通知》，明确规定了学生上课与作息时间。在这样的要求下，学生在校时间被严格限定，而在有限的课余时间内每一名中小学生还要满足每天一小时的活动要求，可以说，体育教师在正常工作时间内的教学负担已经很大，那么组织中小学生参与足球训练和竞赛任务的时间必然会与个人休息时间相冲突，如何补偿或鼓励体育教师承担相关工作同样是一个不容忽视的问题。

与校长激励问题一样，把握体育教师的利益诉求，对于增强体育教师的政策执行意愿与执行效果至关重要。因而有必要充分把握体育教师的利益诉求，可以从职称评定、薪资待遇、职位升迁、社会地位等多个层面制定相应的激励机制，以增加体育教师执行校园足球政策的积极性与能动性。

（二）保障机制不够完善

1. 场地保障不到位

充足完善的场地设施是保证我国校园足球活动得以顺利开展的基本条件，但是如今我国仍然有很多学校难以为校园足球活动的开展提供足够的场地保障。众所周知,我国基础教育阶段的学校建设长期存在着适龄学生多、学校软硬件有限的固有矛盾。具体到体育教学领域,场地器材的供需矛盾是最为典型的代表,如大多数发达地区的中小学校能有一块标准的田径场就已算是一种"高配",而在部分欠发达地区,中小学校活动场地完全无法用标准来衡量。同样的问题在我国高校中依然存在,总的来讲,校园足球场地供给与配置上的供需矛盾已成为保障校园足球发展的关键议题。

这些年,国家有关部门也对校园足球场地的建设问题予以高度重视,并专门颁布制定了相关政策文件,如国家发展改革委、教育部等六部门联合发布《全国足球场地设施建设规划(2016—2020年)》和《中国足球中长期发展规划(2016—2050年)》等相关文件助推"全国足球场地设施建设"工作,其中明确规定所有中小学足球特色学校都需要建设至少1个足球场地,对于高校而言,如果有条件也应该至少建设一块足球场地。从文件要求的逻辑指向上看,具备1块以上足球场地似乎成为足球特色学校的准入条件,也是部分高等学校自身应努力的目标,而如何帮助大中小学校实现这一目标却并未提及,"其他学校创造条件建设适宜的足球场地"似乎在为存在客观困难的学校寻找"灵活应对"的余地。诚然,学校场地建设问题必然会受制于诸多主客观因素影响,很难用一种方法或一纸命令予以推进。但面对足球场地较少且不标准,无法满足教学训练与比赛的问题,如何出台相关政策或规定以明确场地建设的软硬性指标和相关保障办法,将在很大程度上影响着校园足球高质量发展的目标实现。

2. 经费保障不到位

充足的经费也是保证我国校园足球活动得以顺利开展的另一个基本条件。相关资料显示,在我国不同的地区,校园足球专项经费的投入力度存在显著差异。经济条件好好的区域,地方政府对于校园足球的投入经费就多。通过对区域年度发展报告的查阅,可以发现,我国部分省市政府部门并未设置专项的校园足球经费,比如,贵州省财政厅未曾设置校园足球专项资金,从而使该地区校园足球的活动经费主要是省级运动会的专项资金拨款,因此,该地区用于校园足球的经费存在极其严重的缺失现象。虽然,随着时间的推移,全国各地已逐渐提升了对于校园足球的重视力度,从而慢慢增加了相应的经费投入,但是相关资料显示,大多数处于基层的足球特色学校依旧存在校园足球经费不足的现状。这些特色学校从上级获得的财政支持经费十分有限,难以维持学校足球队伍的日常训练和比赛费用,比如交通费、住宿费、餐饮费等,导致这部分足球特色学校只能选择通过学校体育经费及行政经费来进行补贴,这种情况导致大多数学校由于无力继续支撑校足球队伍的日常消耗而只能选择继续发展校园足球。校园足球经费保障问题不单是有没有政策的问题,而且关系到有没有落实和如何落实等一系列问题。从实践需要看，经费保障之所以关键，是因为校园足球推广的各个环节都离不开资金的支持，如师资的聘用和培训、器材的购买与更换、场地的建设和维护、竞赛的组织和开展等均需要足够的经费予以保障。目前，基于国家层面的经费保障力度较大，而不同地区和层级的地方政府受区域经济发展条件限制，很难进行资金配套或专项拨付。此外，同一区域内不同水平或性质的学校，利用自身办学优势吸引社会资金的能力也不尽相同，从而严重制约了校园足球发展的均衡性。因此，化解校园足球资金来源单一、拨付不到位、使用方式不一等问题是完善保障机制的主要内容。

3. 教师资源数量不足

在部分国家级足球特色学校，仍然存在专业足球教师不足的现象。其原因在于，在校园足球特色学校中，除开设足球相关课程外，还需要在课余时间中安排专业教师辅助学生进行足球训练，因此，对足球师资的需求量极大。但是在学校内却严重缺失专业的足球教师，所拥有的教师资源无法满足校园足球的开展需求。为解决这一情况，部分学校通常采取外聘教师以及向社会吸纳足球爱好者，以此来弥补专业师资队伍的不足，但这些措施治标不治本，无法从源头解决师资缺失的问题。近年来，为进一步提升校园足球相关工作人员的工作能力及综合素养水平，教育部门以制定培训体系的方式，为校园足球师资的培训提供基本保障。教育部致力于通过对相关师资进行培训的方式，来提升校园足球特色学校整体的师资力量。在地方上，各级省市也慢慢开始针对校园足球师资力量展开相应的培训工作。国家及地方政府通过增加培训工作的开展次数，为校园足球的开展提供充足的人力资源，在国家的支持下，我国青少年校园足球师资的质与量呈直线上升趋势。

（三）评价机制不够完善

当前我国校园足球发展中评价机制失位，主要体现在校园足球实施效果评价和特色学校建设评价等方面。

1. 校园足球实施效果的系统评价机制缺失

如今我国校园足球发展中，尚未建立完善的评价机制，难以对校园足球发展效果进行系统评价。一般认为，数据是检验成效的最有力工具，故近年来的校园足球发展成果报告中充满了大量数据化评价指标，如校园足球学校数量、参与学生数量、覆盖地域范围、场地建设面积、器材设施投入、组织竞赛数量等。运用数据化评价方式衡量校园足球实施效果显然不具备多大的可信度，如校园足球学校和参与学生的数量增长，不足以衡量学生参与的程度和水平；场地建设面积的增加，不足以证明学生有效使用场地的时间增长；组织竞赛的数量增加，不足以体现学生技战术水平的提高等。

建立校园足球实施效果评价机制能够对校园足球活动起到监督、检验与促进的作用。但是这种评价机制不应只体现在直观的硬件设施和参与数量上，而是要体现在符合足球运动项目发展要求、符合足球经费投入预期的技术性指标上。目前，从各级各类校园足球的主管机构和执行单位发布的相关文件来看，尚未有具体、可操作的评价指标体系和指标权重可供参考，这也在一定程度上滋生了"形式足球""仪式足球"现象。

2. 校园足球特色学校建设的多维评价机制缺失

校园足球特色学校是一个参照对象，是具有引领和示范功能的典型代表，诚然，这种典型性必须拥有可评价性和动态调整的空间。

校园足球特色学校建设的三个必要环节是遴选、发展与退出，这也为动态评价提供了基本维度。但从实践操作过程看，三者间的评价机制构建存在着诸多问题。首先，遴选环节较为完备但程序不严谨。早在2014年，国家便组织专家论证，明确了校园足球特色学校的遴选原则，其申报程序为学校先结合自身条件填写有关申报材料，然后交由县级教育行政部门进行审核，材料审核通过之后，再交由市、省级教育行政部门推荐和审核，最终由教育部进行综合认定与公示。可以说，校园足球特色学校遴选时的评价原则、路径与标准清晰合理。但从程序执行上看，组织审核多围绕书面材料进行，而缺少必要的事前实地考察，给辨别书面材料真伪造成了很大困难。其次，发展水平的评价导向较为模糊。2017年，教育部下发了球校园足球特色学校复核的通知，并对复核标准进行了明确的规定，主要由组织领导（10分）、条件保障（27分）、教育教学（30分）、训练竞赛（30分）及后备人才培养（3分）五部分组成。而杨献南等通过调研访谈发现，复核评价标准导向模糊，其中教育教学分值小于训练竞赛和后备人才培养的总分值，容易出现工作重心不明确的问题；同时复核评价标准与创建评价标准高度相似，从而失去了引导实践灵性发展的基本目的。[①] 最后，尚未建立以绩效评价为基础的退出机制。2018年，教育部对全国已经认定的2万多所校园足球特色学校进行新一轮督查，将各省份自查评定为不及格的30所校园足球特色学校摘牌。至此，校园足球特色学校"有进有出"的发展模式基本形成。但从相关操作的流程来看，退出机制的评价标准尚未形成，特别是退出的基本依据与特点是什么？退出周期与规模如何确定？退出执行机构或部门是哪个？强制性的淘汰和弹性动态的退出有何差别？这一系列问题都未能得到明确回应。

---

① 杨献南，吴丽芳，李笋南. 我国青少年校园足球特色学校管理的基本问题与策略选择［J］. 体育科学，2019（6）：3—12.

3. 校园足球试点县（区）建设的基本评价机制缺失

杨献南等通过调研发现，校园足球试点县（区）遴选标准从2015年开始至今很少有变化，而且通常情况下，很多遴选指标只是由专家根据申报材料的认知进行主观甄别，而唯一的可量化指标——区域内60%的中小学校达到特色学校衡量的标准，基本无法通过纸质材料进行确认。[1] 与校园足球特色学校评价相类似，校园足球试点县（区）在综合认定阶段仅仅依靠随机抽查的方式对申报对象进行考察和评估，并不能从根本上杜绝虚报、瞒报等问题。此外，由于校园足球试点县（区）在通选办法之外，尚未建立引导和监督其有效发展的绩效考核评价标准，从而导致"重申报、轻建设"的现象长期存在。

（四）管理体制不够完善

现阶段，为求校园足球的进一步发展，应努力摆脱传统模式的束缚，认真发挥自身所具有的优势，充分整合校园足球资源，将国家体育总局、中国足协、地方足协等设置为治理平台。但是，研究分析我国现阶段的校园足球管理体制，可以发现仍存在着诸多问题，具体如下：

1. "大部制"监管混乱

中间中心性表示的是各主体对于校园足球资源的控制能力。相关资料显示，由于目前与教育系统相关的参与组织拥有较强的中间中心性，使其具有较强的控制资源的能力，基于这种情况，协作过程中应出现一个"中介人"的角色，协助行动者之间的沟通。此外，由于国家体育总局及地方体育局等组织的中间中心性较低，所以其未能担任起"中介人"的角色。由于体育教育部门满足自身的资源现状，没能成功摆脱部门篱笆，依旧处于体制内"多头混治"中。

以训练体系为例，我们应当清楚地认识校园足球、业余体校及青少年足球俱乐部的开展，其主要目的是培养优秀的青少年运动员。现阶段，我国教育部门主要通过"满天星"训练营等方式的大力推广，使体教结合理念下的校园足球青训体系得到有效提升，从而提升学生的足球技能水平。但实际上，校园足球青训体系与其他的青训体系，譬如省市青训体系、足球俱乐部青训体系及社会俱乐部青训体系等，彼此未能真正达成有序衔接。显而易见，如何才能让多个系统内不同的人才培养体系之间达成无缝衔接才是现阶段我们需重点关注的对象。由于各个培养体系中普遍存在多头混治的情况，而这种情况极易造成重复投资，导致资源的浪费。足球运动

---

[1] 杨献南，吴丽芳，李笋南．我国青少年校园足球特色学校管理的基本问题与策略选择［J］．体育科学，2019（6）：3—12.

的发展本身就需要耗费掉大量的资金用于软硬件的升级与改造，但因为不同地区的资源条件存在差异，其资源禀赋能力也有所不同，政府部门的资金赞助较为有限，从而使大多数地区无法重点扶持校园足球运动水平的提升，此时，若是无法对现有资源进行充分利用，则会进一步加剧资源供给不足的情况。随着负责青少年校园足球运动持续发展的领导小组所需要涉及部门的不断增加，不仅充分体现了国家在加强校园足球运动方面下定的决心，而且其主导部门也逐渐向教育部门靠近，可以说其已经开始对监管权进行整合。教育机构及相关团队通过合并，致力于跨部门合作最佳方式的探索。但实际上，虽然各部门对自己的工作职能进行了规定，但由于责任权限、协调方式等方面缺乏对应的明文规定，导致各部门之间难以真实实现校园足球管理的"无缝对接"。所以，想要得知资源整合的有效性、可行性及实效性，还需要我们进一步的观察。

2. 问责机制不健全

行政问责制，主要由上级负责对下级进行监控管理，其不仅能够对校园足球运动开展过程中出现的违规行为进行实时监控，还能进一步提升校园足球的治理成效，可以说是确保校园足球质量的一道极其重要的防线。但实际上，在校园内部，与校园足球相关的行政问责机制并不健全，导致校园足球存在缺失外部约束力的情况。在校园足球管理中，校长作为第一责任人，为此，在对校长进行业绩考核时，应将校园足球的发展情况纳入其中。在校园足球特色学校的开展过程中，时常会出现一些不符合国家规定的事件，如比赛过程出现违规、校园足球的开展不规范等。对此，国家逐渐提升了对校园足球教师资源的培训及场地建设等的扶持力度，制定并出台了一系列与之相关的政策条例，帮助校园足球特色学校的建设。当前，我国的校园足球特色学校强调建设相关的准入机制，在各级教育部门的帮助下，为各个校园足球特色学校制定分级标准，但实际上足球特色学校的评价标准，现阶段依旧处于摸索阶段。在复查时，经教育部认证的国家级青少年校园足球特色被发现有问题，出现了部分特色学校被摘牌的情况，而很少出现行政问责校长的探究报道，更少出现因校园足球开展状况不好而影响职务、甚至是离职等状况。相反，常常出现不利于校园足球发展的乱象，譬如为了追求竞赛成绩而作弊，诸如年龄修改、以大打小、他人替换等。虽然，目前教育部已经开始强调全国各地应建立起合格的督察制度，但是，实际上各地区在督查方面依旧存在盲目性，认为评建应当是教育系统内部负责的事情。正是由于问责机制的缺失，相关部门不仅不具有相应的威慑力，甚至还缺乏相应的责任心。

3. 追踪机制不完善

在校园足球治理工作过程中，追踪机制起到了强力屏蔽的作用，其能够保证各地区内校园足球治理工作的责任分工及目标完成度的信息反馈，基于信息的及时反馈，能够迅速核查出校园足球开展的具体情况，及时发现并解决所遇到的各种困难。随着时间的推移，地方政府逐渐开始在校园足球特色学校中设置追踪机制的有益尝试。虽然，追踪机制已在部分校园中开始尝试并且获得了一定效果，但是大多数区域中的校园足球追踪机制并未获得完善，无法使我国校园足球治理工作的需要得到真正满足，主要体现在以下三个方面，如：

（1）过于碎片化的追踪机制内容，难以全面观察与反馈校园足球特色学校中的常态化工作。

（2）相关技术水平不够深厚，难以应对校园足球特色学校中学生信息的管理之需。

（3）我国足球服务的社会组织信息化水平参差不齐，其组织化程度不高，学生参与校园足球运动的记录的规范性缺失，对追踪机制的完善造成了严重阻碍。

三、价值体现方面的困境

（一）难以体现出校园足球在引领学校体育改革方面的价值

由于受到传统体育课程教学有关的深层次矛盾影响，校园足球引领全体学生体育发展和带动其他运动项目协同共进等方面的价值始终难以凸显，具体如下。

1. 难以体现出校园足球在引领全体学生体育发展方面的价值

对校园足球引领全体学生体育发展进行研究的关键，在于对校园足球有没有发挥"以点带面"的作用与功能进行评判。"全体学生"代表着校园足球发展所遵循的普及性理念，"体育发展"则是要求以校园足球为载体，使学生通过参加足球运动，实现身体素质的增强、人格品质的完善等，同时还不影响学生的学习成绩，进而实现全面发展。然而，在构建"特色学校＋高校高水平足球运动队＋试点县（区）＋改革试验区"四位一体的校园足球立体推进格局的当下，我国校园足球发展的全体性缺失越发明显。部分学校和相关管理者由于没有正确理解校园足球的深远意义，错把校园足球从"课内教学为主"转移到了"课外训练为主"。因为缺乏有效的足球教学就无法提高全体学生的足球技能，于是追求短期效应的"一校只抓一个队""追求金牌以标榜足球成就"的现象开始加剧，而只有少数精英球员参与的竞赛发展并不能代表"全体学生"。总的来讲，当前我国校园足球的普及水平仍然很低。

2. 难以发挥校园足球在带动其他运动项目协同共进方面的功能

2015年出台的《实施意见》就明确要求要利用校园足球来引领带动田径、篮球、排球等其他体育项目的发展，并且还在2020年发布了《教育部办公厅关于做好2020年全国青少年校园篮球、排球特色学校遴选等工作的通知》，充分反映了国家以"三大球"为重点，全力推进校园体育发展的目的。然而，从《教育部办公厅关于做好2020年全国青少年校园篮球、排球特色学校遴选等工作的通知》规定的工作目标、遴选条件和遴选程序等维度看，校园篮球和校园排球特色学校的遴选像是校园足球的复制，对比操作性概念便不难发现，校园篮球和排球的推进再一次回到了"政策依附"的轨道上，而基于体育运动项目广博性的客观事实不禁让人困惑：如此推进学校体育发展的模式，究竟可以支撑到什么时候、什么程度和什么范围。

另外，尽管国家与社会对校园足球予以高度关注，但是各级教育主管部门、地方行政机构和学校体育利益相关者并没有充分重视足球运动与篮球、排球等其他体育项目之间的课时比例、设施建设等方面的冲突，并进行彻底解决，这就为校园足球运动在发挥带动其他体育项目发展方面的作用带来了较大的困难。从校园足球高质量发展的外显价值上讲，校园足球的成功经验理应超脱于"举国体制"的制度优势，而立于我国当前经济社会发展大环境下，揭示大中小学校在推进体育教学改革中存在的主客观优势与问题、各年龄段青少年体育参与行为内外在影响因素等，以促进学校体育综合改革的全面推进，促进学生体质大面积、大幅度的提高和校园体育文化的全面振兴。如此看来，校园足球的价值生成远未达预期。

（二）专业人才培养的价值贡献难以衡量

校园足球的根本任务就在于育人，培养身心素质全面发展的优秀足球人才。学者孙健、陈效科指出，只有校园才能为中国青少年足球人才培养提供最根本、最直接和最长久的动力，只有校园才能够满足大范围足球选材的需要，才能把中国足球人才的分母做得足够大。[1] 但从当前校园足球发展的现状看，专业人才培养的价值彰显仍然受到人才队伍可持续参与和发展通路不畅等问题的严重制约。

1. 学段差异大，人才队伍的可持续参与问题凸显

随着国家对校园足球重视程度与支持力度的不断增加，如今我国校园足球的人口基数正在显著提升。然而，当前我国校园足球发展中仍然存在着比较突出的学段差异大、人才队伍可持续培养方面的问题。同时，由清华大学体育产业发展研究中心和网易共同主办的《星火指南——全国青少年体育培训机构评选（2017）》的发布

---

[1] 孙健，陈效科.从教育视角审视我国青少年足球人才培养的问题及出路[J].北京体育大学学报，2018（11）：110-115.

第四章 我国足球高质量发展的现实困境

数据显示,在参与此次评选的近200家足球培训机构中,参与体育培训的青少年人数,在12岁年龄段出现了"断崖式下跌"。显然,这与小学和初中阶段的分野高度吻合。

在应试教育体制的影响下,在我国基础教育中,随着学生学段的不断增加,学生所面临的学习压力也在不断增加。小学阶段是学习压力最小的时期,大部分家长为了孩子身体健康和个性发展,往往愿意让孩子投身到各类体育活动中。但随着升入初中和高中,竞争压力逐渐增大,学生们不得不将大量的空余时间投向文化课学习,而放弃足球训练。尽管《实施意见》中强调"允许足球特长生在升学录取时合理流动,获得良好的特长发展环境。研究完善高校高水平足球队管理办法和招生政策,增加高校高水平足球运动队数量,适度扩大招生规模",但从高考升学的可选择性和未来职业规划的可接受度上看,家长们并不支持自己的孩子选择体育。总之,学段差异大反映着校园足球参与群体的结构性失衡,而这种失衡又进一步预示着校园足球在普及之余,很难真正实现培养优秀后备人才队伍的使命和任务。

2. 专业成长通道不畅,难以构建持续性参与和多元化发展的路径

畅通校园足球运动人才成长通道在很大程度上影响着我国足球专业人才的培养,进而影响我国校园足球的健康可持续发展,因此,如今我国足球改革所面临的一个重要问题就是要畅通校园足球人才成长通道。而畅通校园足球人才成长通道涉及的事项非常繁杂,包括青少年足球运动员的识别、挖掘、培养与淘汰等,涉及的领域也比较多,具体包括校园足球、社会足球与职业足球,同时也涉及多个部门及其有关政策制定,具体包括教育部、体育部制定的关于升学、转学、运动员选拔、运动员跟踪监测、运动员补偿奖励、运动员退役就业、运动员训练竞赛中的风险防控等方面的制度,同时也需要建设社会与家长为校园足球活动的开展提供支持的相关机制,建设能够激励运动员长期参与足球学习与训练的动力机制等。因此,畅通校园足球人才成长通道需要教育部、体育部等有关部门加强彼此间的合作,结合足球运动人才发展规律,以足球人才培养为目标,科学制定相关政策制度,充分实现校园足球与竞技足球的有效衔接,开展好校园足球工作,为竞技足球的发展提供源源不断的优秀足球人才。只有真正畅通校园足球人才成长通道,才能够使家长与学生对足球充满信心,也才有更多的青少年学生参加足球运动。

综上可知,畅通校园足球人才专业成长通道主要可以从两个方面着手,一是要解决好学生升学的后顾之忧,形成可持续参与的人才培养路径。这一问题恰恰是对前文提及的"学段差异大"的一种回应,二者相互印证,再次反映出升学路径中存在的诸多问题。例如,一些政策中规定只有足球运动水平真正符合要求的学生才能够通过特招的方式进入高校,而每年高考特招的名额十分有限,这就导致一些学生即使拥有较好的足球运动水平，仍然难以享受政策所规定的特殊待遇，大大降低了其学习足球运动的积极性。二是打通足球多元化发展路径，建立学校与职业队衔接的有效机制。事实上，这种需求不单单指向在校学生。尽管如今教育部已经充分认识到加强校园足球与职业足球衔接的重要性，但是由于受到"育人"为先的理念影响，校园足球培养的优秀苗子在足球运动能力和专业化水平上仍然存在不少局限，接受职业化训练成为其成长成才的必然环节。但在实践过程中，职业足球俱乐部需要把具有天赋的学生球员集中起来，进行系统化的长期训练才能使其快速成长，但这对于学生家长来说同样面临着不少风险，故学校与职业俱乐部之间的良性合作模式始终无法建立。辩证地看，家长一方需要尽可能高的可预见性，职业足球俱乐部则需要尽可能多的时间和精力投入，二者间的矛盾难以调和，并导致校园足球多元化发展的路径难以构建。

第三节 社会足球高质量发展的困境分析

一、顶层设计方面的困境

（一）对社会足球的本质属性缺乏正确的认识

如今，我国学术界习惯于在职业足球和校园足球发展的逻辑框架中对社会足球的发展期望进行讨论。赵升等认为，社会足球是连接青少年足球与高水平竞技足球的重要桥梁，是足球运动发展的原始动力。[①] 徐家林等指出，足球发达国家的历史经验表明，社会足球是竞技足球的活水源头，重视培育社会足球组织发展是其足球竞技水平高的重要基础。[②] 辩证地看，以上观点主要对社会足球的外在价值进行了阐述，强调了社会足球推进足球普及和水平提升的效能发挥。然而，从价值功能定位的逻辑推演上看，诸多问题并未厘清，例如，社会足球具体是如何促进竞技足球发展的？又如何连接青少年参与和竞技水平提升？是否可以简单地认为一个国家的社会足球发展提升了竞技足球水平，而不存在反向因果关系呢？

要想对上述问题进行理解，还需要厘清社会足球的本质属性。事实上，社会足球与职业足球、校园足球之间存在着本质的区别，具体表现在两个方面：一方面，社会足球主要是为了满足广大社会群众的兴趣爱好、休闲娱乐、强身健体、丰富业

---
① 赵升, 张廷安, 周毅. 当前我国城市群众足球运动开展要素探析 [J]. 运动, 2012 (11): 4-6.
② 徐家林, 浦少刚. 10年来我国草根足球发展困境与展望 [J]. 河北体育学院学报, 2014 (2): 17-22.

第四章 我国足球高质量发展的现实困境

余生活等需求,具有明显的娱乐性特征,其目标并不是为了赢得比赛的胜利,而竞技足球有着很强的对抗性,其目的更多的是为了赢得比赛的胜利;另一方面,社会足球的参与方式有着明显的大众性、随机性、灵活性与非正式性特点,通常是人们利用空闲时间自发参与,或者进入社会组织中参与,而校园足球的参与群体规模较大,参与群体组织也比较稳定。因此,社会足球与竞技足球、校园足球之间有着很大的不同。

由上可知,社会足球是本身不服务于任何一种其他形式的足球运动,尽管存在同在一个运动类属下的关联性,但相关未必存在因果。因此,我们有必要回到问题的原点去重新审视问题。国际足联在推行草根足球计划的过程中,就强调要为不同年龄、性别、肤色、种族等特征的人群参加足球运动提供良好的场地设施条件与服务,以使更多的人充分感受到足球运动的独特魅力。可见,推广足球运动是国际足联倡导更多人参与社会足球的核心目标,其导向简单而直接。按照这种逻辑进行审视可以发现,发展社会足球不应该以催化竞技足球和青少年足球发展为落脚点,至少不应是"计划"内任务,而是应该以满足人们不断增强的足球参与需求为出发点来制定社会足球发展目标、制度体系、运行机制等。也就是说,社会足球本就是全民健身战略实施的重要一环,应纳入其中并加以审视和构建,正如全民健身中的任何一种项目并不应承担过多的项目普及和竞技能力提升等责任,服务于广大群众的美好生活需要才是其核心发展理念。

(二) 对社会足球的发展需求缺乏清晰认识

通过对社会足球发展理念的分析可知,社会足球需要回归于大众,服务于大众。也就是说,满足社会公众参与足球运动需求是其发展的根本目标。然而,从当前实践现状看,社会公众的需求向度并不明确。根据供需理论,发展社会足球的目的是满足社会公众的参与需求,公众需求也为社会足球发展提供直接或间接动力,两者互为因果、相辅相成。从需求端看,作为引导社会足球发展风向标的公众需求,同时也是衡量社会足球是否实现高质量发展的基本标准。然而,由于自身概念涵盖范围过于宽泛,社会足球的需求识别问题始终未能得到有效解决,如不同规模城市、不同经济发展水平地区、不同足球发展环境下的社会公众参与需求是否存在不同;如何衡量、又如何定性;年龄、性别、职业或身份是否影响参与需求等问题几乎鲜有研究给予关注。诚然,以上问题的回应是一个较为复杂的工程,且在某种程度上讲,很难形成合规律性和可操作性的指标体系。但从供给端讲,缺乏必要的需求识别作为引导,社会足球的供给将陷入目标模糊的发展窘境,致使供给方案缺乏有效性、资源配置流动与分配不够合理等现象出现。推动社会足球高质量发展是一项服务人民美好生活需要的公益性事业,故在进行顶层设计时,必须做好成本与效率的双重考量。

(三) 社会足球的制度体系不够完善

当前,我国社会足球高质量发展中存在着明显的制度困境。尽管国家颁布的有关政策文件针对社会足球发展提出了比较明确的规定,但是在实践阶段,政策规定所提出的各项举措的落实普遍缺乏可参照执行的政策依据和法规保障,究其原因可以发现,制度制定主体模糊和制度逻辑指向不明是当前存在问题的主要致因。

首先,制度制定主体不够清晰明确。一直以来,人们都对社会足球的合法性问题予以高度关注,社会足球发展的内在逻辑在于:社会足球发展离不开社会足球组织这一关键载体,而社会足球组织很难获得合法性身份的客观现实严重制约了社会足球的发展。客观上讲,政府主要对职业足球与校园足球进行直接管理,但是针对社会足球发展中所存在的各种问题,并没有明确指出由哪一级或哪一个部门牵头解决。

其次,制度逻辑指向不够明确。基于顶层设计的角度对社会足球的制度体系进行审视,实际上就是从宏观、系统的角度对社会足球有关法规政策的逻辑向度进行研究。从《中国足球改革发展总体方案》等现有文件的要求精神看,机关、事业单位、人民团体、部队等不同身份主体均是鼓励和支持对象,这也引申出社会足球需要形成政府、市场和社会共同参与的"多元共治"性诉求。但是从我国颁布制定的与体育有关法律法规内容上看,其普遍只是对群众体育的发展提供宏观指导,而对群众体育社团的具体实施措施缺乏具体的要求。再加上在政策法规制定过程中,没有构建出完善可行的群众体育利益需求表达机制,对群众的体育诉求缺乏了解,导致其制定的相关政策法规脱离群众的实际诉求,难以很好地满足群众参加足球运动的需求,十分不利于群众体育包括社会足球的健康长远发展。

二、运行机制方面的困境

(一) 保障机制有待完善

要想推动社会足球的顺利发展,还需要相应的人力资源、物力资源与财力资源等作为支撑,也就是说,社会足球的发展需要负责足球管理事务的专业人才、足够的资金、健全完善的足球场地设施、负责社会足球运行工作的有关组织等。然而,相关事实表明,如今我国社会足球发展中仍然存在着专业人才匮乏、资金匮乏、场地设施不够完善、足球组织发展滞后等方面的问题。

第四章 我国足球高质量发展的现实困境

1. 专业人才匮乏

社会足球发展中所需要的专业人才指的是专门负责社会足球推广与发展工作的行业人才，这类人才往往需要掌握一定的足球运动技能、体育赛事管理经验与能力、足球教学培训相关经验等，社会足球因为其自身特点、组织形式及参与群体等因素的影响，因此，其所需要的专业人才范围比较广泛，具体包括赛事运作、技能培训等方面的人才。通常情况下，社会足球专业人才的培养与招募工作都需要由足球组织来承担，但是我国社会足球组织的社会地位缺乏足够的合法性，因此，社会组织专业人才培养与招募工作受到很大的阻碍。例如，由于社会足球组织的身份缺乏足够的合法性，因此，很多民间的业余足球爱好者习惯于自发地通过微信朋友圈、微信群、QQ群、微博等途径组建足球组织来参加足球活动，但是通过这种方式所建立的足球组织往往存在成员结构松散且随机的现象，组织成员缺乏有效约束与统一管理，导致整个组织内部成员缺乏足够的凝聚力，存在一定的排他性。不仅如此，由业余足球爱好者所组成的足球组织往往难以招募或培养出足球发展所需要的各方面专业人才，这就会大大影响社会组织的发展规模与质量。

2. 资金支持不足

如今我国社会足球比赛所需的经费主要来源于社会赞助和参与者收费，但是由于社会足球发展规模还不够大，其影响力也不够高，因此也难以吸引足够多的社会赞助资金，而通过收取赛事参与者的报名费及比赛违规行为的罚金等方式所获得的经费又不够稳定，也难以维持社会足球赛事的长期发展。即使是一些发展比较成熟的社区足球赛事，如回龙观业主足球协会，其赛事经费主要来源于政府拨款与赞助商投资等方式，但是每年通过这些方式获得的经费也并不固定，而回龙观业主足球协会每年还需要花费一定的费用用于开展大量公关工作，由于回龙观业主足球协会身份的合法性受到限制，难以吸引大量赞助商的投资，再加上一些商家利益与协会宗旨存在一定的冲突，这就更加难以吸引足够的商业赞助，从而导致回龙观业主足球协会的发展缺乏足够的资金支持。

3. 场地设施缺乏

2021年，体育总局根据国家统计局批准的《全国体育场地统计调查制度》，以2020年12月31日为标准时点，组织开展体育场地统计调查工作，调查数据显示，全国足球场地11.73万个，场地面积为3.20亿平方米。其中，十一人制足球场所2.69万个，占22.92%；七人制足球场所3.80万个，占32.39%；五人制足球场所5.23万个，占44.59%；沙滩足球场120个，占0.10%。由于十一人制足球场地基本都建设在学校中，再加上我国学校对外开放足球场地的情况也不是很好，因而将其他各种场地都作为社会足球场地来分析，由上述数据可知，当前我国足球场地设施的建设现状仍然难以很好地满足社会大众参加足球运动的需求。一些学者通过对我国主要城市的抽样调查研究发现,我国大多数足球爱好者认为当前社会中分布的足球场地设施难以很好地满足其足球运动需要,很多高质量的大型体育场馆往往收费较高,或不对外开放,而学校中的足球场地有存在开放不足的现象,再加上这些年社会足球发展规模不断增加,社会足球参与人数也不断增加,导致足球场地设施不足的问题更加严重。①

4. 组织发展滞后

学者丛湖平等一方面在对"民间体育组织"的概念进行借鉴的基础上,提出并解释了"民间足球竞赛组织"这一概念,另一方面在对民间足球竞赛组织进行深入的过程中发现,由基层老百姓自发组建的足球竞赛组织结构比较松散,组织内部各个部门的职责边界不够清晰,职责范围存在一定的交叉,即使建设有正式的制度,但是其规章制度的执行方式主要以人们的"契约精神"与人际间的交流沟通为主,例如,回龙观业主足球协会组织内部缺乏明确的规章制度与等级划分,实际上是一种结构相对松散简单、缺乏正规性的"情感型"组织。② 总之,当前我国足球社会组织普遍存在规章制度不够健全完善、制度执行方式不够妥当等问题,这大大增加了社会组织的管理难度,降低了其各项工作的效率,从而严重影响社会足球的可持续发展,在如此情况下,又何谈高质量发展。

(二)监管机制亟须优化

当前我国社会足球发展过程中存在着明显的监管机制不够完善的问题,具体而言,表现在以下几个方面:

1. 组织活动监管缺位

《中国足协章程》规定各个足球组织必须接受中国足球协会、地方体育局以及体育总会的监督、指导与管理,由于社会足球组织是一个由民间业余足球爱好者自发组建的社会社团,因此,基本上不受上述组织的直接监管。即使中国足球协会关于足球运动的发展制定了一系列的政策规定,如《中国足球协会业余联赛规范管理办法(试行)》和《中国足球协会业余联赛评级管理办法(试行)》,并对自身及各个会员足球协会的职责分工进行了明确的规定,但是对于自身、各个会员足球协会、足球运动参赛队伍、运动员等主体的行为尚未建立完善的约束机制与激励机制。特别

---

① 赵升,张廷安,周毅. 当前我国城市群众足球运动发展特点及策略研究 [J]. 河北体育学院学报,2013 (6):33—36.
② 丛湖平,罗建英,卢伟. 民间足球竞赛组织相关研究的评述 [J]. 浙江体育科学,2019 (5):1—6+19.

是地方足球协会在运行过程中，由于缺乏足够的制度保障，因此，其在开展足球活动的过程中，往往存在着职责不清、目标不明、无法可依等问题。总之，从当前我国社会足球发展现状上看，我国尚未针对社会足球组织建设完善的评估监管机制，尚未设立相应的监管机构，没有引入独立的第三方对社会足球组织进行监督、管理与评价，由此反映出当前我国社会足球组织存在着监管缺位的问题。

2. 竞赛监管责任缺失

随着社会的不断发展，国民经济水平不断提升，再加上国家对全民建设的高度重视与大力支持，我国社会中的足球氛围也变得越来越浓厚，如今全国各地开始纷纷开展各种社会足球赛事活动。然而，我国社会足球的发展过程中却始终存在着一些难以解决的问题。具体表现在很多地方，如足协对社会足球缺乏重视，对社会足球缺乏明确的发展规划、发展目标、发展任务与要求，社会足球比赛缺乏足够的稳定性等。另外，除了地方足协举办的各种足球赛事之外，也出现了很多由群众自发组织的各种社会足球赛事，但是这类社会足球赛事属于民间赛事，其性质也比较特殊，而且其中所涉及的因素也比较复杂，赛事运作缺乏足够的规范性，难以确定具体的监管机构、监管制度等，因此很容易出现各种不文明、不规范的现象，如足球暴力等。由于社会足球赛事完全不同于竞技足球赛事，只是为了满足群众参加足球锻炼的需求，因此不需要通过专业化的管理模式来对其进行运作，但是要想保证社会足球赛事的良性运作，仍然需要进行一定的管理，因此，有必要对社会足球赛事的监管机构、监管流程及监管要求等进行明确，从而有效解决社会足球赛事运作中的注册、备案、监管等相关问题。

（三）反馈机制尚未形成

社会足球反馈机制指的是通过建立并实施相应的制度程序，结合社会大众对足球运动的需求及其参与体验，对社会足球发展过程进行优化调整的一种机制。建设社会足球反馈机制旨在结合社会大众的足球需求与参与情况，对社会足球供给侧进行优化调整，以充分满足社会大众的足球参与需求，进而推进社会足球的高质量发展。然而，当前我国尚未建立健全完善的社会足球反馈机制，具体情况如下：

1. 信息管理机制尚未建立

社会足球信息管理机制是指将社会足球相关信息进行收集、整理、沟通与反馈的一整套管理机制。一套完整的社会足球信息管理机制包括成立专门的社会足球信息管理机构、构建社会足球信息管理统计系统、建立社会足球信息报告与公开制度、选择并创新信息反馈手段等要素。然而，社会足球活动基本上是由社会大众自发组织与管理的，并没有制定专门的管理机构对其进行管理，因此，我国各级体育行政管理部门、中国足球协会及地方足球协会都没有将社会足球活动纳入自身的管理范围，在信息管理过程中，通常也只是对自身所举办的大型足球赛事或品牌活动的有关信息进行统计，而没有对其他一些比较零散的由群众自发组织的社会足球活动相关信息进行汇总。由于社会足球活动具有明显的业余性特征，因此官方机构往往对其没有承担过多的管理责任，但是社会足球组织由于其身份的非正式性，导致其信息管理活动缺乏足够的权威性、有效性与可行性。因此，如今我国社会足球信息管理机制的构建面临着很大的难题，除了需要确定信息管理机制的建设主体、管理主体、反馈方式等元素之外，同时还需要保证其通过信息管理机制建设所获得的信息反馈要具有足够的权威性与可行性。

2. 多主体协同联动机制尚未理顺

社会足球信息反馈机制的建设需要社会足球有关参与主体的交流与合作，因此，建设社会足球信息反馈机制还需要构建多主体协同联动机制。社会足球信息反馈机制的构建涉及多个利益相关者，具体包括体育行政管理机构、非营利性社会组织、社会体育俱乐部和体育企业等，但是由于这些主体的身份角色、任务分工、职责范围等都存在一定的不同，因此，它们在社会足球发展中也有着不同的利益需求与参与动机，但是如今我国社会足球的发展尚未建立完善的多主体协同联动机制，具体表现在两个方面：一方面，体育行政管理机构由于自身职能定位与人力资源等因素的限制，其在社会足球发展中往往发挥着宏观指导的作用，而其他方面的工作则希望由社会力量来负责。另一方面，尽管非营利性社会组织与政府一样在社会足球发展方面有着共同的公益性目的，也愿意参与社会足球的组织与推广工作，但是由于其权威性、话语权、主导权不足，往往处于自身难保的发展困境，因而缺乏足够的能力负责社会足球的发展工作。另外，社会体育俱乐部和体育企业在社会足球发展中都具有一致的营利目的，其参与社会足球的发展主要是为了获得尽可能多的经济利益，而这又与体育行管理机构和非营利性组织的公益性目的相悖，虽然在社会足球发展中，不同利益主体的参与行为能够在很大程度上满足社会大众参加足球运动的多样化需求，但是以营利为目的的参与主体又难以和具有公益性目的的参与主体之间实现"等价交换"，如数据的公开、资源的共享和成果的共建等。尽管我国一些学者提出在提供公共服务供给过程中，可以建设有限政府与有限市场，但在如今我国的社会足球发展中，由于各个利益相关者之间存在着不同的利益诉求，而它们不同的利益诉求又难以得到有效解决，因此难以构建出健全完善的社会足球多方主体协同联动机制。

第四章 我国足球高质量发展的现实困境

三、价值体现方面的困境

在对社会足球的价值体现进行审视的过程中，首先要回到价值功能定位的原点进行比照，方可形成客观结论。"推动足球运动普及"和"推动社会足球与职业足球互促共进"是《中国足球改革发展总体方案》对于社会足球发展的基本定位，因此，探讨社会足球价值生成的问题，也可以通过这两个维度加以佐证。

（一）普及足球运动的正外部性效应不显著

如今，外部性概念已被广泛应用到多学科领域，将其放置于社会足球的研究视角下，可以将正外部性理解为社会足球的广泛开展可以带动更多人参与足球运动，即实现普及足球运动的目的。从国际惯例看，衡量一个国家足球普及程度的主要指标包括足球人口和注册球员数量。其中，足球人口指每周进行两次或两次以上足球活动的人数。然而，如今我国足球的普及程度仍然远低于足球发达国家。

（二）促进职业足球的涓滴效应难以实现

涓滴效应（Trickle-down effect）源自经济学研究范畴，又译作渗漏效应、滴漏效应、滴入论、垂滴说，也称作"涓滴理论"，指的是在经济发展中，通过优先发展起来的群体或地区来带动贫困群体或者地区的发展，也可以认为是政府先为大企业提供财政补贴，然后再逐步流入小企业与消费者群体中，进而逐步实现经济发展水平整体提升的目的。一般认为，涓滴效应是潜在的，而不是现实的，是外生的，而不是内在的必然。目前，《中国足球改革发展总体方案》提出的"推动社会足球与职业足球互促共进"的发展理念与涓滴效应异曲同工。例如，通过不断增加参与足球的人口数量、提高社会足球发展水平的方式，为职业足球的发展提供坚实的群众基础，意在利用社会足球这一"量"的积累，从而带动职业足球"质"的发展。

客观而言，社会足球与职业足球之间并无显著关联，特别是对社会足球概念的适用范围加以限定之后可以发现，在校园足球之外，由社会公众自发集结而展开的足球活动，其参与目的、人员结构都与职业足球存在着本质区别。首先，以娱乐目的为主的社会足球，无法满足职业足球的高竞技性人才需求。职业足球作为同场竞技性项目，在大负荷、高强度对抗中完成精准的技术动作是对运动员的基本要求，而社会足球参与者大多以强身健体、娱乐身心为主要目的，其活动形式具有随意性和低对抗性等特征，故社会足球参与者很难通过日常的训练和比赛达到专业化的体能、技能与战术要求。其次，受年龄、职业等结构性因素影响，社会足球难以成为职业足球人才输送的主要渠道。专业化培养模式和职业竞争的高淘汰率表明，职业足球运动员的养成是一个长期的、系统性工程，需要球员从很小的时候就开始接受专门性训练，以逐渐形成基本的职业足球素养。而基于草根特性发展起来的社会足球，其参与者往往以成年的社会人员为主，从选材的角度看，无论是年龄结构还是培养模式都无法与职业足球进行接轨。

如果将社会足球发展创设的群众基础视为助力职业足球发展的潜在关联，其涓滴效应同样难以显现。因为从二者相互作用的逻辑向度看，社会足球发展的好坏恰恰受到职业足球发展水平的影响。在我国，职业足球承载着国家足球竞技水平提升、彰显足球文化的重要使命，但近年来先后出现的假球、黑哨，职业足球运动员涉黑、斗殴、缺乏敬业精神等一系列行为失范现象，反而让职业足球成为中国足球面貌无法改善的"原罪"。由于期望与事实间存在的较大反差，我国社会公众对职业足球的关注度和认可度日渐消退，进而陷入了恶性循环的发展瓶颈。因此，通过社会足球发展来夯实职业足球的群众基础，虽存在一定的理论可能性，但从我国当前发展的现状看，要想实现社会足球反哺职业足球的发展愿景，必然要先回归到职业足球发展困境化解的议题之上，方可见效。

第五章 足球高质量发展的域外经验借鉴

日本、德国、英国、西班牙等国家足球运动的发展基本上已经达到相对成熟的水平,域外足球运动的发展工作,大多受其特定的政治、社会、经济、人文环境等诸多因素的影响。"他山之石,可以攻玉"。因此,在探讨分析不同国家成功经验的同时,需要针对我国具体存在的足球问题,有选择性地学习借鉴不同国家治理工作的成功经验,从而促使我国足球运动发展方式实现转变。本章主要根据罗伯特的多案例研究方法,致力于探寻"如何科学系统地推进足球运动高质量发展",基于理论、历史、实践等多个角度,重点对日本、德国、英国、西班牙等国家足球发展工作的相关案例进行分析,并探讨其发展的成功经验,从中明确认识到特有的运行规律与特性,对其推广价值和上升为顶层制度设计的可能性进行分析和探索,进而努力寻求建设中国特色的足球运动高质量发展的有效路径。

第一节 日本足球运动发展经验

一、日本竞技足球发展经验

柔道、相扑、棒球是日本的传统体育项目,其受欢迎程度和受众人数远超足球。然而,无论是独有的相扑运动,抑或是大众普遍参与的柔道和棒球运动,都很难将日本推入世界体育强国的行列。毕竟,新奇、小众的体育项目并不能真正代表一个国家的综合体育实力,至少难以获得国际体育界的普遍认同。因此,在足球运动国际影响力不断凸显的当下,日本政府开启了以足球竞技水平带动国家体育形象提升的发展模式,并在短短二十余年间就成功闯进世界强队之列。历史上日本四次获得了足球亚洲杯冠军,连续六次打进世界杯决赛圈、三次闯入世界杯16强,国家青年足球队和女子足球队在世界大赛多次击败世界足球劲旅。

由于起步较晚,日本足球与欧洲足球强国的发展历程大相径庭,迟发展效应使得日本可以借鉴英国、西班牙、德国等足球强国的宝贵经验,为实现赶超式发展创设条件。从现代足球的发展历程看,亚洲国家普遍起步较晚,通过后发式学习而能在世界足坛占据一席之地的凤毛麟角。日本足球崛起的速度与高度让同期步入职业化改革的中国足球相形见绌,更让"亚洲人不适合踢足球"的流言不攻自破。基于此,国内学者对日本足球的崛起展开了广泛的论证。张伟认为,特定空间和文化元素的支持是足球赖以生存和发展的根本[①],而日本传统文化中"崇尚集体意识和组织建设"的东方家族观念和"持之以恒、全力以赴"的武士价值精神恰恰为日本球员职业精神的塑造提供了支撑。李百成、郭敏认为日本足球能够如此之快地进入世界强队行列,与其民族文化中强烈的规则意识和集体主义的价值观是密不可分的,强大的执行能力及高度的隐忍精神都推动着日本足球不断前进,也获得了日本足球广泛的社会认同。[②]

二、日本青少年校园足球发展经验

目前,我国实行的青少年校园足球治理模式与日本青少年校园足球的治理框架具有一定的相似性,例如推动教育、体育等部门在机构设置方面的联合参与,促进体教融合,同时建立体育特长生制度,贯通校园足球人才的培养,注重合理制定青少年足球的发展规划、完善后备人才培养体系,高度重视校园足球的发展和教练员的培养工作,日益建设并努力完善青少年足球竞赛体系。由于日本青少年校园足球在治理工作有着较好的成绩,因此其校园足球与社会足球、职业足球呈现相辅相成、彼此促进的状态。总的来说,对日本青少年校园足球治理主体结构及运行机制进行分析探讨,能为我国青少年校园足球的治理提供一定的借鉴和成功经验。

(一) 健全的行政管理体制

健全的行政管理体制有助于青少年校园足球呈现良好发展的态势,譬如日本校园足球的发展。文部科学省和地方教育委员会是日本青少年校园足球的主导部门,其中包括初等、中等教育局和体育运动青少年局。[③] 其中,学校足球俱乐部的指导和培训、各类青少年足球赛事的开展,主要由文部科学省的日本体育协会下属的初中和高中的体育联盟(如图5-1所示)负责。其中,日本文部科学省高度重视青少年解决问题的能力和素质,譬如严谨自律、友好相处、协调合作、感情洋溢和强健体魄等基本生存能力。在这个情况下,日本各级教育委员普遍持有一个观点,即校园足球对青少年问题解决能力的提升有积极作用。1978年,日本的中小学体育课程

---

① 张伟.中日足球后备人才培养体制的比较研究[J].安徽体育科技,2008(6):33—35.
② 李百成,郭敏.日本足球发展经验及启示[J].体育文化导刊,2018(6):94—98+124.
③ 王长琦.论日本校园足球成功运作范式及其对中国的启示[J].南京体育学院学报(社会科学版),2017,31(5):86—89.

中引入了足球，由地方教育委员会对其进行监管，与此同时，日本的学校鼓励学生在课余时间参加到社团活动之中，而在众多的社团中，足球社团是广大青少年最热衷参与的。日本校园足球主要包括足球课、校内的足球部活动、学校相关的足球比赛，囊括了课内外体育。日本文部科学省依据"一贯指导系统"对运动员进行培养，并根据运动员各自的身心特点，制定具有针对性的培养计划。作为教育部门推动学校体育发展的重要手段之一，校园足球有助于学生身心健康的全面发展。校园足球的人才通常会选择在完成学校的教育任务后，再参与到足球相关的技能训练活动之中。因此，日本也十分重视校园足球人才的校外提高，并专门构建了足球俱乐部训练中心体系（图5-2），层层选拔出优秀的运动员进入上一层级训练体系中，而且俱乐部人才后备梯队内的大多数运动员，会选择就近原则，进入俱乐部周边的学校中进行学习。为持续推动校园足球的发展，日本政府不仅努力发挥其行政优势，同时还积极发动社会力量，吸引广大社会大众的参与。需要明确的是，校园足球是日本足球协会进一步推进日本足球事业发展的重要环节。日本足协普遍认为足球普及率的提高，是促进校园足球进一步发展的基础，所以日本青少年足球运动发展具有战略性的地位，基于此，日本足协全方位的支持校园足球的发展。另外，日本各级足球联盟主要负责管理和运行各级别的校足球联赛，而日本各级足球协会则主要负责与高水平训练相关的工作。

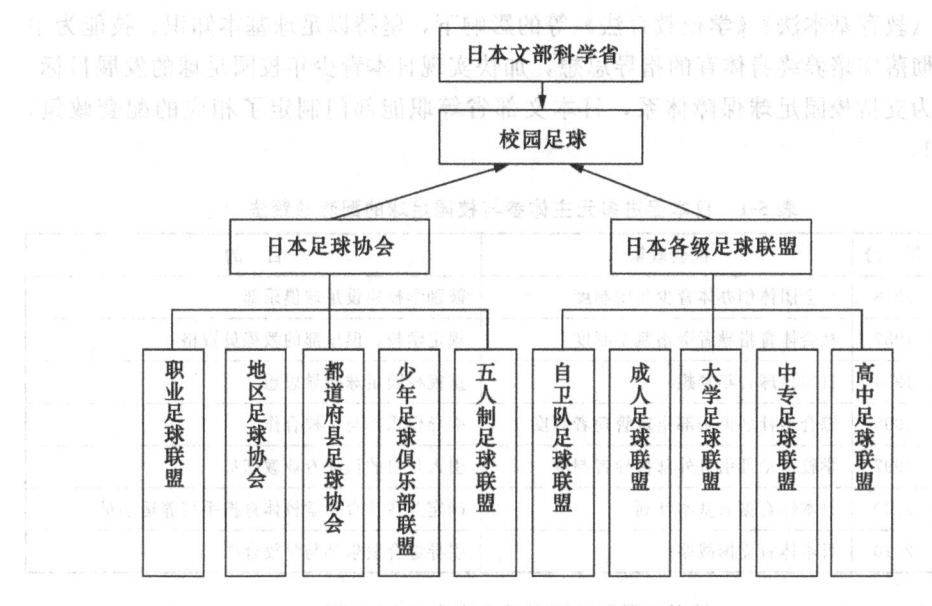

图 5-1 日本青少年校园足球管理体制

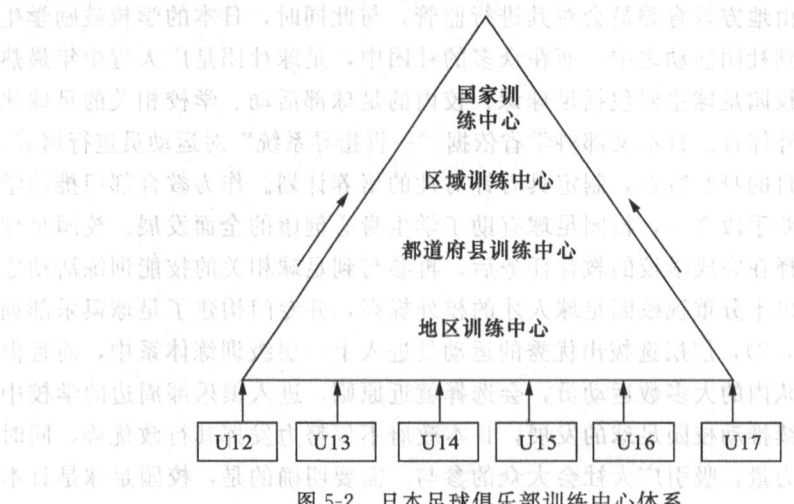

```
                    国家训
                    练中心

                  区域训练中心

                都道府县训练中心

               地区训练中心

      ↑     ↑     ↑     ↑     ↑     ↑
    U12   U13   U14   U15   U16   U17
```

图 5-2　日本足球俱乐部训练中心体系

（二）颁布制定了完善的法规制度

为保证日本青少年校园足球能够得以顺利发展，需要建立健全校园足球的相关法律法规，因此日本十分重视校园足球制度保障体系的建设。

在《教育基本法》《学校教育法》等的影响下，坚持以足球基本知识、技能为中心，贯彻落实培养终身体育的指导思想，加快实现日本青少年校园足球的发展目标。同时，为支持校园足球保障体系，日本文部省等职能部门制定了相应的配套政策，见表 5-1。

表 5-1　日本促进多元主体参与校园足球的配套政策法

国家	年份	配套政策	目的
日本	1978	社会团体创办体育少年团制度	鼓励学校建设足球俱乐部
	1987	社会体育指导者资格赋予制度	规定学校、俱乐部的教练员资格
	1994	日本足球百年梦想	重视校园足球指导思想
	1995	综合型社区俱乐部指定管理者制度	引导俱乐部与学校合作
	1997	学校运动部引进外部指导者制度	引入足协的认证专业教练员
	2000	日本体育振兴基本计划	确定竞技体育和学校体育携手培养运动员
	2010	日本体育立国战略	引导综合俱乐部与学校合作

首先，文部省联合足协推动建立一体化校园足球教练员的培养体系。日本足协尤其重视教练员的培养，基于此，在"三位一体"强化政策中，"教练员培养"被看

第五章　足球高质量发展的域外经验借鉴

作是其中极为重要的一环，与"选手强化训练"和"青少年选手培养"并重，为使教练员的水平得到提升，应针对性地采取有目的、有计划、有步骤的措施。其中，日本足协和日本大学生体育委员会、日本奥运委员会共同组成了管理机构，由日本体育协会主管足球教练的培训。日本足球教练员的管理是以注册制度为中心，结合培训、资格和继续培训，促进齿轮运转的管理模式的形成，其核心为注册制度，紧密联结了其他三个组成部分，一动而全动。

日本将足球教练员等级分为五个级别：S级，可执教各级职业队，相当于亚足联的职业级；A级，可执教乙级队及各俱乐部预备队；B级，可执教青年队；C级，可执教少年队；D级，教儿童踢球。因此，日本足球教练员的执教资格，其核定需要通过日本足协严格的考核制度和考核指标。例如，日本足协规定，若教练员申请S级足球教练证书，其必须参与全职学习，积极参加国外足球高级讲师的授课，并且在结业后也需要保持实践和再学习；又如，若要执授一所初中的足球队，即使其为退役的国家队选手，也必须先获得国家颁布的B级教练员资格证书，才能任职上岗。此外，为培养优秀的足球教练员，日本足协通过多种形式的培养举措，例如：定期组织教练员研讨会，完善讲习制度，增加研讨会的召开次数，从而提升教练员的综合水平；选派青年教练员前往国外进行水平深造；邀请国外优秀的教练员来到国内进行讲学等。日本的各级足协为进一步提升各级教练员的业务能力和执教水平，都需要遵守严格的管理和考核制度。基于日本足协的统一领导及地方足协的努力，教练员的培养获得了积极意义上的提升。通过对日本足协所统计的资料进行深入分析和研究，可以发现目前日本接受过专业培训并且取得教练资格的教练员数量呈直线上升趋势。显然，日本青少年足球教练员的飞速发展除培养工作得到加强之外，还有另外一个原因，即教练员的薪资酬劳与一线教练员持平，促使更多的人参与到校园足球教练员的培养工作之中。

其次，为了贯通校园足球人才和专业足球人才对接平台，日本形成了综合型后备人才培养体系，即足球俱乐部训练中心培养系统，该培养体系是由学校足球培养系统和职业俱乐部后备梯队培养系统进行辅助的培养模式。该系统在综合考虑了日本的发展国情、民族特点、足球基础等多种因素的前提下，于1980年正式施行，其是最能体现日本特色的青少年足球培养模式。该培养模式主要目的是在为学生提供优秀的训练环境与训练指导的同时，使日本的青少年足球运动得到进一步提升。可将其自上而下地划分成4个层次、9个地域训练中心、47个都道府县训练中心。同时，我们需要注意，日本校园足球得以顺利开展的前提条件在于遵循日本足协和地域足协所下达的具体要求。一方面，在对青少年球员进行选拔的过程中，可以逐级从低级别训练中心向更高级别的训练中心进行人才输送，使其能够从中获得更为专业的训练指导；另一方面，实现自上而下的由国家训练中心所传达的指导意见、培养方针等相关情报信息，使各级训练中心能够同步接收；除此之外，运动员还应当在接受到专业的训练指导之后回到最初的地方训练中心，发挥自身的技术骨干和"载体"的作用，在队内及时交流学习所学的技能与知识。日本在实施此培养制度的过程中，不仅培养出了大批优秀的校园足球运动人才，还为日本足球竞技水平的进一步提升奠定了人才基础。日本职业足球俱乐部主要通过运用"体教结合"的形式来建设人才梯队，其中的U12、U15、U18在进行后备人才训练时，所采用的训练机制为"走训制"，即白天在学校进行文化知识的学习，课余时间前往俱乐部进行正规的专业训练，该训练机制除召开比赛的时间之外，通常不会对运动员文化知识的学习造成阻碍。同时，在发展规模上，职业足球俱乐部针对青少年设置的培养系统相较于足球俱乐部训练中心和学校足球所设置的培养系统存在一定的不足之处，其所拥有的后备人才储备主要源于周边足球普及程度较好及足球运动水平较高的中小学，基于此，职业俱乐部应针对自己的不足之处，制定更加详细的培养计划，加强资助经费、场地器材及教练员队伍等方面的重视程度，从而保障其硬件设施及人才的质量。

再次，日本极其注重校园足球。不仅学习足球强国在校园足球方面的发展经验，还针对日本青少年的身心特点发展特点，制订与之对应的校园足球发展计划，并提供优质的技术指导和良好的训练场地，努力选拔出具有较高足球天赋的青少年。与此同时，学校足球青少年人才培养系统主要由文部科学省下设的相关政府机构负责，是在小学、初中、高中、大学的各级学校联合协作的基础上，共同构成的一种纵向培养系统，从而全力支持学校足球的管理、组织及资金投入等方面的工作，而具体的管理工作是由日本足协下属的各级学校足球联盟进行负责。另外，除去日本政府对于校园足球的高度重视之外，足球运动本身在日本的学生群体中就拥有十分独特的地位，他们对足球比赛的重视程度甚至超过了对学业成绩的关注度。目前，日本的每所学校不仅有学校专门组建的足球队，也存在由众多学生自发组织而成的足球队，足球运动不仅能够提升学生的身体素质，还能够开发学生的智力，激发学生群体对于足球运动的学习积极性，获得来自家长和学校的一致认同和支持，这有助于进一步普及日本青少年足球运动。值得一提的是，在日本学校足球培养系统中，他们普遍坚持一个观点，即中学/小学球员先是一名学生，然后才是一名运动员。换言之，青少年运动员在进行足球训练的过程中，不可以对自身的学业造成影响，而应当和其他普通学生一样，完成自己的学业课程。在日本，学校业余足球俱乐部平均每周会进行2—4次训练，训练形式以游戏为主，意在提升学生的对于足球运动的学习兴趣，使学生在掌握足球运动基本技术的基础上，体会到足球比赛所具有的乐趣。

第五章　足球高质量发展的域外经验借鉴

再者，日本足协和文部省共同制定完善校园足球竞赛体系。合理的竞赛制度通过训练与比赛的有机结合，将竞赛作为杠杆，不仅可以检验日常训练的效果，还有助于提升足球运动的训练质量和竞赛水平。在不断的探索和努力下，日本青少年足球的竞赛体系得以不断完善，在亚洲范围内J联赛也逐渐成为一流水准的足球联赛，当然日本其余各级各类学校联赛也举办的如火如荼。在日本足协和文部科学省（相当于我国教育部）的共同主办和组织下，日本每年几乎都有两万多所日本中学/小学的几十万人共同参与各类校园足球赛事，基于此，平均每位青少年球员每年都有踢50场正式足球比赛的机会。具体来讲，可以根据年龄和性别将日本足协及其下属各组织举办的各类全国性足球比赛分成五大类（表5-2），其中女子足球比赛属于第五类。不仅如此，全国幼儿足球赛也已成为日本每年定期举办的重要幼儿赛事，其年龄组包括U10、U8、U6。除了全国性比赛之外，各地区小学、初高中也有其足球联赛。由此看来，日本青少年足球比赛的范围之广，不仅包括各个年龄段，其种类也多种多样，包括全国级、地域级、督道县级、地区级等多项赛事。当然，需要特别说明的是，由于社会和民众高度关注日本青少年足球的比赛，并且全日本高中足球联赛在日本具有非常大的影响力，与J联赛相比来说，该比赛受到媒体和民众（尤其是家长）的高度关注和重视。据了解，该赛事始创于1916年，在比赛中，前四名的代表学校将在东京的国立体育竞技场进行比赛，这也是孩子们心中的足球圣地，观看决赛的观众甚至可以达到四万多人。与此同时在联赛过程中，职业队也会吸纳有潜质的优秀球员，如中田英寿、中村俊辅、本田圭佑、长友佑都等众多知名的日本球星都曾经参与过高中联赛。而日本各项赛事的举办时间，大多会选择安排在学校的春、夏、冬三个假期和一个5月黄金周中。

表5-2　日本全国性青少年足球比赛

类　别	年　龄	赛　事
第一类	年龄不限	共有15项赛事，其中涉及青少年的全国性比赛有全民体育大会足球比赛、全日本大学足球选手杯赛、全日本大学足球地区对抗赛、全国高等专门学校足球选手杯赛、东西大学选拔对抗赛、"天皇杯"全日本足球选手联赛、"总理大臣杯"全日本大学足球联赛等7项
第二类	U18	共6项：全日本青年足球选手杯、全国高等学校足球选手杯、全国高等学校总体育大会足球选手杯、全日本俱乐部青年东西对抗赛、全日本俱乐部青年足球选手杯、日本青年队东西对抗赛

续表

类别	年龄	赛事
第三类	U15	有2项：全日本选手选拔中学足球队联赛、全国中学足球比赛（"高元宫杯"全国U15足球锦标赛、日本U15锦标赛、全国俱乐部锦标赛、全国初中锦标赛、初中综合体育大会、国民体育大会、全国俱乐部东西对抗战、U14J联赛、U13J联赛、J联盟U14强化训练）
第四类	U12	有3项：全日本少年足球选手杯大会、全日本少年足球大会，以及全日本俱乐部少年足球选手杯
第五类	女子	女子足球比赛

此外，在"学校运动部引进外部指导者制度""社会团体创办体育少年团制度"和"综合型社区体育俱乐部指定管理者制度"等政策措施实施过程中，日本的文部省、足协与俱乐部等机构逐渐推动社会组织、个人及企业等与校园足球事业的相互融合，促使合法互动的稳定开展。

（三）积极采用多元化资金引入渠道

经费是校园足球发展的基础，因此其投入的多少直接影响到校园足球的发展规模。针对经费问题，为增加校园足球资金来源，日本校园足球不仅注重强化政府责任，而且提出要加快市场机制的引入。

在日本，校园足球已经初步建立起了政府和社会多渠道的经费投入机制。早在20世纪90年代初，日本政府便加强全国中小学足球场地的建立力度，并为校体育课、校内足球俱乐部等校内足球活动的开展提供了对应的指导。为资助日本校园足球教练员的培训工作，政府部门与社会力量达成合作，共同成立了专门的体育振兴基金。此外，日本足协为保障正常运行校园足球活动，特意提供了较为充分的场地等设施。从2008年开始，日本足协积极推动绿色工程的实施，以此来鼓励青少年积极响应并参与户外活动，比如JFA为县级足球协会、足球俱乐部、市政府学校、幼儿园和托儿所等免费提供草坪苗。日本青少年足球赛事体系门类大，具有较大的社会影响力，在国家政策的资助以及企业的支持下，得以顺利举办。其中常年赞助日本高中足球联赛，使其得以顺利进行的当属丰田公司等大企业，在这之中一部分大企业会选择在中小学成立其附属的足球队，不仅会承担该足球队的日常活动经费，还会通过修建足球场地或提供设施来对学校进行资助。此外，也存在着一种特有的"OB"制度，即学校足球队的发展资金由毕业生及家长承担等。通常情况下，学员需要在缴纳一定的学费后，才能参与到学校及社区足球俱乐部的培训中，而这笔资金往往会用于俱乐部的正常运行，包括日常训练和比赛所需的消费。

（四）重视社会公众参与校园足球治理的积极性

开展校园足球治理工作，其成败的关键在于公众参与是否积极。在对日本校园足球的发展经验进行探讨和分析中，可以发现，高水平的职业联赛及日本足球队取得的优异成绩表现，能够大幅度提高公众对足球运动的认可度和参与积极性。足球在日本发展历程中，逐渐继承了其特有的忍者精神等大和民族文化，十分具有日本特色。当前，足球运动已经成为日本国民生活一种精神寄托，尤其深刻影响着青少年的运动理念，因此日本男性心中的第一职业曾连续六年都是足球运动员。其中，日本校园足球的教育理念不局限于发掘专业的足球苗子，还强调要注重培养人才的全面发展，给予每个孩子都能踢球的机会。此外，在课余时间参加学校里的俱乐部足球训练，需要青少年缴纳一定的学费，而俱乐部的教练主要来自学校里的体育教师和社会方面的足球人才。总的来说，即便作为职业俱乐部的后备人才梯队，也有较多的运动员愿意就近进行足球学习和训练。对于足球运动的学习，青少年首先是基于浓厚的兴趣参与学校足球俱乐部的日常训练，其中一部分具有较强足球运动天赋的青少年，还希望借此获得进入国家队的可能。青少年足球运动的开展也需要满足一定的前提条件，也就是说不能影响到自身的文化学习，而"走训制"的实施，有助于青少年在足球训练的同时不落下文化学习教育。青少年参加足球训练有其特有的优势，具体表现为，他们既能踢好球，也能优先获得较好的教育资源。在中小学时期，足球训练主要负责激发并培养学生对足球的兴趣，便于开展足球基本技战术的学习。而高中联赛作为一道分界线，导致学生运动员出现不同的流向，一般情况下，若学生球员的潜力较高，他们基本都会流向训练水平更专业的职业足球俱乐部。

三、日本职业足球发展经验

探讨日本足球，源自人种、地域、文化等诸多要素与我国的相亲相近，更源自同步实施足球职业化发展的当代轨迹。日本足球的成功如同一面放大镜，将我国足球的"长治久衰"映射得"体无完肤"。国情不同、体制不同、社会环境不同都不应成为我国足球在职业化发展几十年后不进反退的搪塞之由，毕竟日本在校园足球蓬勃发展、职业联赛稳步推进、国家队成绩稳居世界前列的背后，有着诸多我国亟需汲取的宝贵经验，包括足协高屋建瓴的宏观规划、足协与职业足球联盟通力合作的中观统筹、各类足球组织协调配合的微观执行等。

我国足球高质量发展模式创新研究

日本足球联赛开始于1965年,但受业余性质的影响,足球运动水平整体呈下降趋势,同时观众人数减少、足球运动员薪水和社会地位不高等问题逐渐显现。为了扭转这一局面,日本足协决定借鉴西方足球强国的发展经验,走职业化发展道路。然而,这一过程并不是一蹴而就的,从1989年宣布成立职业联赛到1993年的正式开赛,日本足球用了四年多的时间来商讨、筹备和构建职业化发展框架,期间职业联赛检讨委员会和职业足球联盟便已成立。反观这一历程不难发现,日本足协在职业联赛规划中体现出了较高的严谨性、客观性和可持续性等特征,在足球职业化进程中起到了定海神针的作用。

钟文正认为日本足球成功的根本原因在于:"承袭对外来文化兼收并蓄的历史传统,善于全面、多层吸收西方足球文化营养及重视异质文化的本土改造和创新等。"[1] 这一观点在日本职业足球发展过程中表现得尤为突出:一是对组织管理理念的继承与改造。日本足协在职业联赛开始之初就借鉴并成立了职业足球联盟,以现代化公司的形式全权管理职业足球事务。但与欧洲职业足球联盟追求经济利益最大化的理念不同,日本职业足球联盟的法人性质是公益社团法人,其目的是丰富民众社会生活和提升地域影响力,强调构建职业足球的社会服务属性。二是对职业足球俱乐部组织行为的继承与改造。一方面,职业足球俱乐部与西方国家一样,按照市场经济规律来经营运作;另一方面,日本足协又规定职业足球俱乐部不是企业所有,也不是企业公关宣传的工具,而是专门从事足球运动、以服务球迷为主体的组织。为此,日本J联赛创造了独具特色的发展模式——"地域密着"。所谓"地域密着"就是在职业足球发展过程中,逐步融入当地元素,最终实现与当地社会经济文化融合发展的过程。[2] 社区是"地域"的主要指向,日本足协要求职业足球俱乐部所在地区必须均衡发展,不能集中在大城市,并且要进入社区。同时,职业足球俱乐部必须向社区提供体育场地、体育教练员及足球培训,参与社区体育活动,促进当地体育发展,以赢得社区的认同和地方政府的支持。

综上所述,为了实现足球竞技水平提升和足球产业稳步发展,日本足协在赋予职业足球联盟管理权力的同时,实施了职业足球俱乐部组织化发展的创新举措。作为一级组织,职业足球俱乐部成为当地居民的代表和类似一种会员制的延续。而这种"代表"和"延续"不断推动职业足球联赛的发展,令日本J联赛声名鹊起,并最终帮助职业足球俱乐部在电视转播、市场推广和球员转会中获得利益。

---

[1] 钟文正. 日本足球职业化改革成功的文化学剖析——兼论对中国足球职业化改革的启示[J]. 首都体育学院学报, 2010 (3): 9-12+24.
[2] 陈文倩. 日本职业足球地域化研究[J]. 体育文化导刊, 2017 (5): 143-146.

John Horne等学者的研究显示，日本职业足球由单纯地追求产业和国家成功转向服务社区的理念，使得职业联赛和职业足球俱乐部获得了更广泛的公共支持，而这种自上而下推动职业足球"地域密着"的政策反映了日本组织文化中的"友好的专制主义"（Friendly Authoritarianism）[1]。可以说，日本足球组织科学高效的管理能力使其影响力不断扩大，而足球组织社会影响力的提升恰恰反哺了日本足球产业的可持续发展。

第二节 德国足球运动发展经验

德国能够跻身世界体育强国之列，与其社会"一切为大众"的政策导向有关，更与德国足球在国际体坛赢得的成绩和对国内体育发展的带动辐射作用紧密相连。德国足球每每在世界舞台上出场，总能给世人留下强韧、严谨的民族印象，足球强国已然成为德国在国际社会中的一张闪耀名片。

一、德国足球运动文化的发展经验

德意志民族思想和民族特性在19世纪前就已经产生，但受其特殊的历史发展影响，德意志民族思想中混杂了狭隘的德意志民族至上主义、种族主义、反犹思想及崇尚权力和专制等因素。这种因素在德意志帝国实现统一后进一步发展，统治阶级开始推动大德意志主义、民族沙文主义、强权主义等情绪，致使德国人的优越感、对强权和武力的崇拜达到了前所未有的高度。虽然不能够以偏概全地否定德意志民族思想，但正像"纳粹主义"给世界带来的战争灾难一样，德意志民族的确应该自省和重构。在经历两次世界大战的冲击和长达半个世纪的分裂之后，德国的迅速崛起让世人对德意志民族刮目相看。德意志民族精神中的顽强精进、严谨有序、智慧深沉等品格被看作是德国崛起的动力源泉，而足球恰恰为这种品格提供了最理想的展示媒介。

每一个足球强国都会展现出独特的足球文化风格，这种文化风格与其特有的民族精神或地域文化相得益彰。1954年世界杯上，并不是夺冠热门的联邦德国队一路杀进决赛，在开赛8分钟就被匈牙利队连入两球的情况下，凭借顽强的意志扳平比分，直至第84分钟反超，上演了世界杯历史上最经典的史诗级逆转，被称为"伯尔尼奇迹"。德国队不但历史性地拿到了第一个世界杯冠军，还打破了匈牙利队自

---

[1] John Horne, Wolfram Manzenreiter. Football, komyuniti and the Japanese ideological soccer apparatus [J]. Soccer&Society, 2008 (9): 359—376.

1950年以来保持的不败纪录。这场胜利为饱受政治和民生苦难的德国民众带来强大的精神力量,极大地推动了其国际形象重构和民族形象重生。对于德国人而言,足球已超越体育运动本身,演变为社会文化精髓的寄托,它与德意志民族服从纪律、团结协作、讲究秩序的民族品格相一致,成为德意志民族文化认同的重要方式。德国人视足球为神圣的宗教,把球星穿过的运动服视为宗教的袈裟,称其为圣物。托马斯·霍尔基认为,足球运动为德国提供了传统纪律方式的替代方案,并通过教育逐渐融入城市文化,进而提高人们的现代城市生活质量。[1]

二、德国足球产业的发展经验

(一)宏观支持与权责分明的足球管理体制为足球产业发展奠定基础

"伯尔尼奇迹"对战后德国的重振作用,使足球发展与德国社会发展间形成了血肉相连的共生关系。德国政府开始有意识地发掘足球运动所蕴藏的社会服务功能,并用高度的责任意识及其现代化思维构建足球发展体系。德国政府通过不断积极申办世界杯、欧锦赛等国际大赛来增强足球在社会民众中的感知力和凝聚力;通过科学定位各级政府、单项体育协会、体育联合会、职业俱乐部等多主体角色,形成严谨的组织架构来保障足球运动推广。可以说,国家层面的高度重视和权责分明的体制机制建设,是足球产业蓬勃发展的强力助推剂。

从赋权角度看,德国体育发展完全是社会行为,国家法律并没有赋予相关政府组织来行使体育发展的权利,主要来自民间注册的各运动协会和体育俱乐部承担起德国体育的发展。因此,在足球运动的推进过程中,联邦政府主要对足球训练基地、足球教练员培养和校园足球发展等工作予以资金支持,而各级政府会根据州宪法对校园足球、大众足球和职业足球进行建设与支持。除各级政府的宏观支持外,德国足协与职业足球联盟建立了双轨制协同管理模式,对职业足球运营工作实施管理,两家管理机构对职业足球发展有明确的职能分工,并在一定程度上形成权力制衡。其中,足协的主要工作是研判足球发展趋势,制定德国足球发展规划,推动足球发展的法治力量,强化职业足球俱乐部的财务健康与审计;而2001年成立的德国足球联盟的工作相对处于中观和微观层面,负责赛事运营与安排、赛事的公共关系处理、赛事市场营销与赛事的可持续发展等内容。由此看出,德国分管职业足球的两大部门权限划分较为明显,合作运营的理念较强,同时相互监督,避免了权力过于集中

---

[1] 托马斯·霍尔基.德国的体育与媒介:德国足球与体育媒介的里程碑和基本事实(英文)[J].成都体育学院学报,2016(2):1—7.

第五章 足球高质量发展的域外经验借鉴

而导致的不透明和暗箱操作行为。

(二) 科学严谨的足球产业政策为体育产业发展提供环境支持

德国是一个政治体制十分严谨的国家，政治经济发展讲求从负面清单中找到解决问题的方式，并对可能出现的问题实施纠偏，从而能够尽早避免一些问题的产生。尤其对经济发展的短视行为、社会不均衡、税收政策调节等容易引发社会冲突的行为实现尽早规制。在这样的政治和经济环境中，德国足球管理部门在制定和实施足球产业发展政策时，并不过于推崇市场化的发展策略，转而讲求长效健康的发展模式。尽管相关政策会影响足球产业经济效益最大化的实现，但德国足球产业均衡的规制政策在避免带来产业风险的同时，也给体育产业提供了可持续发展的动力。

(1) 联赛注册准入制度。2000年，德国足协推出了针对德甲、德乙两个级别联赛的"注册准入"制度，职业足球联盟负责注册准入的审核工作。注册准入制度具体包括财务标准、体育、法律、个人、行政、基础设施和安全要求，其中财务标准是审核的核心内容。德国足协实行的注册准入标准非常苛刻，以约束职业足球俱乐部经常出现的负债经营模式。因此，德甲俱乐部均恪守"50%红线"，即俱乐部在球员薪资和转会费上的花销必须控制在俱乐部收入的50%以内。尽管这样的限制会削弱德国足球俱乐部在球员市场上的竞争力，但以财务安全来维护联赛的稳定和可持续发展这一方式非常值得借鉴。

(2) 俱乐部所有权制衡政策。20世纪，德国的体育俱乐部一般都是采用会员的注册缴费来维持俱乐部运营的，体育俱乐部也大多是非营利性质的。但随着职业化的推进，职业球员的开支和俱乐部运营费用大大增加，俱乐部如果没有商业化的运营，就会遭遇破产风险。因此，德国足协在政府支持下，加快了职业俱乐部的企业化改革，乙级及以上俱乐部进行改制，通过法律规定职业足球俱乐部股份中的51%股权必须由会员掌握，让会员成为俱乐部决策的主体，任何商业决策必须由会员投票通过方可实施。这种模式体现了"以球迷为中心、注重草根与基层"共同参与的管理理念，达到了吸引球迷，保证俱乐部健康运营的发展目标。

(3) 转播权销售和收益分配政策。有资料表明，足球是德国收视的网红，排在所有体育项目的前列[1]，通常来说，德国全年足球转播的时长会占到全年所有体育项目转播时长的三分之一。在高收视率的刺激下，俱乐部对电视转播权益的分配方

---

[1] Thomas Adam. The intercultural transfer of football: the contexts of Germany and Argentina [J]. Sport in Society, 2017 (10): 1371-1389.

式非常看重。然而，究竟是平均分配还是按照成绩分配一直存在争端。自2000年以来，德国引入了三种不同的转播权收益分配方式，但始终难以得到一致性认同。为了维护德国足球的整体利益和联赛的稳定性，德国政府与德国足协共同协商确定了更注重分配合理性的集体转播谈判模式，采取国内和国外分开、平均分配和按成绩分配相结合的办法，实现了有效激励。

(4) 德国国家队与职业俱乐部的政策协同。提高国家队的竞技能力和水平是德国足协和德国所有俱乐部的共同愿景，因此，足协、联盟和俱乐部制定了一系列规划和措施，核心是通过联赛培养本国的后备人才，同时防止联赛的过度商业化，并以优异的国家队成绩来吸引更多的青少年参与足球训练，对俱乐部形成反哺效应。正是由于大量队员出自本国，加之德国国家队成绩始终处在国际的前列，德甲的球迷忠诚度都十分高，也给联赛带来了巨大的收入。同时，德乙联赛收入也逐年递增，是世界范围内最成功的乙级联赛。

三、德国青少年校园足球发展经验

我国教育部与德国足协在2016年11月联合签署了《关于中国大中小学校园足球发展合作谅解备忘录》等多项足球合作方面的协议，针对德国的一些成功经验与做法，进行了积极探讨和借鉴，尤其在足球教师培训和青少年足球运动员选拔体系方面，推动我国校园足球的进一步发展。

(一) 立足于俱乐部开展校园足球治理工作

为进一步提升青少年的身心发展水平，加快社会的发展进程，德国政府部门应主动承担起建设校园足球的职责，不断增加政府部门对于校园足球的经费投入，加快校园足球运动场地等相关设施的建设进程，从而保障学校足球活动的顺利和有序开展。德国教育部门主要负责管理校园足球的教学工作，而体育部门则主要负责管理校外的足球活动。与此同时，德国教育部与文化部形成合作关系，共同承担相关的开展经费，并积极引进校外的优秀资源，在课余时间指导中小学生的足球训练，从而不断促进德国学校体育社会化的发展，使之获得政策、场地与资金等相关保障。同时，为进一步扩大校园足球的普及力度，德国足协为其提供了多种形式及多样化的支持。德国足协包括27个成员协会，其中5个分区足球协会、21个州足球协会和一个联赛协会，基于这个情况，德国足协还特意成立了一个单独的部门，而各级足协专门推动学校足球部的成立，主要负责学校足球运动的普及。基于德国足协及学校共同签署的合作协议，为学校和足球协会之间的合作得以逐渐建立与完善，不断促进学校、足协、俱乐部之间的统一合作，从而形成德国校园足球、青少年业余足球俱乐部和德国足协管理的天才培训中心，共同结合而成的"三位一体"培养模式。德国校园足球的发展，从一定程度上来讲，其主要依靠隶属于德国足协的各级业余俱乐部，换言之，青少年学生在学校学习理论知识，利用课余时间前往足球俱乐部接受专业的足球训练。从某种意义上来讲，足球俱乐部是德国校园足球发展的延续和进一步发展，而这与我国校园足球具有的功能、治理模式等方面存在明显的差异。但德国在青少年足球后备人才的培养方面所拥有的理念和经验，非常值得我们借鉴，这对于我国校园足球的治理实效能够起到有效的促进作用。

（二）配备有完善的相关法规政策

德国高度重视学校体育的发展，尤其是开展足球等竞技体育项目。为充分保障校园足球发展，德国政府部门不断完善相应的制度层面，并提供了相配套的政策，见表5-3。足球运动项目自20世纪70年代起，就逐渐引入到德国的中小学体育课堂。1955年，德国文化部、教育部和德国体育联合会共同签署了"支持学校体育教育的建议"，开创了体育学校与体育俱乐部合作的先河。1959年，德国多个政府部门联合，合作实施了多期"黄金计划"，根据要求共修建了近70 000个体育场馆，包括30 000多个儿童游乐场，15 000多个中等规模的运动场所，10 000个体育馆，6 000个学校体育馆及5 000个游泳馆。[①] 其目的在于通过"黄金计划"，建设和完善大规模足球等场馆设施，为俱乐部或学校提供充足的场馆设施，进而提升俱乐部和学校足球运动发展的整体水平。同时，"学校体育锻炼计划"由德国教育部、文化部与体育联合会共同推出，其目的在于持续深化各联邦州学校与体育俱乐部之间的合作，有效提升学生参与体育活动的积极性。总的来讲，德国足协有助于各俱乐部与学校充分结合目标的实现，其在全国的城市、乡村成功创设了66个"教育、训练一体化"培训中心，并为有天赋、有抱负，并且肯努力的足球人才提供更好的训练机会。同时，"三集中"模式的培训可以使学生就近读书与训练，这也在一定程度上打消了许多家长的顾虑。早在1996年，为促进校园足球的有效发展，德国足协提供了专业足球人才培养技术的支持，例如制定中小学足球发展的专业足球训练选拔标准、训练要求等。

---

① 袁田.新校园足球发展的新困境及新思路——德国青少年足球运动员培养对我国校园足球的启示[J].武汉体育学院学报，2018，52（2）：76—81.

表 5-3 德国促进多元主体参与校园足球的配套政策法

国家	年份	配套政策	目的
德国	1955	支持学校体育教育的建议	开启体育俱乐部与学校合作的先河
	1960	黄金计划	建设学校足球场馆设施
	1972	学校体育锻炼计划	推进学校与俱乐部之间的合作
	2000	足球复兴十年计划	确定校园足球发展战略
	2006	天才培养计划	打通人才输送渠道
	2011	Team 2011	加强学校和俱乐部之间的合作
	2012	Doppelpass 2020	保障俱乐部与中小学间的通力合作

总的来说，如果在学校发掘出有运动天赋的运动员，就应及时送到俱乐部并接受更加专业的训练。

表 5-4 "Doppelpass 2020" 计划中学校与俱乐部的获益

校外体育活动外延的扩大	梯队的稳定建设
专业足球师资的提供	新会员的加入、提升公众形象
医疗等训练条件的完善	保障青少年梯队文化课的学习、体育教师与专业教练间的联系
硬件设施的改善	体育场地利用率的提高
教学与培训方法的拓展	足球教学法与知识的拓展
影响力与知名度的提升	影响力与知名度的提升
专项经费的支持	专项经费的支持

（三）注重社会资金的引入

校园足球活动的开展需要相应的基础设施，因此，德国政府规定每个学校都应有一定的足球场地设施，并且在规定的时间内，其他各级足球协会和俱乐部的场地设施应当面向学校免费开放。同时，德国政府部门还会投入部分资金，以支持足球协会及俱乐部的发展，比如德国联邦政府会对联邦级足球协会进行资助，一般情况下这部分资金会用于足球场馆与足球训练中心的建设及足球教练员的培养等。通过资金的投入和运用，教育部门对中小学足球基础设施的建设给予了相应的支持，体育部门在其中主要负责足球俱乐部的建设工作。一般情况下，足球俱乐部所使用的运动场馆均为政府部门所有，而这些运动场馆的所在地主要在学校内部。

德国各级俱乐部主要通过社会资金的赞助，维持自身的正常运营，因此在参加足球俱乐部训练或教育主管部门以学校为媒介和足球俱乐部形成合作的培养项目中，青少年均需要缴纳相应的学习费用。在足球训练的过程中，专业的教练或专门的场地设施主要由足球俱乐部提供，从而使中小学生在课余时间和校外均能够得到更多提升自己足球运动水平的机会。同时，这也是绝大多数足球业余俱乐部在运营过程获得经费的主要渠道。在校园足球发展过程中，德国足协不断给予校园足球相应的经费支持，定期向学校投入相应的基础设备或训练经费，以此来推广足球运动，因此，德国中小学几乎都会踊跃参与到学校的足球活动中。德国足协推出"2000+计划"，在充分使用课余时间的基础上，进一步提升德国校园足球师资团队的建设。此外，德国足协与知名企业如麦当劳公司等联合，共同推进足球奖章计划，致力于提升社会群众参与足球运动的积极性。

（四）注重俱乐部参与校园足球治理的积极性

在德国，足球运动成功的奥妙在于其较为发达的俱乐部制度。德国青少年最主要的校外锻炼方式是参加足球俱乐部的活动，而德国校园足球运动的开展主要依托于德国各类足球俱乐部。一般情况下，除体育课主要负责足球教学，其他足球活动诸如德国中小学的足球训练及比赛等，其主要表现形式均为俱乐部。在德国，数量最多的单项体育俱乐部为足球俱乐部，可将其分为职业和业余俱乐部，其分布范围之广，有利于促进并加深德国校园足球与业余足球活动的融合。为激发俱乐部的广泛参与，提高其对青少年足球的重视，德国足协专门制定了一系列的相关政策，比如德国足球俱乐部需要在德国足协注册，并接受其监管等，有助于推动德国足球改革的实施。德国足球自 2002 年起，便强调参与甲级联赛和乙级联赛的球队，必须要拥有独立的青训中心，否则将取消其参与足球竞赛的资格。在德国足球业余俱乐部和职业俱乐部发展的基础上，德国足协建立并健全了 U 系列青少年足球竞赛体系，解决了德国学校系统内部足球竞赛体系缺失的相关问题，使系统间的融合得到了进一步发展。总体而言，德国所拥有的足球俱乐部模式和我国所使用的"走训制"具有一定的相似之处，在很大程度上都能使青少年的足球水平和学习成绩得到提升。

第三节　英国足球运动发展经验

一、英国足球运动文化的发展经验

英国作为体育强国，值得称赞和炫耀的体育项目绝非足球一项，但能与阶级意志和身份认同紧密联系的运动似乎并无其他。英国在塑造和发展现代足球的过程中，体现出了极强的阶级性、民族性和地域性特征。英国需要足球运动来见证、记录和表达，而足球之于英国，既是特定历史环境的镜像，又是特有文化的内化与外显。

（一）现代足球诞生过程中的阶级认同

"现代足球的发源地"早已成为世界公认的英国名片。1863年，标志着现代足球发端的世界上第一个足球联合会（FA）在英国成立，紧接着英国人发展了有组织的足球赛事，包括足球联赛、定期在温布利球场举行的优胜杯和泛英国家足球比赛，让足球运动得以规范化地发展与传播。然而，从历史发展进程看，现代足球的诞生与英国统治阶级的认同有着密切联系。

足球出现在英国史料中的时间要追溯到14世纪，这种据说由古罗马人或海盗传播到英国的运动，一开始只是在下等平民中开展，且因粗野的玩法被称为"野蛮的足球"（mod football）。据学者统计，从1314年爱德华二世首次颁布禁止足球令到1876年止，英国前后共下达了42条禁止足球令[1]，其目的主要指向两个方面：一是维护和巩固统治阶级的地位。据史料记载，爱德华二世、爱德华三世、理查德二世、亨利四世、詹姆士一世等在其统治时期都颁布了禁止足球令，其主要原因是担心男人们沉迷于足球而疏忽了军事训练，统治阶级试图通过限制足球等娱乐活动来加强国防相关的活动。二是维护社会生活和秩序。由于缺乏明确的规则限制，早期的足球比赛很容易演变成暴力集会或无政府主义状态，统治阶级对这种平民文化产生了担忧和敌对情绪，因此，希望通过禁止足球运动来加强社会控制。18世纪末，随着中产阶级对足球运动认识的转变，足球逐渐进入绅士教育机构——公学，用以稳定学生情绪，维护校园秩序。此后，《剑桥规则》和足球俱乐部的相继形成，正式宣告了现代足球的诞生，并最终成为英国工人阶级文化生活的重要组成部分。从历史进程看，英国足球从禁止民众参与到成为中产阶级的教育工具，再到大众的广泛参与，无不体现着阶级意志。

（二）民族和地域群体中的身份认同

随着足球运动规范的"合理化"和个人行为的"文明化"发展，骑士精神和绅士风度共同融入和塑造了英国足球风格，即承诺、力量和战斗精神，它们代表了典型的英国运动美德。英国著名足球运动员贝克汉姆曾提及："足球文化已经渗透到我们的DNA之中，从降生开始，足球就融入我们的生活，并与我们永不分离。"[2] 然而，受特殊的历史与文化背景影响，英格兰、苏格兰、威尔士和爱尔兰虽在政治上

---

[1] BRAILSFORD D. Sport, time and society [M]. London: Routledge, 1991: 36.
[2] 崔珣丽，田慧. 英国足球与英国文化 [J]. 中国体育科技, 2010 (4): 60—63.

结盟，但不列颠群岛的民族从未真正地融合，足球运动成为其维护民族精神的重要途径。苏格兰人通过对国家足球队的支持来表达强烈的爱国主义情怀，每次对阵英格兰，都可以吸引大量的苏格兰人到现场观战，这既表现出足球在苏格兰的流行，又体现了民族精神。同时，苏格兰球迷以支持英格兰的对手的方式来表达其情绪，并借以区分和定义苏格兰的民族身份。在威尔士，橄榄球是第一大运动，足球被认为与英格兰的联系太过密切而形成了一种非威尔士运动的认知。

英国有着世界上最为狂热的球迷群体，独特的球迷文化是英国体育的又一印记。英国的谚语"足球非关生死，但远胜生死"一度被解释为英国式的黑色幽默，而有学者则将其理解为与比赛规则、俱乐部活动相联系的英国式激情[1]。英国足球俱乐部与地理位置有着重要的联系，每个俱乐部也都形成了具有地域性特征的球迷群体，他们通过对足球俱乐部的支持表达强烈的社区归属感。正如成绩并不瞩目的英超球队——斯托克城队，其比赛上座率几乎场场爆满，主场内大约有300—500个座位被永久买断，几代人坐在同一个座位上为球队加油的现象并不罕见；利物浦球迷高唱的队歌 You'll Never Walk Alone 表达了球迷和俱乐部休戚与共的决心和信心，并成为"红军"球迷之间相互问候和鼓励的一种方式。尽管在电视转播和新媒体网络的快速发展下，英国足球球迷群体由最初鲜明的地域认同逐渐发展为包含液态社区认同在内的多元化认同，但基于足球而探寻集体身份认同的文化早已成为英国足球存在的价值所在而难以磨灭。

二、英国职业足球及足球产业发展经验

职业足球联赛发端于英国，几经波折后形成了以英格兰足球超级联赛为代表的品牌赛事。有学者认为，高度发达的经济、完善的社会保障体系、资本雄厚的足球俱乐部是英超联赛取得成功的关键支撑体系。但从历史性角度看，职业足球联赛恰恰是国家经济复苏和实现产业增长的催化剂。

（一）职业足球联赛发展经验

19世纪的工业革命将英国的经济、政治、文化推向了前所未有的鼎盛发展时期，在城市化快速推进和工人阶级娱乐需求兴起的催生下，现代足球得以萌芽和发展。统计数据显示，当前英超、英冠、英甲、英乙四个级别赛事中，共有92支球队成立于19世纪末，"二战"后的经济复苏为英国足球职业化发展创造了契机。

然而，在20世纪70年代英国经济形势和财政问题的影响下，足球成为"英国

---

[1] 诺贝特·魏斯.足球俱乐部黑皮书[M].方厚升，译.上海：文汇出版社，2004：1.

病"激化和蔓延的典型代表。充斥于整个社会的消极心态和舆论在某种程度上助长了足球流氓的犯罪行为,"海瑟尔惨案"及持续发酵的足球恶性事件让撒切尔政府甚至设置了"作战内阁"来镇压足球流氓。20世纪90年代,努力实现经济复苏的英国政府开始将国家意志、精神、制度、团体等嵌入竞技体育中,大力推动盛行于英国各阶层的足球运动改革。1991年,英格兰各家顶级俱乐部签署了一项组建新的顶级联赛的协议——《英超联赛创立协议》。1992年,英甲俱乐部集体退出英国足球联盟,重新组建了英超联盟有限公司。在全新的现代股份制公司治理模式推进下,英超联赛逐渐成为世界顶级职业足球赛事,为联赛各家俱乐部带来了丰厚的经济利润。

(二)英国足球产业发展迅猛

英国是欧洲范围内最早开发职业足球经济价值的国家。1992年,英国率先成立了俱乐部控股公司进行商业化运营。同时,英国政府通过调整电视转播权出售政策和俱乐部所有者资格审核政策,支持场馆建设与维护赛场安全政策来服务于职业足球产业的发展,体现出以实现最大经济价值为导向的市场化特征。

在政策扶持下,英国足球产业总值在全英体育产业中占据了举足轻重的地位。谈到英国足球产业,这里有必要进行重点阐述。

1. 英国足球产业发展历程

英国足球产业的兴盛源自足球运动在全国范围内的普遍推广。众所周知,英国是现代足球运动的发源地,尽管当时的足球比赛形式相对简单、粗野,但却受到贵族和平民大众的普遍喜爱。1848年,剑桥足球爱好者们推出的"剑桥足球法典"在"形塑"了现代足球的同时,也给现代足球运动的推广奠定了扎实的基础。在当时人口密度极大,又缺乏其他娱乐方式的大型新兴工业城市,足球运动成为大众娱乐和交流的重要载体。一场足球赛,特别是能代表社团之间、厂矿之间或学校之间荣誉的比赛,往往是社会大众聚会社交的好机会,因此,足球运动逐渐成为英国社会生活的基本元素。

1855年,世界上第一个足球俱乐部——谢菲尔德足球俱乐部和1963年英格兰足球协会(Football Association)的成立,进一步推动了英国足球运动的开展。随着足球俱乐部数量的增加,不同地区、不同行业间的足球比赛日益增多,俱乐部逐渐成为本地区、本社区的代表,而在足球协会的带动下,社会公众参与足球运动的热情持续升温。渐渐地,一些精明的商业人士敏锐地发现了其中蕴藏的巨大商机。20世纪初,商界人士的大量介入促使原本以业余性娱乐活动为主的俱乐部,逐渐演变成追求经济效益最大化的股份制商业组织。如果说足球俱乐部的出现标志着英国

第五章 足球高质量发展的域外经验借鉴

足球运动从自发松散的个体行为转向有计划的组织行为,实现了集约化、规模化的发展态势,那么股份制足球俱乐部的形成,则标志着英国足球迈入产业化发展轨道的实质转型。

英国足球产业化的另一个典型表现是足球俱乐部的产业化经营,尽管英国足球产业化发展之路中受到过各种各样的阻力,但是作为老牌的资本主义国家,体育赛事表演业发展的深厚基础早已为足球产业化发展创设了条件。1860年开始的英国高尔夫公开赛,1877年举办的温布尔登网球公开赛等赛事,给足球职业赛事的产业化发展铺平了道路。随着英足总推出英超联赛和组建英超联盟公司,英国足球正式进入"资本利润最大化"的发展模式。

(二) 产业特征

1. 强大的市场吸引力

英国足球的市场吸引力表现在内部和外部两个维度,从内部运作上看,英国足球已经成为国外资本投入的主要目标,而大量外资的注入也大大提升了英国足球俱乐部的竞争力。从外部影响上看,英国足球已经成为带动旅游、交通、餐饮等产业发展的支柱产业。英国是世界上首屈一指的旅游目的地之一,其中很多游客是为了感受职业足球氛围而来。因此,由足球赛事吸引的国际旅客,在很大程度上拉动了餐饮、住宿等消费收入。

2. 多元的收入结构

产业化以来,英国足球俱乐部所有者和投资商的第一目标就是追求盈利,而为了最大限度地挖掘足球产业价值,不断拓宽收入渠道成为英国职业足球发展的核心议题。部分学者将1992年英超联赛的成立视为英国足球产业化发展的分水岭,认为职业足球联赛开始之前,联赛委员会等维持联赛运营的机构一直坚持各职业足球俱乐部之间公平的原则,主张将联赛的门票收入平均分配给所有联赛俱乐部,而门票作为当时相对单一的收入来源,直接限制了足球运动员的收入水平。尽管这个时期的电视媒体功能已得到重视,但由于当时BBC和ITV等垄断性媒体之间形成的攻守平衡默契,使职业足球的媒体价值在很长一段时间内未能得到开发。

随着英超联赛的市场开发力度不断加强,以英超足球俱乐部为代表的足球经营者收入结构越发多元。首先,是比赛日的球迷消费。俱乐部所有者为了让球迷支持自己的球队并支付更多的金钱,开始重金购买球星和组建豪华阵容,通过提高球队的整体竞争力来吸引球迷眼球和提升比赛关注度。可以说,来自庞大球迷群体的消费,如购买俱乐部球票、球服、纪念品等产品和服务成为足球俱乐部的主要收入来源之一。其次,是广播电视收入。自从1992年与BskyB公司签订英超历史上首个电视转播协议后，英超的电视转播收入节节攀升。此外，近年来的英超海外转播权销售更是给此类收入带来了爆炸性增长。最后，是赞助收入。赞助商的资金投入是英国足球俱乐部正常运转的重要保障，而作为俱乐部吸引赞助商的产品，球衣广告与球场冠名权的销售也是不断增长。

如上所述，比赛日的球迷消费、广播电视转播和球队赞助是英国足球俱乐部最为核心的收入来源，也是支撑英国足球产业发展的重要支柱，而多元化的资金来源结构则保证了足球产业的平稳发展。

（三）英国足球产业的提升路径

实践证明，英国足球产业发展的核心内涵不是停留在产业"量"的变化上，而是强调"质"的提升。因此，揭示英国足球产业提升路径具有重要借鉴价值。足球产业的提升路径主要是指推进足球产业演进的方法手段和路径安排，故本部分重点从政策调节、社区互动、球迷治理等几个维度展开论述。

1. 发挥政策调节功能

英国足球产业能够有效依据市场的供需进行发展，离不开政府、足协和联盟等各级各类管理机构的政策支持。作为"有形的手"，政府通过政策调节的方式，不断推进市场这只"无形的手"进行产业调整与优化，其中，完善体育财税政策、支持球场重建和俱乐部上市融资等方式尤具代表性。

（1）完善体育财税政策

英国政府通过减免税收的方式，激励私人组织积极参与到足球产业的发展行列中，并采用设立专项基金的方式为职业足球俱乐部的发展提供支持。另外，英国政府还制定了"统一经营税"政策，以进一步减轻足球俱乐部的税收压力。除此之外，英国政府通过降低博彩公司营业税的方式，要求其将减免部分的税费投入政府设立的"足球信托基金"中，以扶持职业足球发展。可以说，英国足球产业发展能够走在世界前列，与完善的体育财税政策密切相关。

（2）支持球场重建

1989年，希尔斯堡惨案发生后，负责调查事故经过的大法官皮特·泰勒认为，事故发生的主要原因在于场地设施陈旧、球场面积过小、观众席位不够充足等，并撰写了一份《泰勒报告》，而英国政府也对此引起高度重视，并投入大量资金用于俱乐部球场的建设。

政府基于安全角度出发，对球场重建计划的支持给英国足球产业发展带来了丰厚回报。首先，大规模的球场重建活动使得英国足球观赛条件远远优于世界其他国家，现场观众人数和球场使用率都领先于欧洲其他国家。其次，球场重建后，由于场地设施的改善，给足球俱乐部调整球票价格提供了充分理由。尽管泰勒在报告中明确指出，改造看台后的价格不应上升太多，但在缺乏硬性限制条件的情况下，俱乐部球票价格涨幅明显。虽然提升票价将大批社会底层的球迷挡在了球场之外，却极大地推动了足球商业化运作的步伐。

(3) 鼓励俱乐部上市融资

上市融资为英国足球产业发展提供了一个高效、便捷的资金获取渠道，然而，英国伦敦证券交易所制定了比较严格的上市管理制度，对于上市企业有着较高的要求，其中重要要求就是要保证连续三年及以上处于盈利状态。但是在英国足球产业发展的初期，很多俱乐部由于需要花费大量的人力成本，因此很难实现盈利。对于这一情况，英国股市管理机构就打破了这一惯例，专门为足球俱乐部上市畅通了道路，之后英国足球产业才得以发展壮大。

2. 建立俱乐部与社区的良性互动关系

如果将比赛日球迷消费、广播电视转播和球队赞助视为英国足球产业发展的三大支柱，那么英国足球俱乐部与社区之间的良性互动关系则是三大支柱得以生存与发展的基础。社区是英国足球俱乐部培育和扩大足球消费群体的基本单元，虽然随着社会和科技的发展，社区的概念早已突破了以往地域和时空的限制，但依托于早期地域性社区而建立的足球俱乐部，自成立之日起就已被视为球迷心中的社区代表。

在足球与社区传统关系的影响下，英国足球俱乐部通常不会将社区球迷视为单纯的消费者，用简单的商品销售与购买关系来定位互动方式。事实上，许多足球俱乐部在诞生之日起，就通过将社区元素加入俱乐部名称中的做法表达着自己作为社区代表的属性，而这种属性又赋予了足球俱乐部承担社区公共服务的社会责任感。以英超俱乐部为例，英超联盟专门成立社区发展团队为社区公共服务提供政策和策略指导，并对20家所属俱乐部的社区活动进行监督。近年来，此类活动被整体包装为"创造机会"项目，重点从教育活动、体育参与、社会容纳、文化融合、家庭和谐、健康促进和慈善参与七大主题而展开。

从实践过程看，足球俱乐部在提供社区公共服务时，往往会根据自身情况和社区需求开展具体活动，而无须涉及7个主题的各个方面。

通过梳理不难发现，英国足球俱乐部与社区之间建立了良好的双向互动关系。一方面，足球俱乐部承担着社区发展的社会责任，通过自身的付出彰显出社区"公民"的身份，从而赢得社区公众的认同与支持，增加社区球迷的归属感和忠诚度；另一方面，与传统的营销关系不同，球迷不仅可以通过观看和支持当地足球俱乐部而获得心理效益，还可以通过参与足球俱乐部的社区互动行为掌握锻炼身体的技能、获得与人相处及融入社会的途径。可以说，英国足球俱乐部与社区之间的互动关系是一种双赢的结果。

3. 球迷参与足球治理

随着英国足球俱乐部的高度商业化和外国资本的大量涌入，英国足球在市场形势一片繁荣的背后，也逐渐暴露出不少球迷与俱乐部之间的认同割裂问题，此时资本持有者的商业化发展需求与球迷期盼俱乐部回归公益性属性间出现了一系列的现实冲突，倡导球迷参与足球治理成为当前一个时期的主要发展诉求。

球迷作为俱乐部早期发展的参与者，在商业化和私有制变革的影响下，逐渐成为俱乐部商业经营的被动接受者，而随着国家鼓励球迷参与足球治理的政策推进，球迷等受众的公民意识得到了复归。与此同时，随着信息化为主的产业升级，英国球迷群体结构特征逐渐发生变化，新一代的球迷群体开始推崇诸如民主、平等和自由的公民理念，也开始寻求更为主动的方式参与足球治理。如创办球迷爱好者杂志，彰显了英国球迷获取舆论话语权，重塑集体认同新形象的愿景。

球迷力量的组织与整合为球迷参与治理创设了先决条件。建立于1927年的足球支持者俱乐部全国联盟（National Federation of Football Supporters Clubs，NFFSC），是最早以组织形式维护球迷利益的团体，但由于英国足球协会长期未承认其合法性，NFFSC的影响力逐渐下降。20世纪80年代，足球支持者协会（Football Supporter Association，FSA）和足球球迷参管协会（Supporter Direct，SD）相继成立，而这些全国性球迷组织的成立在争取球迷利益、提升球迷公民意识和足球治理效能等方面发挥着非常重要的作用。

在强调球迷组织建设重要性的基础上，王博等用"球迷资本"这一概念，形象描绘了英国球迷参与足球治理的巨大潜力，认为"球迷资本"可以通过多种形式体现治理过程，而球迷信托基金会则是较为典型的参与手段[①]。球迷信托基金会以工业工人互助协会的形式推动足球服务产业发展，与私人投资型的经营不同，由俱乐部支持者组成的球迷互助型基金会侧重以社区的利益为决策基础，寻求在球迷间建立一个信任和相互支持的空间，从而推动足球俱乐部的可持续发展。目前，英超联赛已有70%的俱乐部设立了球迷信托基金会，其中25%的基金会还派遣了工作人员参与联赛与俱乐部管理运营工作。[②] 球迷信托基金会体现其影响力的方式是，在一定范围内发行债券以筹措资金，并通过收购部分股权的形式实现控股俱乐部或在董事会获得席位。作为非营利机构，英国政府会对球迷信托基金会采取严格的管理和

[①] 王博，钟秉枢，郑晓鸿，陈文倩，陈亚中．英国职业足球俱乐部名称非企业化与地域化发展研究[J]．北京体育大学学报，2020（4）：142—149．

[②] 赵来安，张鲲，王琴梅．英国足球产业成功要素及其影响研究——关于比赛场地、球迷（支持者）与区域社区[J]．山东体育学院学报，2015（6）：38—41．

监督，这也进一步提升了球迷参与足球治理的合法性和规范性。

三、英国社会足球发展经验

英国足球不仅在俱乐部、国家队等方面展现出强大的国际竞争力，其日趋完善的足球组织在促进社会、经济、文化发展上也发挥着难以替代的作用。依托足球组织进行社会责任治理，已成为英超联盟契合社会发展需求的常态化治理手段。在政府立法的支持下，由20家俱乐部代表组成的英超职业联盟担负起了联赛总体发展规划和重大事项决策的责任。这种集体决策的治理机制在保障各俱乐部权益的同时，帮助联盟成员形成了应为教育和社区发展做出贡献的共识。英超联盟作为英国职业体育的领头羊，以超过英国企业平均水平（1%的利润）的方式将每年4%的利润投入到社会责任治理中，彰显了其助力社会进步的决心。在履行经济责任的同时，英超联盟将教育、体育、社会融入、文化整合、家庭、健康、慈善等七个方面的核心内容纳入社会责任内容框架（表5-5），为社区成员提供多样化的社会福利。

表 5-5 英超联盟承担社会责任的核心内容

社会责任类型	核心内容
教育责任	以各类中小学生为对象，通过足球技能和足球比赛进行身心锻炼；通过参与球场管理、体验比赛日志愿者的形式提高中小学生的各项社会适应能力
体育责任	利用俱乐部体育资源，开展社区足球等体育活动
社会融入责任	针对失业者、残疾人等特殊人群开展榜样学习、心理疏导等活动，帮助其重新融入社区生活
文化整合责任	帮助不同信仰、肤色、贫富程度、社会阶层的各类社区人群树立积极的人生观价值观，致力于消除种族和性别歧视
家庭责任	强调家庭关系稳定是社区稳定的基础，倡导人们关心每一位家庭成员
健康责任	提高居民参与健身活动的科学化程度，帮助大众以更有效的活动方式提升健康水平
慈善责任	下设慈善基金会，筹募社会资金开展各类慈善活动

联盟各委员会（社区发展委员会、纪律委员会、财务委员会等）和联盟基金会是英超联盟社会责任的基本治理组织。其中，联盟各委员会对社会责任活动进行组织筹划和纪律约束，联盟基金会主要负责资金的使用与审核，两者通过定期的联合会议推进社会责任活动工作。在英超联盟的整体统筹下，英超各家俱乐部可以根据自身条件和当地社区情况开展适当的社会责任活动，以彰显其创造性和有效性。同

时，为了提升透明度，英超联盟财务委员会及第三方机构会对社会责任活动的资金使用情况进行审计，并将反馈结果作为依据来完善社会责任活动。

四、英国青少年校园足球发展经验

（一）依托英格兰足球总会负责校园足球的管理

足球深受广大青少年学生的喜爱，而英国是现代足球的发源地及职业足球模式的发祥地，高度重视足球的发展。由于其具有明确的职责分工，严密的组织计划，从而有助于足球普及与提高相结合的"金字塔"良性结构的形成。因此，学生主要是通过学校所开设的足球课程、课下的足球社团活动等形式参与足球活动。与此同时，在英国自身发达的校园足球体系的基础上，始终保持着足球人口"永动机"和"蓄水池"的状态。此外，英国校园足球的治理工作主要由英国教育部（DFES）全权交由英格兰足球总会（FA）（以下简称英足总）负责进行监督与管理。在获得了上述两个部门的批准之后，成立了英格兰学校足球协会（ESFA），该组织主要负责管理整个英国及地方校园足球的教学、竞赛活动，为英国校园足球普及工作的完成起到了促进作用。另外，英足总制定了《足球指导手册》，旨在通过该手册规范中小学足球课程的开展，提出一定的指导意见。总的来说，英国校园足球具有十分丰富的校园足球竞赛体系，如英国学校足协联合奖杯赛、胜利者足球赛等。基于英足总的顶层设计，使英国的地方政府、各级学校、地方足协等相关组织机构内建立起十分紧密的联系，从而促进英国校园足球的发展。

（二）配备有完善的相关法规政策

英国政府对于校园足球活动的开展始终持以高度重视的态度，并针对青少年校园的治理颁布了一系列的政策，见表5-6。首先，政府部门应鼓励青少年重视并踊跃参与体育运动，充分发挥政策的导向作用。其中，"全民体育未来计划""青少年体育十年规划"等由英国文化传媒与体育部联合推出，其目的在于鼓励各类体育、教育及其他组织机构的积极参与，提升国家青少年的身体素质。英国教育部在2013年将足球等竞争性的体育项目列为学校体育课程的重点内容。在学校相关体育政策的影响下，英国大多数学校都开展了相应的足球运动和训练。其次，为进一步保持政府、学校、体育俱乐部等组织间的长期合作，英国政府和非政府组织联合签署了众多与校园足球运动相关联的协议文件，期望以此为基础，形成多主体协助校园足球训练和足球竞赛开展的全新局面，搭建并进一步完善学校足球俱乐部的发展路径和框架，实现校园足球、社会足球、职业足球三者之间的成功对接。总的来说，立足本国国情,根据目前校园足球的具体发展情况,英足总制定了相应的法规性文件,如《社会青少年及校园足球开展管理手册》等,与此同时,也对足球教师选聘的具体办法做出了明确的规定,在此基础上对政府、学校、社会等组织提供相应的指导服务,使其能够全面参与到校园足球活动的开展过程中,从而对英格兰校园足球工作的开展实况进行全面监管。

表 5-6　英国促进多元主体参与校园足球的配套政策法

国　家	年　份	配套政策	目　的
英国	1972	体育供给计划	兴建学校、社会场地设施
	1996	学校体育协调官制度	推进学校俱乐部活动
	1997	生活宪章计划、特许标准计划	促进学校和业余俱乐部之间的合作
	2000	全民体育未来计划	确定学校体育与竞技体育均衡发展
	2002	体育、学校竞赛与俱乐部联合国家战略	加强学校和职业俱乐部之间的合作
	2003	地方体育合作伙伴方案	积极鼓励非政府组织支持校园足球
	2008	英格兰体育战略	推进社区体育发展战略
	2012	为生活创造一个体育习惯——一个新的青少年战略	强化学校和当地俱乐部的伙伴关系

(三) 注重社会资源的充分利用

作为社会性公益事业发展的英国校园足球,在经历了自由发展、国家福利政策弱化等时代背景后,逐渐转变为向政府、英格兰足球基金会、志愿者协会及社区组织等社会性质的组织寻求支持,从而进一步优化校园足球的多元化资源配置。英国工党政府与英格兰足球总会和博彩公司达成合作,在 1975 年共同创立了英格兰足球基金会,其中政府部门主要在经费保障、师资队伍培训、场地建设等方面积极吸纳社会组织和市场组织,普及青少年足球运动。随后立足顶层设计,将校园足球的发展计划纳入到足球的发展战略之中,譬如,英足总每年都会给中小学足球的场地建设投入超过 4 000 万磅的资金,而其资金主要来源于英超联赛。又或者,英足总为中小学设计了形式多样的校园足球项目,如专门设计了一些适合推广的小足球项目,使 7—10 岁的小学生也能参与校园足球,只要学校踊跃参与小足球项目的推广,便能够获得英足总针对该项目所提供的相关器材和专项发展基金。除此之外,英足总还针对校园足球运动的开展配置了专业的足球教练,对其进行相应的指导等。为推动校园足球的深入发展,进一步优化资源配置,英足总适当放宽了初级教练员和裁判员的准入制度,鼓励对足球持有一定兴趣的普通人积极参与足球教练员等级的认证,并支持普通中小学的教师参与到足球教练员、裁判员的培训活动中来。一般情况下,在英足总开展的初级教练员和裁判员的培训工作和认证工作中,参与培训的成员基本上都是喜爱足球运动的学生家长,该群体通常凭借志愿者的身份,踊跃参与到足球俱乐部联合学校所组织的各种校园足球活动之中,从而为青少年足球活动的顺利开展起到了一定的推动作用。在学生家长的示范和带领下,出现了一大批青少年踊跃参与足球运动。与此同时,在英足总积极合理的引导下,俱乐部秩序得以维持,从而井然有序地为英国校园足球的开展提供相应的服务。比如,阿森纳等英国较为著名的足球俱乐部通常会和英国的中小学达成协议,即在协议期间内,每周向学校派遣一名俱乐部内的足球教练进行一个小时的培训,在该时间内不收取任何费用,而学生可以选择是否参加培训课程。在该过程中,俱乐部不仅能够发现拥有足球天赋的学生球员,还能够直接在现场培养粉丝的忠诚度,积极发挥文化的传播作用,使俱乐部文化能够在潜移默化中扎根于学校,对青少年学生产生影响。

(四) 重视学校与俱乐部的协作与共赢

随着校园足球发展的不断推进,学校足球场地设施得以不断增加,足球俱乐部及相关比赛也日渐增加,在充分保障了学生课余活动时间的同时,也为学生提供更多参与足球运动的机会,为英国青少年学生的发展带来一定的机遇。除此之外,在特许标准计划带来的资源支撑下,很多中小学会不断对自身足球软硬件等方面的配置进行优化和提升,以期望能达到符合申请特许标准学校的条件,从而提高英国校园足球的综合水平,为儿童和青少年参与足球运动创造更多的机会。由于英国大部分的青少年足球俱乐部的存在主要依靠学校和社区的支持,因此,通过分析英足总所公布的数字资料,我们可以发现英格兰地区中存在着大量的青少年足球俱乐部、青少年足球队,完全可将其称为培育足球优秀后备人才的"育儿所"。在英足总的监督管理下,从普通俱乐部开始,逐渐发展至高级俱乐部的升级制度,青少年参加足球俱乐部的前提条件依旧是在足协进行注册,同时,职业俱乐部内的专业球探始终对学校及足球俱乐部内的青少年球员的比赛情况予以密切关注,从而能够及时、迅速地发现合适乃至优秀的具有天赋的足球运动员,使其能够迅速参与到职业俱乐部的青训体系之中。在该过程中,英足总应努力饰演好"足球中介"的角色,使学生从学校到俱乐部的转会制度得以保持畅通,沟通好两者间的关系,从而帮助学生、俱乐部都能遇见最佳的合作伙伴。

第四节 西班牙足球运动发展经验

一、西班牙足球文化发展经验

（一）足球文化在西班牙社会发展中的价值

西班牙足球文化的形成与社会发展密切相关。佛朗哥统治时期的"卡斯蒂利亚精神"构成了西班牙足球文化的重要基调，执政者凭借足球赛事的胜利来征服民心和维护社会稳定。在西班牙，足球最初是作为一种仪式在公共领域中建立起来的，它代表了什么是国家或地区，并向各个社会阶层延伸，创造了一种"共同归属"的情感，显示了足球发展公共空间的能力。正如 Alfred Wahl 所言，通过重组集体身份，足球正在为"现代工业社会带来新的平衡"做出贡献。2008 年、2012 年蝉联欧洲杯冠军，2010 年世界杯问鼎，使西班牙男子足球国家队在国内收获了空前的社会支持，促成了历史上罕见的全社会团结。足球运动在西班牙具有铸就社会凝聚力和加强民族情感联系的能力，它常激发起不同地区的民众在不同文化环境下的群体性认同，同时也通过强大的凝聚力促进各地区、各民族的情感交织与融合。

（二）民族与地区身份认同的典型代表——巴斯克例外论

与英国人不同，西班牙人更倾向于通过足球运动来形成政治权力和资本上的竞争性关系。当国家队被动员起来为西班牙的民族性格服务时，巴斯克人动员足球来建设他们自己的政治身份和社会文化。巴斯克民族主义话语出现在 19 世纪末萨比诺·阿拉那的著作中，种族和民族独特性是其核心价值观。其中，对当地资源的依赖、通过努力工作最大限度地开发资源及由此产生的自给自足，这些都被看作是"巴斯克骄傲"。巴斯克人不是西班牙的专属民族，主要集中在法国南部和西班牙北部，是欧洲最古老的民族之一。巴斯克人神秘的民族文化和鲜明的民族特征促使其形成了特别强烈的团结意识和民族自豪感，而足球运动为这种民族性格提供了辨识与彰显。

谈及足球之于民族和地区身份的象征性，巴斯克人的足球旗帜——毕尔巴鄂竞技俱乐部（Athletic Bilbao）在欧洲乃至世界范围内独树一帜。巴斯克人习惯将毕尔巴鄂竞技俱乐部称为"巴斯克雄狮"，以示其在该地区人们心中的重要位置。百余年来，毕尔巴鄂竞技俱乐部始终坚持招募巴斯克地区出生的球员，在拒绝使用外籍球员的情况下，与皇家马德里、巴塞罗那两支世界顶级俱乐部共同享有从未降级的殊荣。依靠强大的青训体系，毕尔巴鄂竞技俱乐部获得了8次西甲冠军、24次西班牙国王杯冠军和2次西班牙超级杯冠军，是西甲总成绩名列第四的俱乐部。

当最后一名英国球员于1912年离开毕尔巴鄂竞技俱乐部，其独特的球员招募政策便成为一种传统。尽管1984年以来毕尔巴鄂竞技俱乐部就再也没有获得过联赛冠军，并且陷入"招募本地人"和"保持甲级联赛地位"的双重约束之中，但巴斯克人仍将毕尔巴鄂竞技俱乐部看作是民族身份认同的灯塔，与当代全球化足球潮流相抗衡的象征。"足球界独一无二的毕尔巴鄂"成为巴斯克例外论的信条，为巴斯克人提供了一种与众不同的感觉。基于这种特殊的民族与地区性身份认同，毕尔巴鄂竞技球迷成为世界上最为忠诚和狂热的群体之一，他们创造了一天消费550万欧元的记录；他们将始终效力于毕尔巴鄂竞技俱乐部的球员视为偶像，将签约其他俱乐部的本土球员称为"雇佣兵"而排斥；他们为了观看一场巴斯克德比，可以在零下十几度的天气里排37个小时的队去买票。毕尔巴鄂竞技俱乐部被誉为"世界上唯一不需要胜利、只需要抵抗和保存财富的俱乐部"，它代表了巴斯克人对本土发展、亲属关系网和强调差异的民族主张。

二、西班牙足球产业发展经验

1992年，第25届巴塞罗那奥运会的举办被认为是西班牙体育崛起的历史转折点，在此后的20余年间，西班牙竞技体育在足球、篮球、网球、赛车等世界热门项目中均取得了举世瞩目的成就，包括2006年男篮世锦赛冠军、2009年和2011年欧洲男篮锦标赛冠军、2010年足球世界杯冠军、2008年和2012年欧洲足球锦标赛冠军、纳达尔等网球明星长期排名世界前列、西班牙选手蝉联五届环法自行车赛冠军等，为其赢得了体育强国的赞誉。但从巴塞罗那奥运会上的13金7银2铜到里约热内卢奥运会上的7金4银6铜的成绩来看，西班牙始终未能跻身世界前列，可见世界体育强国的界定与世界体育最高殿堂的"奖牌格局"并无必然联系。从舆论认同的指向看，在世界体育热门领域的"造星行动"是西班牙体育快速崛起和受人尊崇的要诀。

（一）以西班牙足球甲级联赛为代表的"赛事之星"为竞技体育实力提升奠定了基础

后佛朗哥时期，实现政治民主化的西班牙开启了以体育运动推进社会、经济发展的新模式。其中，西班牙足球甲级联赛在开放严谨、兼容并蓄的办赛理念引导下，吸引了世界各国优秀球员纷纷加盟，赛事水平和赛事观赏性迅速提升。西班牙国内球员在与世界顶级运动员同场竞技提升技艺的同时，大量优秀教练员和运动员的引人又给西班牙足球注入了新的理念和变革。正如荷兰人克鲁伊夫将全攻全守的战术打法植入巴萨足球,才开创了富有西班牙斗牛士气质的"Tikitaka"传控技术一样,西班牙足球甲级联赛所带来的激烈对抗和不同文化的交融,为西班牙足球实现从技术到战术、从球员到球队的全方位发展贡献了重要力量。在2018年国际足球历史和统计联合会(IFFHS)公布的排名中,西班牙足球甲级联赛获得世界上最强足球联赛的殊荣,这也是1991年这一排名开始后,西班牙足球甲级联赛第12次荣登第一,领先于意大利足球甲级联赛、英格兰足球超级联赛和德国足球甲级联赛等顶级足球联赛。

(二)以皇家马德里俱乐部和巴塞罗那俱乐部为代表的"俱乐部之星"为推动体育产业增长提供动力

21世纪以来,西班牙足球甲级联赛在皇家马德里和巴塞罗那两大俱乐部的竞争中逐渐走向辉煌。佩雷斯致力打造的皇马"银河战舰"和拉波尔塔一手锻造的巴萨"梦之队"在facebook(现Meta)上的追随者双双过亿,位居全球足球俱乐部前两名。同时,在马德里竞技、塞维利亚、瓦伦西亚等准豪门球队的帮衬下,西班牙足球产业发展健康稳定[1]。在马德里或巴塞罗那等城市,每个赛季至少有10万人到现场观看足球比赛,超过当地人口总数的10%。在国际足球历史和统计联合会(IFFHS)公布的世界俱乐部2017年排名中,皇家马德里再次荣获第一名,巴塞罗那位居第四名,而这两支足球俱乐部在近十年间共六次占据该榜单第一名。基于皇家马德里俱乐部和巴塞罗那俱乐部带来的"眼球效应",西班牙足球甲级联赛的比赛门票、球员转会、赞助商广告、球衣等产品销售和电视转播等收入屡创新高,足球产业成为西班牙应对经济危机的"补偿机制"和体育产业发展的重要支柱。以2016—2017赛季为例,职业足球产业为西班牙贡献了157亿欧元(179亿美元)的经济效应,相当于西班牙年GDP的1.37%。同时,西班牙职业足球产业提供了18.5万个工作机会,每年贡献41亿欧元的税收。

三、西班牙职业足球发展经验

在现行俱乐部公司化管理模式推行前,西班牙足球俱乐部普遍采用会员制管理模式,以向俱乐部会员募集会费的手段筹集维持俱乐部生存及发展的资金。由于会员制俱乐部具有"球队花钱,会员买单"的特点,俱乐部决策者便很难从"量入为出"的角度考虑财政问题。到20世纪80年代后期,负债累累成为众多西班牙足球

---

[1] 浦义俊. 西班牙足球发展回顾及崛起因素探骊[J]. 体育科研, 2017(2): 7-11.

俱乐部所面临的共同难题，负债额更是到了动辄数亿、数十亿的可怕地步。濒临崩盘的足球经济引起了西班牙政府的高度关切，并于1990年颁布特别法来推动俱乐部体制改革。依据该法令，国家先替俱乐部结清债务，而俱乐部需在12年内将这笔钱偿还给财政部。与此同时，俱乐部必须要改组成为有限责任体育公司，变成有一定注册资本的经济实体。此前俱乐部所欠的债务越多，其需要的注册资本额也就越高。改组工作必须在1992年6月30日前完成，否则等待俱乐部的将是立即被强行降入丙级或干脆解散的惩罚。改组后，绝大部分西班牙职业足球俱乐部的归属权由大股东掌握，俱乐部的性质也从单纯的非营利性体育组织演变成为以体育方式直接或间接地为股东们创造利润的经济工具。由于财务状况良好，皇家马德里、巴塞罗那、毕尔巴鄂竞技及奥萨苏纳四家俱乐部未被列进必须公司化的俱乐部名单，并延续至今。

从单纯的俱乐部到有限责任体育公司的转变，标志着西班牙足球运动在完成职业化与商业化改革的过程中逐渐实现了管办分离，建立了权责明晰的组织管理体系，其组织管理机构由体育高级理事会（CSD）、西班牙皇家足球协会（RFEF）和西班牙职业足球联盟（LFP）组成。三者相互合作又各自独立运作，既保证国内各级各类足球赛事的顺利开展，也不断提高西班牙国家队在重大国际赛事中的参赛水平。成立于1913年的西班牙足协是西班牙足球的主管机构，它由全国17个地区的足球协会、俱乐部、职业联赛、裁判组织等组成，主要负责管理国内各级别男女国家队事务，组织国王杯、超级杯、低级别足球联赛及草根足球发展等。由各家职业足球俱乐部代表组成的职业足球联盟（LFP）对职业足球进行直接管理，具体负责组织相关竞赛、监督职业化竞争和经济收入分配。两者以契约协作的方式进行相互约束，如西班牙足协无权直接干预联赛的管理，而职业足球联盟每年必须向足协上交会费、注册验证费、服务费及草根足球发展费用等。此外，为了平衡俱乐部收支、消除俱乐部关于电视转播权的纷争，2016年西班牙政府颁布新的法律规定，各级联赛和国王杯的电视转播收入要平均地分配给各个球队，以保证各足球利益相关单位享有公平的收益机会。

西班牙足球深陷债务危机的窘境直接促使西班牙政府采取法律手段实施干预，为体育法案的完善和体育联盟组织的创建提供了前提。一方面，佛朗哥独裁时期的西班牙足球将非均衡化发展的弊病暴露无遗，实施专业化、民主化的制度治理诉求逐渐受到重视，并最终引发足球法制和利益分配机制的根本性变革；另一方面，西班牙足协的组织角色转变和职业足球联盟的组织创建在保障各级各类足球利益相关者权益的同时，大幅提升了体育组织的运行能力及其社会影响力，这从西班牙足协是国内拥有最多注册会员的联盟组织中可见一斑。

第五章　足球高质量发展的域外经验借鉴

四、西班牙社会足球发展经验

西班牙政府高度重视大众的体育参与程度，认为民众体育参与度和民众健康水平息息相关。相关研究表明，较高的体育参与度意味着更低的心脑血管得病率，进而可以减少西班牙政府在卫生健康方面的支出，有利于提升全民体质、促进社会和谐。[①] 而足球是大众体育参与的重要媒介，在西班牙社会运动和休闲生活中长期占据着主导地位。20世纪90年代中期开始的俱乐部公司化管理，以及博斯曼法案引发的欧洲共同体足球运动员自由转会等事件让足球运动更具吸引力。西班牙一项研究表明，足球在技术工人、学生和高级知识分子等群体中的受欢迎程度非常高，尽管其中男女比例和不同年龄阶段的比例会存在一定差异，但西班牙人对足球的总体感兴趣程度要远大于对赛车和网球的总体感兴趣程度，是篮球和摩托车赛的2倍，是田径运动的3倍。在西班牙，18岁以上爱好体育运动的人群中，18%的人练习足球，其中每周练习一次以上并全年坚持的人数比例高达41.8%；54.9%成年人会至少购买一次球票去现场观看足球比赛，远高于篮球的15.4%和摩托车赛的9.1%；通过媒体观看足球的人数则更为庞大，以2013年为例，全年十大最受欢迎的电视节目都是足球比赛，收视率均超过50%。[②] 可见，在同样重视"人人享有体育权利"的西班牙，足球运动已成为一种流行的运动方式被广泛接受和参与，也为西班牙足球选材提供了充分的空间。

五、西班牙青少年校园足球发展经验

西班牙竞技体育的快速崛起，与其完备的青训体系密不可分，足球尤具代表性。西班牙的足球青训工作基本是由各级足球俱乐部直接运营，并独立负责青训的人员、经费、设施及训练等工作，西班牙体育高级委员会负责提供一定的经费和条件支持。[③] 尽管不同俱乐部的青训理念、管理模式和人才产出有一定差异，但普遍认同注重本土资源开发、竞技与教育有机结合、强化教练员队伍建设和坚持竞赛选拔的理念，为西班牙足球后备人才的涌现提供了重要保障。

以举世闻名的巴塞罗那"拉玛西亚"青训营为例。一是选材以本土球员为先。巴塞罗那因引入马拉多纳、克鲁伊夫等世界级球星而大获成功后，相当重视开拓国际市场，但在青训体系中却始终坚持民族性和地域性的指导思想。在拉玛西亚的各

---

① 杨晓光. 西班牙体育演进的逻辑基础、治理机制及对我国的镜鉴[J]. 体育与科学，2018 (1)：78—83.
② Ramon Llopis Goig. Spanish Football and Social Change [M]. Palgrave Macmillan UK，2015.
③ 李卫东. 欧美青少年体育组织管理特征与发展趋势研究[J]. 体育文化导刊，2013 (6)：19—22.

个年龄级别梯队中，绝大多数队员都是加泰罗尼亚本地区的儿童和青少年。同样的情况也体现在教练组的人员构成上，其12个梯队和二队的主教练和第一、第二助理教练都是加泰罗尼亚人，而他们几乎全部都有在拉玛西亚或巴塞罗那踢球的经历。二是把文化教育放在首位。"踢好球、读好书、做好人"是拉玛西亚青训营鲜明的育人哲学，小球员们必须和普通中学生一样完成全日制中学课程，在进行科学、文学、外语和数学四门主要课程外，还要辅修声乐、绘画、演讲等艺术课程。足球训练是在每天下午放学后进行，且一周大约只进行 7 个小时。[1] 这种单轨制后备人才培养机制，将价值观教育、文化教育和科学训练有机结合，使得青训营球员从小就接受了完整的文化教育和正规训练，这无疑可以打消球员家长对于孩子未来发展的担忧。三是建立严格的教练员培养和考核制度。鉴于教练员是球员和球队发展的重要影响因素，西班牙足协要求青训营教练员上岗前必须取得国家足协或欧足联对应级别和种类的教练资格证书。而拉玛西亚青训营在这种难度很高的资质获取基础上，还对教练员是否熟知俱乐部的各种规则、目标、传统及能否灵活运用和完善拉玛西亚的训练经验与方法进行严格考核，以确保教练员对各阶段小球员"教育"的一贯性。四是强调竞赛参与度。西班牙青少年运动员竞赛体系相对完善，每年都会举办不同年龄段的比赛。其中，西班牙足协负责监督和保障，社区和各家俱乐部负责具体实施，比赛多在假期举行，以最大化地利用足球竞赛提高青少年参与足球运动的兴趣。拉玛西亚青训营则高度重视竞赛对青少年球员的锻炼和选拔作用，认为优秀球员的技能只有在比赛中才能得到全面提升。同时，明文规定青训营队员在整个赛季的出场时间不能少于全部比赛分钟数的 40%，以通过持续的竞赛表现帮助教练组对小球员进行评定和选拔。

---

[1] 张宏俊．西班牙"拉玛西亚"足球青训培养体系解析［J］．浙江体育科学，2014（1）：31－34+40.

第六章 我国足球高质量发展的路径创新

本章在审视我国足球运动发展现状及借鉴国外足球发达国家足球运动发展经验的基础上，从理念、制度、产业与文化四个方面探索我国足球运动高质量发展的创新路径，以期能够为我国足球运动的高质量发展提供一定的理论参考，进而助力于我国足球运动发展水平的有效提升。

第一节 我国足球高质量发展的理念创新

在推进我国足球运动高质量发展的过程中，首要的是树立正确的发展理念，以对足球运动高质量发展的宏观战略规划与制定构建提供重要的思想指导，同时也需要在足球运动的整个高质量发展过程中遵循这一发展理念。要想树立正确的足球高质量发展理念，还需要对足球运动的本质特征与客观规律进行全面准确的把握，然后在此基础上制订足球高质量发展的计划与实施策略，最终促进足球高质量发展目标的实现。通过前面对我国足球高质量发展困境的研究可知，我国职业足球、校园足球与社会足球在顶层设计方面的理念定位基本上都是围绕制度合理性、育人长效性和功能培育性进行的，却并没有充分明确地把握足球运动高质量发展的根本抓手。毫无疑问，足球高质量发展目标的实现必须以高水平的运动能力为基础，这主要是因为一个国家足球整体竞技能力的高低在很大程度上反映了其综合质量的高低，同时也是提升本国的国际地位、提高社会认同的要素。由此不难得出，构建足球高质量发展理念，理应直面足球运动能力提升的关键瓶颈，进而创新思维方式与调整目标定位。

一、遵循以技术为本的发展理念

针对我国足球运动发展水平始终难以实现显著提升的问题，很多业内外人士对此提出了比较一致的意见：一部分人士认为造成我国足球发展比较落后的主要原因在于计划体制与管办不分，如果能够对此进行彻底的改革，就能够解决我国足球发展的诸多困境；另外一部分人士认为当前我国足球发展滞后的主要原因在于我国足球文化落后，他们认为，现代足球发源于西方文化，而中国人受儒家文化浸润太深，

我国足球高质量发展模式创新研究

始终难以深谙发展要义与精髓,所以中国足球发展水平难以提升。茅鹏则用"文不对题"形象描述了当前主流论断的偏差与不足。他认为这些探讨表面看上去很热闹,实际上不涉及本质,无法解决问题,并据此提出了鲜明观点:中国足球落后的第一核心问题是技术落后①。

技术问题是我国足球发展中的本业问题,足球技术的发展并不受市场机制的影响,同时也不受文化氛围的影响。足球运动有着一定的产品属性,而能够对一个产品的品质产生直接影响的因素在于科学技术,而不是其他因素。也就是说,其他因素如政治、经济、文化等只是对产品品质产生间接的影响,而科学技术水平才是直接决定产品品质的根本因素。足球运动中的体育技术水平等同于商品生产中的科学技术水平,它们都与知识、思考、智慧和经验流传息息相关,体现着形塑产品本身的主导性、能动性和不可替代性。诚然,受不同主体影响,理解足球高质量发展的技术要素可以从运动员和裁判员两个方面展开。

(一)运动员的足球技术是竞技水平提升之本

一般来讲,在足球运动进攻与防守中,运动员所采取的专门动作方法就是足球技术。足球技术也指一种能力,即运动员在攻守对抗条件下对专门动作进行灵活运用的能力,充分体现了运动员在足球比赛中所具备的实战能力,是足球运动员各项体能素质、心理素质及智能水平的综合表现。足球技术是运动员参加足球比赛的基本手段,同时也是运动员参加比赛的前提与基础。足球技术主要包括运球、传接球、头顶球、掷界外球、射门等多项技术。对于运动员而言,这些足球技术的掌握成为其履行场上职责、完成比赛战术要求的基本保证。通过对世界上足球强队的观察与分析可以发现,基本上都是由一个个技术精湛的球员叠加组合而成,如代表着传控足球的巴塞罗那俱乐部,其"招兵买马"的基本标准是要拥有过人的足球技术,也正是克鲁伊夫、罗纳尔迪尼奥、哈维等顶尖球员的个人能力造就了"巴萨梦工厂"的美誉。即便是貌似并不具有太多技术含量的英格兰队,其一直坚守的长传冲吊打法也离不开像贝克汉姆一样有着"精确制导"能力的个人技术作为支撑。诚然,足球是一项集体运动,没有哪一个人可以决定球队的整体实力,人们习惯性地相信足球必须依靠集体力量。但我们应该清醒地认识到,如果没有具备技术能力卓越的球员,球队的竞争力根本无从谈起,这一点在中国国家队的身上显露无遗。

要想提升我国足球运动的整体竞技水平,首要的应该就是提升每一个球员的技

---

① 茅鹏.中国足球怎样才能从落后变先进[J].体育与科学,2016(3):25—28.

术水平。这些年来，学界开始对职业足球管理、校园足球推广予以越来越多的关注，而对足球技术训练与应用的关注度开始变低，造成这一现象的主要原因或许在于足球技术训练与应用并不是一个学术问题。然而事实上，我国不只是学界对足球技术缺乏重视程度与研究力度，同时我国足球相关管理者也对足球技术的训练缺乏足够的重视。从这些年来各级职业足球俱乐部和国家队的教练员选聘上看，中国足球的从业者或管理者更倾向于向"名气大""有声誉"的世界名帅抛出橄榄枝，而细细推敲不难发现，这些名帅及其团队往往成名于世界知名俱乐部或足球强国，他们在那些远高于我国足球水平的平台上指导训练和比赛，可能只需要专心于解决临场战术执行与技术实战应用等问题即可，因为技术训练从来就不是一支高水平球队的"主课"。当他们来到中国，由于球员基本技术上存在的差异，教练员团队的先进训练理念和技战术打法一时间缺少了实现的先决条件，正如一个典型的前场传切配合往往会因为传球不到位而中断、一个有效的快速反击往往会因为停球过大而错失良机。诸多世界级外教在中国的铩羽而归，在某些程度上也印证了一句俗语："巧妇难为无米之炊。"因此，对于我国足球而言，回归技术本业，树立以运动员技术为本的发展理念迫切且正当。

（二）裁判员的执裁技术是保障赛事公正之本

在过去传统的足球技术体系中，不管是按照哪一种原则对足球技术划分，人们都始终难以将裁判员的执裁技术划入足球技术体系中。然而，足球运动的高质量发展同样也对裁判员的执裁技术提出了更高的要求，因此，从足够高质量发展的技术需求上看，仍然有必要充分重视裁判员的执裁技术。然而，一直以来，我国足球裁判员的执裁水平一直饱受诟病，《人民日报》在盘点 2020 赛季中超联赛时强调，裁判判罚争议是整个赛季的主要问题，提升裁判水平是我国足球改革的关键任务。

要想保证我国足球的高质量发展，还需要重点加强裁判员执裁技术的培养与提升。我国在对足球领域中所出现的一系列不规范行为进行大力整顿之后，人们已经习惯性地将裁判员的道德水平与足球比赛中的公平性、公正性挂钩，同时也习惯性地将足球比赛中所出现的错判、漏判等行为与裁判员的道德品质相联系，认为造成足球比赛不公平的原因在于裁判员本身的态度与意愿。事实上，因业务能力出现的纰漏与"一场比赛执行两套判罚标准"而产生的争议不应混为一谈，前者关乎技术能力，后者才需防微杜渐。总之，裁判员执裁技术的高低，不仅关乎一场比赛的胜负、一支球队的荣辱，更关系到所有足球利益相关者的切身利益。

二、提升我国足球技术水平

(一) 提升运动员的足球技术

1. 注重足球技术风格的塑造与统一

"风格"是艺术领域中的一个概念,通常指的是一个时代、一个民族、一个流派或一个人的文艺作品所表现的主要思想特点和艺术特征。如今,"风格"一词被广泛应用于社会生活的各个领域,借以指代独特于同类事物、行为、观念的总体特点。在体育领域,足球技术风格早已成为人们标记、区分、识别与比较一支球队或一个国家足球固有特征的代名词。由于不同国家的地域环境、种族、文化及对足球的认识存在一定的差异性,因此,不同国家所形成的足球运动技术风格也存在一定的差异性。

当前我国尚未形成具有自身特色的稳定的足球技术风格,这也是不争的事实。从我国现代足球发展历程可以看出,我国为了大力提升我国足球运动员的技术水平,积极学习借鉴一些足球强国的先进经验与理论,如德国、巴西、西班牙等,但是由于我国在提升足球运动员技术水平方面缺乏足够专注与执着的精神,通常是随着时代的不断变化,我国足球技术风格的培养方向也摇摆不定,以致各级国家队、各年龄段球员身上始终没能形成一种旗帜鲜明的技术风格。反观同样属于足球后发展国家的近邻日本,其自上而下贯彻的巴西桑巴理念,与数十年如一日坚守的技术培养路线,让日本在世界足坛获得了"亚洲小巴西"的美誉,而其因持之以恒所形成的传控技术风格,更是有效弥补了日本球员身体条件的不足,一跃成为世界足球强国。

通过对相关事实的研究发现,对于一个国家而言,其注重足球技术风格的塑造与稳定,主要目的是为了更好地提升自身足球竞技水平,而这也是我国在推进足球高质量发展过程中必须要解决的一个问题。因此,在对我国足球发展理念进行创新时,首先要明确各年龄段、各级国家队,甚至是各级别赛事中技术风格养成的指导思想是什么,并将其思想贯穿于教练员培养、青少年球员培训、国家队人才选拔、外籍教练员和球员聘用的基本准绳,为形塑国家足球技术风格奠定基础。同时,足球技术风格的塑造与统一要充分考虑到我国足球发展所处的特殊历史状态,注重结合我国足球运动员的自身特点与内外部环境变化,切实处理好变与不变的关系,为足球技术风格服务、足球竞技水平提升创设基础。

2. 强化足球技术运用的能力与水平

在对足球技术水平的高低进行评价时,不应该单纯地依靠那些静态的、主观的指标,这主要是因为在足球比赛过程中,更多的是考验运动员对足球技术进行临场发挥的能力，因此，强化足球技术运用的能力与水平是提升足球运动员技术的基本要求。国内学者将在开放、多变的竞赛情境下应用足球技术的能力称为开放式足球技能，即运动员能够结合比赛状况，灵活准确甚至具有创造性地运用足球技术的能力，从表面上看，这是一种足球技能，但本质上可以称为是一种"球商"[①]。因此，强化足球技术的临场运用能力与水平又可以用培养"球商"来表达。

"球商"指的是运动员在比赛过程中能够根据赛场具体情况，快速、准确地选择最佳足球技术并做出最佳决策与行为的能力。强化"球商"的培养，首先要转变足球技术的训练模式。我国传统的足球技术训练以教练下达指令，球员按指定要求与顺序完成规范技术练习为主，在这种操作模式中教练员决定着技术能力的表现形式，运动员机械地在某种或某几种技术动作中进行选择，处于被动的传授式训练模式之中。转变足球技术训练模式就是要正视足球比赛的复杂、多变特征，摆脱传授式训练的束缚，采用启发式、自主式的训练方法，允许运动员在不同训练环节中灵活应用技术，提高其独自判断、选择和应用自身技术的意识与能力。其次，要转变足球技术的训练情境。足球技术训练通常是针对处于基础发展阶段的青少年球员来展开，而目前青少年球员的技术训练大都以封闭、单一的环境为主。转变足球技术的训练情境就是要从封闭式、单一性的环境转向开放式、多元化的训练情境，通过模拟足球比赛的真实场景，增加足球技术训练中的不确定性和复杂程度，提高运动员掌握、应用和调整技术的能力与水平。

（二）提升裁判员的执裁技术

1. 加强业务能力培养，树立足球裁判判罚的信心与权威

如今我国基本上已经构建出足球裁判员分级认证、分级注册与分级管理体系架构，由国家体育总局对我国足球裁判员（不含香港、澳门特别行政区及中国台湾地区的裁判员）的相关工作进行监督与管理，由各级体育主管部门对本地区相应等级的足球裁判员进行监督与管理。此外，国际级、国家级、一级、二级和三级各技术等级裁判员数量的不断增长，进一步表明我国裁判员队伍的培养工作推进有力。然而，从实践效果看，我国足球裁判员执裁技术并未达到维护赛事公平，提高赛事观赏性的要求。以中超联赛最新引进的 VAR 视频助理裁判系统为例，我国裁判员在新技术运用尺度、分寸、频率等方面都存在不少问题。客观而言，VAR 系统的引入目的是辅助场上裁判提高判罚准确性、维护比赛结果公平公正，但作为一个辅助性

---

① 李强，韩玉，孙敬，李庆波. 从"技能"到"球商"：我国青少年足球核心训练范式转变研究[J]. 天津体育学院学报，2017（1）：31—38.

工具，VAR系统"怎么用、如何用"的问题终究是由裁判员的业务能力所决定的。可见，任何外在的培训体系的构建或高科技设备的应用，其价值的彰显都建立在裁判员自身技术提升的前提下。

首先，应该重点加强足球裁判员业务能力的培养与提升。在此过程中，并不是简单地开设更多数量的裁判员业务能力培训班，也不是简单地增加培训次数，同时也不是单纯地扩大业务培训范围，而是需要从绩效考核与足球比赛的实际裁判需求出发，切实提高我国足球裁判员的判罚信心与能力。例如，可以通过内部培训与对外交流的方式，帮助裁判员更好地理解VAR等高科技工具介入比赛判罚的初衷，充分掌握运用VAR技术的原则与时机，从而避免养成过度依赖高科技工具的心理，建立准确行使自由裁量权的自信心。其次，强化裁判员业务能力的培养，为其提供执裁关键场次的机会。近年来，每逢联赛或杯赛的重大赛事，中国足协就会采用邀请外籍裁判执裁的做法，其目的在于避免暗箱操作，提升场上执裁的透明度。但从人才培养的角度看，外籍裁判过多地介入关键场次判罚，严重挤占了我国本土裁判员临场技术的锻炼机会。为此，我国足球裁判员相关管理机构应妥善处理好赛事公平与赛事可持续发展间的关系，要敢于承担赛事风险、客观把握足球裁判员成长规律，为本土裁判员的技术提升创设更好的条件。

2. 实施舆论引导，营造足球裁判员成长的良性生态发展环境

自从我国实施足球职业化改革之后，"打黑""反腐"一直是足球场外新闻媒体关注的热点。互联网时代，为了博大众眼球，一些人开始利用各个网络平台与手段大量报道足球负面事件，一方面是为了更好地满足社会公众的心理诉求，另一方面也是为了制造舆论，吸引公众的注意力，然后从中获得相应的利益。如今，裁判员在点球、红黄牌尺度、VAR系统应用等方面存在的问题再次被推向舆论报道的风口浪尖，因此，当前我国足球改革与发展过程中，有必要为裁判员营造出健康、和谐的舆论环境。

首先，强化政府管理部门的舆情引导作用。全面准确地收集整理与足球裁判员争议判罚有关的信息，然后对这些事件产生的直观原因与客观原因进行公正客观的分析，并得出全面真实的分析结论，之后再及时利用各大媒体、新闻发布会、官方信息平台等途径向社会大众公布事件的发生原因，避免恶意曲解和不实报道扩散，以消解不良社会影响。其次，充分利用媒体在信息传播中的舆论引导作用。足球判罚出现争议往往是因为裁判员没有很好地把握自身的自由裁量权，正常情况下，一般很少出现故意进行错判、漏判等行为。对于主流媒体，也应该充分认识这一点，积极引导社会大众要具有一定的包容心和容错心理，杜绝以炒作为目的对信息进行恶意传播，杜绝出现"媒体暴力""网络暴力"的现象。再次，加强政府管理部门与

第六章 我国足球高质量发展的路径创新

媒体之间的舆情互动。作为职业足球有关管理机构,应该积极主动地加强与主流媒体之间的联系与合作,及时主动地向主流媒体分享足球争议判罚事件的全部真实信息,以便于媒体对整个事件的真实情况进行报道,以免事件持续进行恶性发酵,同时也有利于提高媒体信息发布的公信力。

第二节 我国足球高质量发展的制度创新

一、系统论视角下足球制度创新的科学定位

由于我国足球发展中始终存在着体制机制方面的困境,因此,在推进足球高质量发展的过程中,有必要加强足球制度的创新。而对我国足球制度创新进行研究的过程中,首先应该充分认识到足球制度创新是一项复杂、繁重的系统工程,其内部结构及其相互关系纵横交错。因此,要以系统论为指导,创新已有制度体系,使其为我国足球高质量发展提供重要保障。

(一) 足球制度是整体协调发展的有机体系

基于系统的角度考虑,足球制度实际上是体育管理系统中的一个重要组成部分,是其中的一个子系统,它以特定的方式反映着我国体育管理的制度逻辑与特征。同时,足球制度自身又包括若干相对独立的组成部分,如职业足球的顶层设计、校园足球的管理模式、社会足球的保障机制等,但这些组成部分又都共同作用于我国足球的整体发展,也就是说,足球制度作为一个整体,其是否能够发挥出其应有的价值,主要决定于足球制度系统中各个部分之间的相互作用。

我国现代足球发展的时间相对较晚,如今的发展基础也还比较薄弱,与足球强国之间仍然存在着较大的差距。在缺乏循序渐进和科学规划的理念指引下,我国足球发展中的各个环节严重脱节,职业足球率先成为"宠儿",一时间成为经济、政治和社会生活的关注焦点,并由此催生了诸多"补缺失"制度,以满足特定时期的发展需要。然而,对于职业足球的过度重视刚刚有所缓和,校园足球的热度又开始成为焦点,相关推进与保障制度频频出台。从纵向发展历程看,我国足球的相关制度数量与导向有着鲜明的类型倾向性,由此形成了制度体系的条块分割、协同失调等诸多有违整体性系统观的现象与做法。

在对足球制度进行创新的过程中,一开始就需要以系统论为基础,基于整体的角度对足球运动发展中各个组成部分之间的相互关系进行审视,将制度规范功能上升为制度的联动与整合效应发挥,从而真正构建出整体协调发展的有机体系。

(二) 足球制度是层次分明的行为规则

足球制度创新的系统性需求指的是所有制度因素在不同层次上对制度创新的过程进行影响，同时形成一个立体的网状式的结构系统。我国现行足球制度的层级结构尚未理顺，主要体现为政府、市场、社会等主体在保障足球发展中存在的责任不明、权利不清、运行不畅等一系列问题，如政府在顶层设计中的监管与协调不足，难以保障多层级、多主体的协同共进；市场缺乏制度制定话语权，无法维护自身合法权益；社会组织制度不健全，缺乏必要的规范性和约束性，难以真正发挥制度引导行为的功能等。从系统论的结构观点看，足球制度创新就是对不同层级结构进行合理有序的内部优化，构建效率高、功能好的运行系统，进一步提高足球制度设计执行的整体性，整合多主体管理资源，减少因多部门或多主体分治而造成的制度裂痕，促进足球制度的良性运转。

二、结合中国特色创新足球制度

在对我国足球制度进行创新的过程中，需要充分体现出中国特色，具体而言，可以从构建以政府为主导的法治体系、完善以足球协会为主导的管理体制和改革多主体协同的可持续发展机制等方面进行。

（一）构建以政府为主导的法治体系

通过对当前我国足球运动发展的内部状态上看，如今我国足球运动发展中面临的一个突出问题在于，尚未建立多元利益共存与博弈的合法性程序及与利益博弈相关的制度体系，因此，构建以政府为主导的法治体系需要从以下几个方面着手：

首先，应该注重目标设计的全面性。构建以政府为主导的法治体系位于制度创新的最高层，是整个足球系统内起决定性作用的关键环节。因此，坚持制度创新目标的全面性就成为法治化轨道体系构建的基本原则。具体的讲，目标的全面性原则就是要保证政府牵头的法治体系能够充分考虑各方参与主体的多方面利益诉求，既要能够对各个参与主体的行为进行监督与管理，同时也要能够为各个参与主体提供适宜的参与环境，为各个利益主体实现自身合法权益提供足够的保障，进而全方位地为足球运动的高质量发展提供服务与保障。

其次，应该注重方法选择的效率性。足球法治体系的构建属于政府自上而下的强制性制度变迁方式，虽然国内学者对这一方式给予了肯定，但必须承认的是，这样的制度创新方式需要花费较高的成本。如今整个社会都在强烈建议要加强足球法治体系的完善，但是人们通常只是注重通过制度创新的方式来约束足球发展参与主

第六章 我国足球高质量发展的路径创新

体的行为,希望足球运动的发展能够按照既定的方式与道路进行,但是却没有意识到制度创新对于足球发展参与主体的激励作用,造成已有制度多以应对事后惩罚需要为主,难以通过正向引导增促发展。对于这一情况,政府有必要对制度创新的方法进行改进,同时发挥法治体系对于足球发展参与主体行为的约束作用与激励作用,以提高足球法治体系的实用性。

最后,应该注重实践过程的完备性。法治体系构建的完备性要求政府要提升对足球改革实践过程的把握程度,将法治体系构建看作是一个连续的过程,根据足球参与主体的具体目标期望对现有制度安排进行调整或重新设计—评价—反馈的循环过程。所以,在确立了足球法治体系构建目标、方法的条件下,应该准确把握法治体系创新思路,对法治体系构建过程中的每一个环节要做到高度重视与合理设计,特别是其中的评价与反馈环节,要通过适时的评价反馈来为法治体系的进一步优化与改善提供依据,进而保证法治体系的构建方向是正确的。

(二) 完善以足球协会为主导的管理体制

我国足球运动发展中的各项事务主要由中国足协负责管理,而从当前中国足协所制定的改革目标上看,要想推进我国足球运动的高质量发展,还需要做到进一步完善社团法人机制运行、进一步完善足协内部管理制度、健全多层级的协会管理体系等。

首先,进一步完善社团法人运行机制。由于中国足协是社团法人,因此,在对以中国足协为主导的管理体制进行改革时,应该围绕社团法人的运行机制来进行。通过对足球强国发展实践的分析与研究可以发现,对足球社团法人的运行机制进行完善,需要成立具有独立社团法人资格的职业联赛联盟和理事会,进一步完善职业联赛管理机制,以进一步提高足球联赛组织、协调与管理的专业化程度,增强俱乐部在电视转播、球员转会等谈判中的主动权,更好地维护俱乐部和球员的利益,提升整个联赛的竞技水平和经营状况。

其次,进一步完善足协内部管理制度。由于我国足球运动的发展长期受到管理体制的影响,因此,中国足球协会内部的管理制度仍然存在着一定的行政色彩,并没有完全体现出法人治理的重要性,具体表现为行政化倾向依然严重、管理规章不健全、监管渠道不畅通等问题。因此,完善足协内部管理制度应从加强自身队伍建设入手,通过引入专业管理人才、借鉴社会组织治理经验来逐渐抛开传统管理模式的制约,将职业联赛管理交由职业联盟负责,并将主要精力投到青少年推广与国家队管理之中,让管理重心由"统管""主管"转向"分管""监管",以不断调适职业足球、校园足球和社会足球以及国家队竞赛间的关系,提升管理成效。

最后,进一步健全多层级的协会管理体系。从当前我国足球运动发展的组织架构上看，中国足球协会包括地方、行业足球协会等会员单位，这些会员单位是中国足球协会管理体制的重要分支，在我国足球运动发展中与中国足协承担着相同的责任与使命。然而，中国足协对会员协会的支持不够、二者间的依托关系尚未形成等现象表明，健全多层级的协会管理体系就是要充分调动基层协会参与足球治理的积极性和主观能动性，并通过集中归纳和推广的方式逐渐搭建起中国特色的管理体系。

（三）改革多主体协同的可持续发展机制

我国足球可持续发展机制进行改革的主要目的是为了激发足球市场活力，引入更多的参与主体，打破足球发展的垄断现象，进而通过市场的参与来实现资源的优化配置。因此，改革多主体协同的可持续发展机制也是当前我国足球制度创新中的一个重要环节。

首先，要建立多主体的横向协同机制。足球改革工作是一项复杂且漫长的系统工程，因此，应该对足球改革与发展过程中所涉及的体育部、文化部、旅游部、教育部等相关政府部门的职责与作用进行充分明确，打破各个部门之间及行业之间的壁垒，建立健全完善的协调机制与协作机制，建立包含政府、学校、企业、协会、社区等多个主体的联动机制，以切实解决足球改革发展中所存在的政令冲突、政策执行不到位、部门行业资源有限等方面的问题。目前，构建这一横向协同机制最大的困难是谁来牵头、谁来配合、谁来监督，毕竟在政策支持之外，还涉及政策如何执行的问题。因此，当足球发展牵涉多个职能主体协同时，明确多主体中的相关责任部门和协作方式成为制度创新的基本内容。

其次，构建并完善多主体纵向联动机制。多主体横向联动机制主要致力于协调各个参与主体之间的利益关系，而多主体纵向联动机制主要致力于协调不同主体的不同层级之间的利益关系。例如，制定校园发展的相关政策，除了需要协调处理学校与社区、学校与政府、学校与企业等之间的利益关系，更重要的还需要协调处理不同层级教育行政部门的关系，充分明确不同层级教育行政部门的职责与权力，以保证各个主体在实施政策的过程中，能够朝着同一个目标与方向进行，进而共同推进足球运动的可持续与高质量发展。

第三节 我国足球高质量发展的产业创新

足球产业既是体育产业的一个重要组成部分，也是足球运动中的一个重要内容，因此，对足球产业进行创新，促进其高质量发展是我国推进足球运动与体育产业高质量发展的一个重要抓手。自从20世纪90年代我国足球运动实行职业化改革以来，

第六章 我国足球高质量发展的路径创新

我国足球产业实现了飞速发展，产业规模、产业结构、产业质量都有了较大提升，但从职业足球俱乐部普遍亏损、收入来源单一、品牌认同度低等客观问题上看，足球产业创新之路亟待拓展。

一、足球产业创新的理论导向

（一）产业创新的内涵与类型

创新理论最早可追溯到熊彼特于1912年出版的《经济发展理论》一书，熊彼特在该著作中从创新组合的角度对创新的内涵进行界定，认为创新就是要把一种从来没有的生产要素和生产条件的新组合引进生产体系中去。他认为创新是生产过程中内生的，是一种革命性的变化，同时创新是资本主义经济增长和发展的动力，必须能创造出新的价值。企业家作为创新的主体，其职能就是引进生产要素和生产条件的新组合，以获得潜在的利润或体现企业家精神，从而实现创新。创新在研究领域产生，在应用领域得到接受和采纳。其他学者在熊彼特提出的理论基础上，从新的视角对创新进行了阐释，使得创新理论不断丰富和完善。

英国经济学家弗里曼指出产业创新是一个系统的概念，具体包括技术创新、产品创新、流程创新、管理创新和市场创新等。我国学者陆国庆从宏观与微观两个层面对产业创新的概念进行阐释，宏观层面的产业创新是指一个国家产业结构转换的能力，微观层面的产业创新指的是企业开发新产品与服务的能力，他认为产业创新包括技术创新、产品创新、市场创新等，是企业通过技术创新、产品创新、市场创新等方式优化产业结构的过程。[①]

技术创新、产品创新与市场创新之间是逐步递进的关系，也就是说，先进行技术创新，然后再实现产品创新，之后实现市场创新，技术创新、产品创新与市场创新共同促进整个产业的创新。首先，技术创新主要包括增量创新、基本创新、新技术体系和技术经济模式的变革四种类型，且四种类型的作用强度依次增强。其次，产品创新是产业创新的第二个功能性环节，主要包括技术成果的产品化和产品的商业化两个阶段。事实上，产品创新实际上是对技术创新成果的"可生产性"或"可转化性"进行检验的过程。其中，产品的商业化主要是检验产品的市场接受程度、盈利能力及大批量生产供给的过程。最后，根据经济学理论可知，在产业创新过程中，如果只是某一个企业实施产业创新，或者企业只是对产业中的某一个环节进行创新，但是并没有形成大规模的市场，就难以形成一个产业系统，因此，只有当产

---

① 陆国庆. 衰退产业论[M]. 南京：南京大学出版社，2002：215—217.

业创新能够形成一个大规模的市场,才能够真正实现产业创新。这为足球产业创新的逻辑向度的分析提供了一定的理论依据。

(二) 足球产业创新的逻辑向度

足球产业包括足球本体产业、足球相关产业及足球内部产业三大类。其中,足球本体产业指的是足球部门管理发挥足球价值和以提供足球服务为主的足球生产经营活动,其所涉及的范围十分广泛,具体包括竞技足球产业、群众足球产业、足球场馆产业、足球科技产业、足球无形资产业等;足球相关产业指的是与足球相关的一系列生产经营活动,如足球场地、器材、用品、服装、鞋帽、传媒等的生产经营;足球内部产业指的是从事足球工作的人员在分工分流后所办的产业,足球部门利用其人、财、物的条件所从事的其他各类生产经营活动。

从当前足球产业的细分层次上看,足球产业创新的重点并不是对技术与产品进行创新,而是对足球市场进行创新。如国内学者认为,足球产业包括足球物质产品的生产经营活动与足球服务产品的生产经营活动,而这两部分共同印证着一个鲜明的观点,即足球消费情况直接决定了足球市场情况,而足球市场中的主客体共同构成了足球产业。考虑到足球消费往往只有通过市场途径才能得以实现,故足球消费市场化是发展足球产业创新的必由之路。

客观的讲,当人们在购买使用足球产品(包括竞技足球比赛、足球设施、足球用品)时,就意味着足球市场化发展过程开始了,足球市场实际上是一个包含了以足球消费者为买方主体的集合,而足球产业是一个包含了以各种各样的足球企业、足球经营者等为卖方主体的集合。如果足球消费过程不属于市场行为,就不会有生产商生产足球产品,同时也无法形成足球产业。当足球消费是市场体系中的一部分时,也就产生了足球产业。总之,足球市场与足球产业之间有着非常紧密的联系,二者在相互依存与互动的过程中共同发展。鉴于市场创新的实质是扩宽市场容量与规模,因此,足球产业创新的基本逻辑就是要不断培育足球消费群体、扩大足球消费市场规模。

二、以球迷社区建设带动足球产业创新

(一) 树立球迷社区发展理念,扩大球迷群体规模

1. 拓展球迷群体是足球产业创新的核心要义

在对足球产业进行创新的过程中,除了需要激发人们对足球产品、足球服务等的需求之外,还要保证足球产品、足球服务等能够与足球消费者群体的购买力相适

第六章 我国足球高质量发展的路径创新

应,也就是说,足球产业的创新既要做到适应市场,同时也要积极开发市场。随着足球运动的不断发展,足球赛事的影响力也越来越大,因此累积了大量的足球球迷。一直以来,球迷始终被视为足球市场中的潜在消费者,而受这一群体数量庞大的影响,足球产业已成为诸多商业巨头关注与投资的主要领域。为此,球迷消费行为、球迷消费特征及球迷消费影响因素的研究日益受到国内学者的重视,学者们从群体、心理及社会等多种层面进行阐释,强调提高球迷服务质量、开拓球迷消费市场、提高联赛水平是留住球迷的最根本方法。例如,学者孙科认为西方国家在进行足球产业化发展的过程中,往往是进行向下兼容,以为了更好地满足球迷的消费需求,西方国家足球产业发展过程中,其收益主要来源于门票、赞助、转播权和特许经营权[1];王啸从职业体育市场中的买方视角出发,对"足协新政"与球迷消费需求之间的联动关系进行探讨[2];通过梳理可知,重视球迷在足球市场中的地位,突出球迷需求识别与满足的研究有效回应了足球产业发展的基本问题。但已有研究似乎回避了一个关键问题,即球迷消费行为的内在规律探寻与球迷消费群体拓展之间存在本质不同,前者意在适应市场,后者则重在开发市场。将此两种逻辑带入足球产业创新的市场创新诉求中可以发现,球迷消费群体的拓展才是完善足球产业结构和激发产业活力的题中之义。

2. 培育球迷社区是扩展球迷消费群体的必然选择

足球产业的创新关键是要开发市场,而球迷群体的规模在很大程度上反映了足球市场开发的成效,但是要想扩大球迷群体的规模,还需要依赖于一些特定的技术。球迷社区作为近年来的一个新兴概念,为拓展足球市场提供了新的理论借鉴。

"球迷社区"一词一般是在网络媒体、报刊等新闻媒介中出现的。赵烨将球迷社区与品牌社区进行比较后提出,球迷社区是品牌社区的一种演绎,具有帮助球迷形成典型的同类意识、保持自身球迷文化的仪式和传统、对同一社区内成员更易产生责任感等特性,认为"球迷社区"是一个特定的、不受地域限制的、基于某一俱乐部崇拜者之间结构化的社会关系而建立的社区。[3] 客观而言,"球迷社区"更像是虚拟社区在某一具体领域内的专有化表达,其实质是球迷超越身体在场的社会互动方式,建立具有文化认同的共同体及其活动场所。

---

[1] 孙科."足球的发现"与中国足球振兴——《体育与科学》学术工作坊"足球的发现:历史—文化—地理"纵横谈[J].体育与科学,2018(4):1—7+14.

[2] 王啸.职业体育市场中政策变动对赛事消费需求的影响:基于中国足球协会超级联赛的实证研究[J].体育科学,2018(10):38—45.

[3] 赵烨.球迷社区对形成俱乐部认同的影响研究——以上海上港足球俱乐部为例[J].上海:上海体育学院,2016:18.

由于社区具有地域性特征，而虚拟社区又具有超时空性特征，因此人们习惯性地认为社区与虚拟社区是彼此对立的关系，以对人类社会生活方式的改变进行审视。但部分学者鲜明地指出，所有社区实际上是一种被"想象"的认知机制，也就是虚拟社区。而对不同社区进行区别的方式并不是根据其真实性进行判断，而是应该根据这些社区被想象的方式进行判断。这些"想象"的虚拟社区并不强调身体的存在，而是更加注重情感的形成及其形成机制。

现实中球迷群体规模的增加，实际上就是在特定的现代信息技术的支撑下所实现的社区扩张。例如，对于不同国家与地区的球迷而言，他们很少通过参加俱乐部活动、观看俱乐部比赛等现实生活中的线下途径形成认同感与归属感。而在互联网技术高速发展的时代，大多数球迷基本上都是通过电视转播、新闻报道、网络论坛等媒介工具真正了解、喜爱并追随一家足球俱乐部或一个足球队或一名足球运动员。而利用互联网技术提供的虚拟平台观看比赛，或是在虚拟平台上进行的文字交流，都超越了身体在场时的真实体验和面对面时的口头交流局限，体现出互动形式的虚拟化特征。

（二）推进球迷品牌社区建设，提升消费市场收益

1. 以虚拟品牌社区概念为引导，推进球迷品牌社区建设

虚拟品牌社区主要是专门针对喜欢并习惯于消费同一品牌的消费者而构建的一种能够彼此交流与沟通的互联网平台。鉴于球迷社区的虚拟化特征，运用虚拟品牌社区概念推进球迷品牌社区建设成为扩大足球消费市场收益的先决条件。

对于足球消费市场而言，足球品牌社区恰恰可以成为职业足球俱乐部与球迷、球迷与球迷之间进行消费信息沟通的重要平台。考虑到足球迷作为职业足球赛事的主要观众，是俱乐部具备的非常宝贵的资源，是俱乐部比赛的直接消费者，同时也是创造或影响比赛激烈程度与结果的动力来源。因此，球迷品牌社区建设离不开职业足球俱乐部的引导与培育。

首先，应该针对互联网信息技术的应用、维护和环境建设等方面，制定一系列制度体系。具体而言，针对球迷品牌社区的虚拟性与开放性，俱乐部的球迷管理机构要明确制定人、财、物、信息等事务的管理权限，细化管理流程、创新管理思想、强化管理组织，形成有助于球迷品牌社区构建的宣传制度、活动制度、资金管理和信息管理制度、考评与反馈制度等。其次，要打造虚拟平台，规范平台建设。球迷品牌社区作为虚拟化的一种特殊形式，可以通过多种多样的形态予以呈现，如探索建立"互联网＋球迷之家""俱乐部球迷联络站""球迷智慧互联

平台"等,从而改变原来由球迷自主关注俱乐部官网或俱乐部球星微博的传统形式局限,通过俱乐部官方球迷社区的组建与运营,为球迷参与俱乐部活动、增加球迷认可度和忠诚度提供条件。此外,球迷品牌社区的建设也可以委托或授权第三方机构来实施,以更好地利用社会组织的基层优势,扩大球迷品牌社区的覆盖面和影响力。

2. 以培育消费需求导向为手段,挖掘球迷品牌社区消费潜力

构建球迷品牌社区,意味着球迷参与足球运动的体育场景将会产生很大的改变,而有效引导新场景概念下的球迷消费需求,深入挖掘球迷品牌社区的消费潜力将有助于提升足球消费市场收益。

首先,积极引导球迷的消费需求,形成有态度的亚文化社群。构建球迷品牌社区的主要目的是培育相对稳定的消费群体,但从目前网络球迷社区、论坛与微博平台的建设现状看,虚拟网络的功能主要体现在竞赛或球队信息发布、分享与评论等,而关于观赛体验、产品消费等商业行为的分享与传播鲜有涉及。因此,职业足球俱乐部等足球市场投资主体应充分把握球迷个体或群体的消费需求,不断创新需求引导供给的营销理念,利用流媒体、自媒体等互联网工具提供的场景进一步激发消费者感悟、分享和传播消费体验,激励球迷群体在虚拟社区中形成有态度的亚文化社群,让消费者自带流量助力营销升级。

其次,充分实现多业态的融合和多场景的叠加,为球迷消费模式的创新提供良好的条件。从足球领域的消费特征看,球迷关于足球方面的消费呈现出明显的功能性、符号性与地位性特征,也就是说,球迷在消费某一足球产品或者服务时,如购买球票、球队纪念品或服饰等生活用品,一方面是为了满足自身体验的需要,另一方面则是在追求消费本身所彰显的符号和地位价值。换言之,足球产业的高质量发展需要足球经营者在市场营销中有意识地向消费者传达足球运动在提高生活品质方面的价值,要在商业模式上实现多业态、多场景的搭建与融合,将足球与教育、文化、旅游、医疗康养等产业相叠加,发挥足球受众广、球迷黏性高的独特优势,形成线下与线上、现实与虚拟同频共振的多业态产业发展模式,为深入挖掘球迷品牌社区的消费潜力提供路径支持。

第四节 我国足球高质量发展的文化创新

一、足球运动文化理论阐析

足球文化包含很多方面的内容,国内的学者进行了较为系统和全面的研究,囊括了足球文化的各个方面。例如明确足球文化的涵盖范围，探讨国家精神与足球文化之间的关系等。足球作为文化现象出现是自然而然的。

由于足球是文化的一部分，足球文化必定会受到一个国家整体文化氛围的影响。例如，英国的绅士文化、巴西的桑巴舞文化、阿根廷的探戈文化、法国的浪漫主义文化等都会渗透到自己国家的足球文化当中，而足球文化也反过来弘扬和体现了一个国家特有的文化特征。

不同的文化对于一个人产生的影响就像我国历史典故中所说的"橘生淮南则为橘，生于淮北则为枳"。不过，差异化的足球文化也增添了足球运动的魅力，让人们在运动中感受文化精神所带来的冲击和鼓励。与此同时，文化的本质是要为人类提供服务，足球文化也不例外，所以，无论是通过专业竞技比赛的形式还是日常生活中增添生活乐趣、强健体魄的大众活动，其目的都是通过足球来为人们提供相应的服务。认识到这一点，就能准确地为足球文化下定义，它指的是秉持以人为本的基本原则，以足球运动的形式向人们传播各种形式的文化。这其中不仅包含足球运动自身，还涉及一些相关的消费产品、足球爱好者、足球艺术等，同时还体现了足球运动的并驱争先、团结合作、奋发图强、永不放弃的足球精神。

足球在我国已经经历了上百年的发展历史，但可惜的是，我国的足球运动并没有与优秀的文化实现很好的融合，足球事业的发展停滞不前。中国的传统文化深受儒家思想的影响，也有道家思想和佛家思想的渗透，古代足球文化受儒家"仁、礼"思想的影响，特别注重足球娱乐和健身的功能，其竞争的内涵并不受重视。儒家的中庸思想使足球在发展过程中，其内容和活动形式脱离了应有的本质，比如校园流行的足球操和剪纸等活动。这些各种各样的活动形式都有其存在的意义，但是这种活动与足球的本质相去甚远，导致这种结果的原因在于我们没有把握好足球的本质。

所以，在发展足球文化时，要始终把握足球的本质，虽然有些内容的确与足球相关，但是还要看其是否符合足球的本质。总之，中国足球文化中并没有为并驱争先、竞技对抗的足球精神提供生长的沃土，而是儒家思想的"仁、礼"思想占据着足球文化精神的主要地位。现在足球发展需要传统文化向国外文化学习，促进二者的融合，达到相得益彰的效果，但是在融合的过程中不能违背足球文化自身的发展规律。

足球文化以足球运动为依托，逐渐形成具有各个国家和区域特色的综合体。形式与形态是足球文化的基础，足球文化包含精神、物质，以及二者的结合。世界各个国家和地区的人们在足球运动实践中，经过长期的归纳、总结、延伸、创新，最终使足球文化发展成为多种形式的统一。

足球物质文化、精神文化及制度文化组成了足球文化，三者互相配合，互相补充，缺一不可。

（1）足球文化的基础是物质文化。足球、足球场地、足球训练的辅助设施等都可以保障足球的顺利发展，是足球发展的物质基础，只有这些物质基础的存在，足球文化才能有序地发展。

（2）足球文化的关键是制度文化。足球运动的参与主体是人，如果没有足球制度和规则，人们在足球比赛时按照自己的主观意愿踢球，必然导致现场混乱，各执己见，互不相让，甚至出现打架斗殴的现象。足球制度和规则对足球运动员或足球活动参与者加以约束，明确每人能做与不能做的事，有利于足球比赛的顺利进行，有利于促进足球事业及足球文化的发展。

（3）足球文化以足球精神为指导。足球运动在欧洲非常盛行，很多球迷已经把足球爱到骨子里，可以不吃饭、不睡觉，但是不能不踢球、不能不看球，足球已然成为他们生活的必需品。他们不仅爱足球，更将足球精神发扬光大，很多球迷在生活和工作中具有较强的竞争意识，将足球精神中的竞技竞争精神融入生活中，这体现了足球精神的指导作用。

二、足球文化创新的理论导向

足球文化创新的内在逻辑，是对足球文化创新的理论依据、现实基础、基本原则及各要素间相关关系的阐释，回答的是为什么创新、创新什么、如何创新的问题。

（一）足球文化创新的理论依据

文化，是人类社会相对于经济、政治而言的精神活动及其产物。对于现代足球而言，文化已成为足球发展的灵魂、气质和形象，是足球彰显国家凝聚力、软实力和自信心的重要支撑。创新，既是任何事物实现自身发展的必要条件，也是文化的存在之本和发展之源。文化创新是社会创新的一个重要方面，是人类创造力最突出的体现，它总是在一定历史条件下生发，从来不存在脱离了具体时空的抽象的文化创新。

通常情况下，足球运动和宗教、战争、种族、民族主义等存在着千丝万缕的联系，并共同形成了各个国家与地区中独具特色的足球文化，足球既可以是情感的慰藉，也可以成为一种反抗的工具，有时甚至承载着一个国家的文化传统。在这一语境下，审视足球文化就需要超越生成条件的静态反省，而向着更具文化自觉属性的创新发展迈进。可以说，离开文化创新，足球高质量发展将沦为一场空谈，失去灵魂、方向与基础。

(二) 足球文化创新的现实基础

首先，足球文化创新有其现实必要性。从历代国家领导人到各个年龄层次的社会公众，足球无不是其热心关注的体育活动之一，但我国足球文化的生成形态始终难以厘清。在整合、借鉴和吸收西方先进足球文化理念的基础上，原本应该成为彰显国家形象重要窗口的足球，却在职业化市场的趋利模式冲击下，与民族文化和精神渐行渐远。当国人还在苦于找不到足球振兴突破口的时候，那些游历世界足球强国且曾经投身于中国足球的知名教练员和从业者们道出了一些共同的见解。施拉普纳认为中国足球缺乏勇于拼搏、积极进取的精神，其发展过程有些急于求成；米卢蒂诺维奇认为中国足球运动员的控球能力还有很大的提升空间，其足球视野也不够宽不够远，以至于错过很多良好的战机，同时还存在缺乏足球战术意识的问题；阿里汉认为中国足球运动员缺乏团队精神，缺乏深入的思考与交流，缺乏层次感、责任感，缺乏足够的激情，同时还缺乏大局观，太注重自己的脸面与外界的评判；里皮在接受意大利媒体采访时，曾公开将其执教中国国家队的失败经历归结为中国足球文化的缺失。由此反映出中西方在足球文化思维方面的差异性，上述教练员关于中国足球的观点值得我们深刻反省，对我国足球运动的改革与发展具有非常重要的参考价值。因此，如何创新我国足球文化，理应成为足球高质量发展议题中的重要组成部分。

其次，足球文化创新有其现实可行性。文化总是以社会生产活动的存在为前提，它引导社会形成一种思想意识，成为民族凝聚力和创造力的重要源泉。因此，实现足球文化创新的重要保障就是具备良好的足球文化环境。尽管从当前足球发展的社会认可度上看，我国足球外部发展环境并不尽如人意，但《中国足球改革发展总体方案》等制度的出台为足球文化创新创设了重要的环境基础，学者孙科、乔凤杰对此进行了详细阐述，他们认为《中国足球改革发展总体方案》将足球作为学校体育改革的重要突破口，其主要目的在于营造热烈的校园足球氛围，形成校园足球文化，进而促进学校竞技体育文化的发展；发展社会足球事业的主要目的在于将足球运动作为一种大众文化进行推广，增加社会大众参加足球运动的积极性，使更多的人参与足球运动，营造良好的社会足球氛围，为足球运动的发展提供坚实的群众基础；对职业足球俱乐部运用模式、足球竞赛体系、职业足球联赛体制进行改革的主要目的在于培养更多数量且忠诚度高的球迷，形成并发展城市足球文化，并对市场经济发展中所产生的民族精神与心态所带来的世俗文化进行规范。[①] 由此可见，我国足

---

① 孙科，乔凤杰.中国足球文化发展审视[J].沈阳体育学院学报，2016 (1)：7-12.

第六章　我国足球高质量发展的路径创新

球文化创新环境已初步形成，而随着各个维度体系建设的日趋完善，足球文化创新将获得更为有利的现实基础。

（三）足球文化创新的基本原则

1. 足球文化创新与社会实践的一致性

在对足球文化进行创新的过程中，需要遵循的第一原则就是要以社会实践为引领。文化创新通常需要以文化自觉为基础，而文化自觉并不是人们的主观想象与认知，而是需要结合社会实践来进行文化创新。也就是说，在推进我国足球高质量发展的实践进程中，要意识到文化创新的必要性，自觉解放思想，改变以往落后的思想观念，对自身文化生成瓶颈的内外在表现进行反思、总结和归纳，从社会实践中寻找文化创新的突破口和着力点。

2. 足球文化创新与传统文化继承的统一性

在对足球文化进行创新的过程中，还需要遵循继承与创新相结合的原则，继承与创新之间并不冲突，而且创新过程还需要在继承的基础上进行。历史的发展具有延续性特征，而文化的发展具有传承性特征，不管是哪一个时代，其文化的发展与创新都需要在继承原来传统文化的基础上进行。传统文化为文化创新提供了丰富的理论与经验，是文化创新得以实现的土壤。因此，足球文化创新的过程应该有所依据，需要在继承传统文化的基础上进行，而不是凭空想象、无中生有、空穴来风。

3. 足球文化创新与吸收和借鉴外来文化的兼容性

足球文化的生成取决于参与群体的阶层背景、经济社会的发展状态、民族与宗教信仰的文化基础等诸多方面，这也造就了足球文化的多元复合性。在这一语境下，我国足球文化的创新不仅要考虑自身社会实践和传统文化的特有内涵与思维模式，也要对西方足球文化中的现代性与先进性进行考量，从而在总结、比较和借鉴中实现创新。换言之，足球文化创新的民族性与世界性不可分割，而兼顾外来文化的自我文化创新将为建立文化自信提供基本保障。

三、促进足球文化创新的路径选择

（一）理念创新

能否推进足球文化创新，关键在于创新的思想和观念是否形成。足球文化的理念创新需要从以下几个方面着手。

1. 树立足球发展的大文化观，改变足球价值认知偏差

基于足球在满足人民美好生活需要、助力体育强国建设等方面的价值与功能定位,足球长期以来被国人视为一种彰显民族优越性与国家凝聚力的工具,并由此形成了西为中用、中西结合的"拿来主义"。从积极的一面看,这是开放办足球,谨防故步自封的有效举措。但与改革开放后由计划经济向市场经济转轨的成功历程不同,足球项目在贯彻开放理念的过程中,似乎始终缺少一种目标导向。哪个国家足球水平高我们就学哪个国家的足球发展模式,而全然忽略了其特有模式形成的社会与文化背景,更让人匪夷所思的是,我们可以同时学好几个国家,青年队一个、国家队一个,职业队就更是五花八门了。这种追求"短、平、快"的"拿来主义",造就了中国足球的功利文化。踢不好就骂、踢好就夸的宣泄式心态成为球迷群体表达归属感的主流方式;职业足球俱乐部的经营者拿足球换取社会资本,不考虑足球产业利益而多是"项庄舞剑,意在沛公"。鉴于此,树立足球发展的大文化观就是要摆脱工具性属性带来的价值认知局限,从中华民族的传统文明中挖掘文化素材,树立"健康、快乐、进取"的足球理念,突出足球在公益事业、健身康养中的功能挖掘,提升社会大众对足球意识形态属性的认知水平。

2. 树立足球文化与社会生活相互交融的观念,优化文化生成环境

创新足球文化需要改变"就足球谈足球"的思维习惯,充分认识到球迷文化、足球技战术风格只是足球文化的一个组成部分,而真正的足球文化应该与人们的社会生活、经济活动相互交融。尽管足球对经济产业的支撑、对综合国力的提升已达成共识,但足球如果没有真正融入社会公众的日常生活,成为大众健身、文化交流的必需品和基本方式,那么助力经济和国力发展的愿景便难以实现。足球文化的生成具有动态性,是足球运动参与主体与客体互动统一的过程,而作为主体的人,会受到不同客体环境的影响产生不同的文化认同,这就需要人们有意识地将足球运动渗透到社会生活的各个层面,进一步优化和丰富足球文化的生成环境。

(二) 内容创新

内容创新是足球文化创新的根本,即足球文化创新需要理念与行动的相互配合与统一。如果将理念创新比作足球文化创新的内在灵魂,内容创新则是体现理念价值的基本手段,为实现足球文化创新提供资源与渠道。

1. 育人功能的重构

足球新旧文化的更迭是一个摈弃、习得与重构的过程,要想成功实现这一目标,就要从儿童教育入手。值得注意的是,足球之于教育而言,其育人功能不应集中在强身健体等体育本质功能的彰显上,而应该去深挖足球有别于其他任何一个体育项目的独特价值,将足球对儿童、青少年德行修养的内外在影响进行提炼和写实,让足球育人价值的不可替代性得到关注与认可,那么人们才会真正自觉地热爱足球、

第六章 我国足球高质量发展的路径创新

参与足球,进而重塑足球文化。

2. 公益属性的彰显

足球文化创新不能仅停留在学校,要通过全社会各个职业、民族、地域的公众共同参与才能加以实现。让足球成为大众文化,必须让足球运动具有最大限度上的普及性和可及性。加大足球场地设施的硬件建设、建立低价或免费开放的运行机制,制定社区和学校场地共享制度,从而更好地营造足球文化生成的公共空间。同时,有意识地培养足球公益项目,让足球明星进社区、让足球赛事进西部、让足球真正成为体育扶贫的品牌运动。

3. 从业行为的规范

从文化自省的角度看,我国足球从业人员失范行为的屡屡发生,给国人"看低""看衰"中国足球提供了依据,要想改变这一局面,必须制定切实可行的从业行为规范。尽管我国职业球员、教练员、经纪人等从业人员的管理体系已初具雏形,但受各种利益集团的冲突与分化影响,行业潜规则盛行、强势集团的制度非中性等制度失衡问题依然严峻。因此,以行为规范为基点,以制度改革为主导的文化创新之路亟待进一步探索与构建。

(三)形式创新

在足球文化创新的过程中,文化内容的展现离不开相应的文化形式,当理念与内容确定了之后,就需要通过恰当的形式将其表现出来,具体而言,文化形式的创新需要做到表现形式的合理性与有效性,需要注重文化创新实现路径的艺术化,否则,就难以全面准确地展现出文化理念与文化内容。

1. 创新组织方式

不管是哪种文化形态,其产生与存在都需要依托于一定的文化载体。只有当承载着思想观念的文化内核与某一文化载体之间能够实现高度的契合,才能够使得抽象的文化表现为一种具体的文化形态。文化载体对于文化的形成与存在至关重要,它是文化能够实现空间维度上的传播以及时间维度上的传承与保存的重要基础。对于足球文化而言,其产生与发展都需要依托于各种类型的足球组织,而这些足球组织的运行方式与活动特征在很大程度上影响着足球文化的输入与输出。

文化在发展过程中有着非常明显的"自组织"特征,具体表现在文化的产生、发展、融合以及消亡等过程中,而文化发展的这些过程都与其自身所具有的"自组织"能力息息相关。"自组织"能力指的是在很长一段时间内,生活在某一特定空间中的共同体成员自发形成的具有一定同质性的思维方式、行为准则、社会习俗、传统习惯、价值观念、族群意识、地域心态等。因此,创新组织方式就是要强化足球组织的文化嵌入性,通过对组织内部关键带头人或文化宣传工作者的培养和支持,让社会公众自发组织、自发参与的足球组织成为中华民族传统文化与足球文化交融对接的承载者。

2. 创新管理方式

足球文化创新的基础在于文化管理,即足球文化的生成与发展需要正确的引导和培育,需要对优秀的民族传统文化和足球文化内涵进行倡导与传播,更需要通过文化管理的手段坚决打击足球发展中的各类负面文化现象。如前足球国家队队长范志毅参加娱乐节目《吐槽大会》调侃中国篮球的事件一样,"以五十步笑百步"的姿态去公开"取笑""抨击"本是"天涯沦落人"的中国球星们,有没有去反思过这种方式究竟能不能提振足球,抑或篮球在国人心中的地位?事实可能恰恰相反,应当以团结、尊重、敬业和奉献为己任的中国足球人,却在自身尚不能自强之际,对他人妄加指责,尽管这是一档娱乐节目,但"明星效应"的误用很有可能伤害的正是自己。试想一下,这样不计后果的宣传方式,又会营造出怎样的足球文化?

文化创新在很大程度上受到文化的物化形态、文化传播方式的影响。尤其是进入20世纪之后,文化传播技术大大影响了文化的发展。在当前互联网技术高速发展的时代背景下,文化传播手段变得越来越丰富多样,如电影与电视、网络游戏、短视频等都已经成为文化传播的主要形式。因此,在对足球文化管理方式进行创新的过程中,有必要增强各级政府及管理部门的管理意识,规范价值引导标准,对不良的足球风气与行为进行专门的打击和肃清,让互联网等新媒体技术成为足球"正能量"表达和传播的工具,要让足球文化的表现形式与其涵盖的理念和内容相呼应、相一致,并逐渐成为足球文化创新的内在支撑性力量。

参考文献

[1] 何立峰. 深入贯彻新发展理念，推动中国经济迈向高质量发展 [J]. 宏观经济管理, 2018 (4).

[2] 国务院办公厅. 国务院办公厅关于印发体育强国建设纲要的通知 [EB/OL]. 中国政府网 2019－09－02. https：//www.gov.cn/zhengce/content/2019－09/02/content_5426485.htm.

[3] 刘米娜. "足球梦"与"中国梦"——《体育与科学》学术工作坊"足球改革与社会变革"论坛综述 [J]. 体育与科学, 2015 (4).

[4] 臧家利. 我国足球价值的解构与建构 [J]. 体育与科学, 2015 (3).

[5] 葛逸昍, 李兵. 足球只是一场游戏吗？——基于断点回归设计研究世界杯对国际贸易的影响 [J]. 经济评论, 2019 (1).

[6] 张震铄. 全球化推动足球产业化分析 [J]. 体育文化导刊, 2013 (10).

[7] 贾文彤, 郝永朝. 欧洲职业足球中的法律制度对我国职业足球法制建设的启示 [J]. 天津体育学院学报, 2004 (3).

[8] 梁进, 因·亨利. 英国职业足球近10年发展述评——经济视角 [J]. 天津体育学院学报, 2004 (1).

[9] 梁斌. 企业社会责任理论下的职业足球俱乐部社会公共服务研究 [J]. 体育科学, 2013 (6).

[10] 崔鲁祥. 中国足球职业联赛利益相关者的利益冲突及治理策略 [J]. 沈阳体育学院学报, 2011 (5).

[11] 陈亚中, 钟秉枢, 郑晓鸿, 陈文倩, 王博. 现阶段中国职业足球俱乐部地域化特征与问题探析 [J]. 成都体育学院学报, 2017 (3).

[12] 陈元欣, 黄昌瑞, 王健. 职业体育俱乐部参与体育场（馆）运营研究 [J]. 体育科学, 2017 (8).

[13] 喻和文, 刘东锋, 谢松林. 职业足球俱乐部青训与校园足球合作探析 [J]. 体育文化导刊, 2019 (2).

[14] 张宏杰, 倪刚, 冯维胜. 我国职业足球俱乐部建立现代企业管理制度的研究 [J]. 体育科学, 2006 (4).

[15] 张红华. 法治视野下的职业足球管理体制改革 [J]. 天津体育学院学报,

2010 (4).

[16] 周驰, 龚波. 西方职业足球管理体制研究 [J]. 武汉体育学院学报, 2012 (4).

[17] 吴恒祥. 职业足球运动员的职业意识初探 [J]. 上海体育学院学报, 1995 (S1).

[18] 龚波. 我国职业足球运动员体能训练研究 [J]. 体育科学, 2005 (10).

[19] 郑家鲲, 沈建华. 影响我国职业足球运动员职业道德的因素及对策 [J]. 上海体育学院学报, 2006 (2): 65-68.

[20] 刘兵, 沈佳, 郑鹭宾. 中国职业足球运动员利益保障调查分析 [J]. 中国体育科技, 2007 (6).

[21] 朱文英. 职业足球运动员转会的法律适用 [J]. 体育科学, 2014 (1).

[22] 曹景川, 高鑫, 张大为. 法治视域下中国职业足球运动员伦理道德问题规制 [J]. 上海体育学院学报, 2017 (6).

[23] 舒成利, 周小杰. 从利益相关者管理理论看我国职业足球产业的发展 [J]. 成都体育学院学报, 2006 (3).

[24] 徐波, 岳贤峰, 马冰, 徐旭. 职业足球俱乐部会员与非会员球迷主场比赛消费忠诚度比较 [J]. 天津体育学院学报, 2007 (5).

[25] 马淑琼, 陈锡尧, 刘雷. 中超职业足球俱乐部球迷认同及其购买行为分析 [J]. 体育文化导刊, 2014 (3).

[26] 张剑利, 张大为, 秦椿林. 竞赛平衡与美国职业体育联盟管理研究 [J]. 山西师大体育学院学报, 2008 (1).

[27] 刘飞, 龚波. 欧洲5大职业足球联赛竞争平衡研究 [J]. 中国体育科技, 2017 (4).

[28] 李伟, 陆作生, 吴义华. 强竞争平衡: 我国职业足球发展的逻辑起点 [J]. 沈阳体育学院学报, 2018 (3).

[29] 沈建敏, 应孜, 高鹏飞. 校园足球发展的顶层设计与底层回应 [J]. 北京体育大学学报, 2017 (4).

[30] 毛振明, 刘天彪, 臧留红. 论"新校园足球"的顶层设计 [J]. 武汉体育学院学报, 2015 (3).

[31] 黄晓灵, 夏慈忠, 黄菁. 不同行政区校园足球开展的对比研究——以川渝小学为例 [J]. 成都体育学院学报, 2018 (5).

[32] 骆秉全, 庞博. 北京市校园足球竞赛体系运行现状研究 [J]. 首都体育学院学报, 2019 (2).

[33] 邱林,王家宏.国家治理现代化进程中校园足球体制革新的价值导向与现实路径[J].上海体育学院学报,2018(4).

[34] 张渊,张廷安.我国校园足球政策执行推进策略研究[J].体育文化导刊,2018(5).

[35] 戴狄夫,金育强.我国校园足球政策执行的利益辨识与制度规引[J].武汉体育学院学报,2018(10).

[36] 周兴生,谭嘉辉.我国校园足球绩效评价指标体系及构建[J].西安体育学院学报,2017(3).

[37] 谭嘉辉,陈平,部义峰,周兴生.全面风险管理视角下我国校园足球绩效评价和治理对策研究[J].北京体育大学学报,2018(9).

[38] 李玲,方程,黄谦.校园足球活动评价指标体系的构建与应用:以陕西省为例[J].首都体育学院学报,2019(1).

[39] 梁斌.19世纪英国校园足球兴衰与启示[J].体育文化导刊,2018(5).

[40] 李志荣,杨世东.英、德、法、日四国校园足球后备人才培养特点分析[J].体育文化导刊,2018(1).

[41] Freeman, R. E. Strategic Management: A Stakeholder Approach [M]. Boston: Pitman, 1984.

[42] 加文·凯利.利害相关者资本主义[M].欧阳英,译.重庆:重庆出版社,2001.

[43] R. E. Freeman, W. M. Evan. Corporate governance: A stakeholder interpretation [J]. Journal of Behavioral Economics, 1990 (19).

[44] 赫尔曼·哈肯.大自然成功的奥秘:协同学[M].凌复华,译.上海:上海译文出版社,2005.

[45] 吴志成.西方治理理论述评[J].教学与研究,2004(6).

[46] 李迎生.社会政策在民族事务治理中的担当[J].中共中央党校(国家行政学院)学报,2020,24(2).

[47] 薛澜,张帆,武沐瑶.国家治理体系与治理能力研究:回顾与前瞻[J].公共管理学报,2015,12(3).

[48] 姜安鹏,沙勇忠,应急管理实务:理念与策略指导[M].兰州:兰州大学出版社,2010.

[49] 朱纪华.协同治理:新时期我国公共管理范式的创新与路径[J].上海市经济管理干部学院学报,2010,8(1).

[50] 金碚.关于"高质量发展"的经济学研究[J].中国工业经济,2018(4).

[51] 田秋生.高质量发展的理论内涵和实践要求［J］.山东大学学报（哲学社会科学版），2018（6）.

[52] 赵剑波，史丹，邓洲.高质量发展的内涵研究［J］.经济与管理研究，2019（11）.

[53] 刘志彪.理解高质量发展：基本特征、支撑要素与当前重点问题［J］.学术月刊，2018（7）.

[54] 路丽梅，王群会，江培英.新编汉语辞海［M］.北京：光明日报出版社，2012.

[55] 侯会生.职业足球的内涵和特征研究［J］.体育文化导刊，2007（10）.

[56] 国家体育总局，教育部.关于开展全国青少年校园足球活动的通知［Z］.体群字〔2009〕54号，2009-04-12.

[57] 李纪霞.全国青少年校园足球活动发展战略研究［D］.上海：上海体育学院，2012.

[58] 李卫东.我国青少年校园足球竞赛体系的研究［D］.上海：上海体育学院，2012.

[59] 侯学华，薛立，陈亚中，等.校园足球文化内涵研究［J］.体育文化导刊，2013，（5）.

[60] 贺新奇，刘玉东.我国校园足球若干问题再探讨［J］.北京体育大学学报，2013，（11）.

[61] 邱林.利益博弈视域下我国校园足球政策执行研究［D］.北京：北京体育大学，2015.

[62] 傅鸿浩.我国校园足球内涵式发展研究［D］.北京：北京体育大学，2016.

[63] 刘夫力.校园足球的基本概念与基本理念论析［J］.北京体育大学学报，2018（9）.

[64] 黄璐.社会足球伤害案件的运动技术合规性审查［J］.上海体育学院学报，2016（3）.

[65] 李磊.论我国足球产业化进程中足球精神的缺失［J］.南京体育学院学报（社会科学版），2008（4）.

[66] 肖子亮.足球文化内涵的研究［J］.西安体育学院学报，2004（5）.

[67] 肖万俊.足球公共外交评析［J］.体育学刊，2020（6）.

[68] 吕诗蒙，张强.获得感提升视域下我国体育公共服务发展的功能定位、现实困境与实施路径［J］.沈阳体育学院学报，2018（6）.

[69] 邱耕田. 发展观的变革 [J]. 江海学刊, 1999 (10).

[70] 李留东. 我国退役精英运动员再就业现状分析——基于社会分层视角[J]. 上海体育学院学报, 2015, 39 (1).

[71] 易文彬. 国家与市场关系的历史考察——国际政治经济学视角 [J]. 河南大学学报 (社会科学版), 2012, 52 (1).

[72] 马克思, 恩格斯. 马克思恩格斯选集 (第1卷) [M]. 北京: 人民出版社, 1995.

[73] 陈永. 陈戌源勾勒的中国足球蓝图究竟是怎样的? [N]. 足球报, 2019-08-27.

[74] 王浦劬. 中央与地方事权划分的国别经验及其启示——基于六个国家经验的分析 [J]. 政治学研究, 2016 (5).

[75] 春潮. 制约我国成为竞技体育强国的瓶颈问题 [J]. 体育与科学, 2011 (7).

[76] 郭瑜桥. 基于系统方法论的企业知识管理实施研究 [D]. 天津: 天津大学, 2007.

[77] 张春合. 从他组织到自组织——论我国竞技体育体制改革的实施路径 [J]. 武汉体育学院学报, 2008 (9).

[78] 梁晓龙. 我国体育职业化 (市场化) 改革中几个基本理论问题的思考 [J]. 体育文化导刊, 2005 (4).

[79] 王杰. 我国足球职业联赛相关问题探讨 [J]. 山东体育学院学报, 2011 (12).

[80] 易剑东, 施秋波. 论完善中国足球法人治理结构的关键问题——写在《〈中国足球改革总体方案〉颁布一周年》[J]. 体育学刊, 2016 (3).

[81] 陈浩, 焦现伟, 杨一民. 我国职业足球监管制度改革方向研究 [J]. 中国体育科技, 2008 (1).

[82] 张曼, 喻志军, 郑风田. 媒体偏见还是媒体监管?——中国现行体制下媒体对食品安全监管作用机制分析 [J]. 经济与管理研究, 2015 (11).

[83] 李留东. 我国退役精英运动员社会流动研究 [J]. 体育科学, 2013 (12).

[84] 时维金, 万宇, 沈建华, 等. 基于政策工具视角下的中国足球改革发展总体方案 [J]. 武汉体育学院学报, 2016, 50 (2).

[85] 郑志强, 郑娟. 中国校园足球政策工具分析 [J]. 武汉体育学院学报, 2016, 50 (4).

[86] 教育部．教育部办公厅关于加强全国青少年校园足球特色学校建设质量管理与考核的通知 [EB/OL]．中国政府网．2018－03－12．https：//www.gov.cn/zhengce/zhengceku/2018－12/31/content_5439327.htm．

[87] 姚健．校长引领校园足球推广实施研究 [J]．北京体育大学学报，2017 (4)．

[88] 杨献南，吴丽芳，李笋南．我国青少年校园足球特色学校管理的基本问题与策略选择 [J]．体育科学，2019 (6)．

[89] 孙健，陈效科．从教育视角审视我国青少年足球人才培养的问题及出路 [J]．北京体育大学学报，2018 (11)．

[90] 赵升，张廷安，周毅．当前我国城市群众足球运动开展要素探析 [J]．运动，2012 (11)．

[91] 徐家林，浦少刚．10年来我国草根足球发展困境与展望 [J]．河北体育学院学报，2014 (2)．

[92] 丛湖平，罗建英，卢伟．民间足球竞赛组织相关研究的评述 [J]．浙江体育科学，2019 (5)．

[93] 张伟．中日足球后备人才培养体制的比较研究 [J]．安徽体育科技，2008 (6)．

[94] 李百成，郭敏．日本足球发展经验及启示 [J]．体育文化导刊，2018 (6)．

[95] 王长琦．论日本校园足球成功运作范式及其对中国的启示 [J]．南京体育学院学报（社会科学版），2017，31 (5)．

[96] 钟文正．日本足球职业化改革成功的文化学剖析——兼论对中国足球职业化改革的启示 [J]．首都体育学院学报，2010 (3)．

[97] 陈文倩．日本职业足球地域化研究 [J]．体育文化导刊，2017 (5)．

[98] John Horne, Wolfram Manzenreiter. Football, komyuniti and the Japanese ideological soccer apparatus [J]．Soccer&Society，2008 (9)．

[99] 托马斯·霍尔基．德国的体育与媒介：德国足球与体育媒介的里程碑和基本事实（英文）[J]．成都体育学院学报，2016 (2)．

[100] Thomas Adam. The intercultural transfer of football：The contexts of Germany and Argentina [J]．Sport in Society，2017 (10)．

[101] 袁田．新校园足球发展的新困境及新思路——德国青少年足球运动员培养对我国校园足球的启示 [J]．武汉体育学院学报，2018，52 (2)．

[102] BRAILSFORD D. Sport, time and society [M]．London：Routledge，1991．

[103] 崔珣丽，田慧．英国足球与英国文化［J］．中国体育科技，2010（4）．

[104] 诺贝特·魏斯．足球俱乐部黑皮书［M］．方厚升，译．上海：文汇出版社，2004．

[105] 王博，钟秉枢，郑晓鸿，陈文倩，陈亚中．英国职业足球俱乐部名称非企业化与地域化发展研究［J］．北京体育大学学报，2020（4）．

[106] 赵来安，张鲲，王琴梅．英国足球产业成功要素及其影响研究——关于比赛场地、球迷（支持者）与区域社区［J］．山东体育学院学报，2015（6）．

[107] Kuper, Sraga. Futbol contra el enemigo［M］．Barcelona：Contraediciones，2016．

[108] 杨晓光．西班牙体育演进的逻辑基础、治理机制及对我国的镜鉴［J］．体育与科学，2018（1）．

[109] Ramon Llopis Goig. Spanish Football and Social Change［M］．Palgrave Macmillan UK，2015．

[110] 茅鹏．中国足球怎样才能从落后变先进［J］．体育与科学，2016（3）．

[111] 李强，韩玉，孙敬，李庆波．从"技能"到"球商"：我国青少年足球核心训练范式转变研究［J］．天津体育学院学报，2017（1）．

[112] 陆国庆．衰退产业论［M］．南京：南京大学出版社，2002．

[113] 孙科．"足球的发现"与中国足球振兴——《体育与科学》学术工作坊"足球的发现：历史－文化－地理"纵横谈［J］．体育与科学，2018（4）．

[114] 王啸．职业体育市场中政策变动对赛事消费需求的影响：基于中国足球协会超级联赛的实证研究［J］．体育科学，2018（10）．

[115] 赵烨．球迷社区对形成俱乐部认同的影响研究——以上海上港足球俱乐部为例［J］．上海：上海体育学院，2016．

[116] 孙科，乔凤杰．中国足球文化发展审视［J］．沈阳体育学院学报，2016（1）．